蒋旨昂 著

社会工作导论（外一种：卢家村）

百年中国社会学丛书

北京大学社会学系 编

商务印书馆
The Commercial Press

百年中国社会学丛书

总　序

中国社会学的发轫，起于变法维新与共和鼎革之际。先是康有为经由经学革命而提出的"大同说"，后有章太炎通过再造历史民族而确立的"正信观"，为这场现代思想变革的底色。而康、梁所倡导的"合群立会"主张，或是严复借移译西学而确立的群学思想，则是由西学东渐而来的另一层底色。

现代中国所经世变之亟，社会学之为新学，形成伊始便承担着综合学问的角色。章太炎先生说："人类有各种学术，则有统一科学之二法。其一，欲发现一切科学之原理，而据此原理，以综合一切科学者，是为哲学之目的，此所以称科学之科学也。其二，欲测定复杂之程度，而使一切科学，从其发现之早晚而排列之，是为社会学之任务，此所以亦称科学之科学也。"（章太炎译《社会学》）严复先生主张"以群学为纲"，认为"群学之目，如政治，如刑名，如理财，如史学，皆治事者所当有事者也。"（《西学门径功用》）

由此可见，从百余年前中国社会学发生以来，即确立了上接中国经史传统、下融西方科学观念，上识国体、下察民情的基本精神，不仅作为引入和融合各种思潮学说的桥梁，而且为各个学科提供了可资借鉴的概念和方法。百年间，社会学也曾伴随现代中国曲折前行的道路，经历有多变的命运。

　　从民国时期社会学的诞生，到20世纪70年代末社会学的恢复重建，北京大学在社会学学科发展上始终产生着重要影响。如今的学科体系，汇合有1952年院系调整之前北京大学和燕京大学的两大学术传统。民国期间北京大学虽未有社会学的系科建制，但李大钊、陶孟和、梁漱溟等先生一直通过课堂教学和政治实践传播社会学思想。燕京大学则学科设置齐备，前有步济时、甘博等国外社会学家的贡献，以及吴文藻、杨开道、杨堃等第一批中国社会学家的开拓性工作；后有李安宅、林耀华、费孝通和瞿同祖等学者发扬光大，由此奠定了中国现代社会科学史中最具学术创造力的"燕京学派"。改革开放以来，雷洁琼、费孝通和袁方等先生为北京大学社会学系的复建和社会学人类学研究所的成立，倾注了毕生心血，为后人留下了宝贵的学术遗产。

　　北京大学社会学前辈始终致力于社会学"中国化"的事业。无论是马克思主义学说的传入和践行，还是乡村建设运动的展开；无论是基于中国社会本位的社区研究及实验，还是有关中国文明传统及其历史变迁的探究；无论是对于中国边疆区域的田野考察，还是关于中华民族多元一体的理论构建；无论是对美国芝加哥学派的借鉴，还是对法国"年鉴学派"的引进，无不被纳入社会学家的视野之中，并真正为代代后学培育了立国化民的社会关怀感和学术使命感。时至今日，世界历史有了新的图景，中国文明也迎来了复兴的时代。今天的社会学家不仅需要有宏阔开放的眼光，需要细致观察社会生活变化的点点滴滴，更需要不断追溯以往，去重新领悟先贤们的智慧和胸怀。

　　诚如费孝通先生所说："从宏观的人类文化史和全球视野来看，

世界上的很多问题，经过很多波折、失误、冲突、破坏之后，恰恰又不得不回到先贤们早已经关注、探讨和教诲的那些基点上。社会学充分认识这种历史荣辱兴衰的大轮回，有助于我们从总体上把握我们很多社会现象和社会问题的脉络，在面对人类社会的巨大变局的时代，能够'心有灵犀'，充分'领悟'这个时代的'言外之意'。"（《试谈扩展社会学的传统界限》）

为传承中国社会学的学术传统，推进中国社会学的未来发展，北京大学社会学系编纂出版"百年中国社会学丛书"，通过系统整理以北京大学和燕京大学为主的前辈学人的研究成果，全面呈现中国社会学百年以来所确立的学科范式、视角、概念和方法，以飨读者。

因丛书所收篇目部分为20世纪早期刊印，其语言习惯、遣词造句等有较明显的时代印痕，且作者自有其文字风格，为尊重历史和作者，均依原版本照录；丛书底本脱、衍、讹、倒之处，唯明显且影响阅读者径改之，不出校记；数字、标点符号的用法，在不损害原义的情况下，从现行规范统一校订。特此说明。

北京大学社会学系
2018年7月

目 录

行以求知——蒋旨昂对中国社会工作的架构与实践 ················· 1

社会工作导论

李序 ·· 63
自序 ·· 72
社会工作导论 ·· 73
 第一章 社会工作之地位 ·· 73
 第二章 社会研习 ·· 82
 第三章 社工与个人 ·· 90
 第四章 社工与团体 ··· 102
 第五章 社区组织 ·· 111
 第六章 社会行政 ·· 124
 第七章 社工干部教育 ·· 133
 第八章 社工所需的社会学概念 ··································· 141

卢家村

 第一章 地理 ·· 153
 第二章 发展 ·· 157
 第三章 人口 ·· 161
 第四章 家庭 ·· 193

第五章　经济 ·· 223
第六章　教育 ·· 263
第七章　宗教 ·· 279
第八章　休闲 ·· 288
第九章　政治 ·· 294
第十章　对外关系 ·· 316

行以求知

——蒋旨昂对中国社会工作的架构与实践

岳永逸　熊诗维

> 社会工作是一种社会化过程,是一种扩大人格的艺术,是一种在动物性的生存和安全之外,增加人性的活动或自由的努力。
>
> ——蒋旨昂

一、建立中国社会工作理论体系的尝试

抗日战争的全面爆发后,原有社会秩序受到巨大冲击。为适应非常的战时状态,国民政府将中央社会部改隶于行政院(岳宗福,2010)。社会部主持全国社会行政事务,负责开展社会保险、社会福利、社会救济等工作(林顺利,2013),并组建了许多社会工作机构,出台了一系列法规政策。这些举措将社会工作正式纳

入国家治理和社会建设的整体框架之中,转变了此前社会工作以西方传教士和教会大学为主体的局面(刘振、徐永祥,2019)。国家对社会工作的重视,以及对专业人才的需求,引发了学界对社会工作教育的关注与讨论。各个大学相继开设社会工作专业,不少学者撰写了社会工作教材。《现代社会事业》(言心哲,1944)、《精神病之社会的因素与防治》(宋思明,1944)、《社会救济》(柯象峰,1944)、《边疆社会工作》(李安宅,1944)和《社会个案工作方法概要》(吴榆珍,1944)等纷纷出版。这些著作对中国社会工作的发展有较大助益。然而,它们大都是针对某个领域或某个地区的社会工作方法概述,对于社会工作的体系化建设,则略显单薄、琐碎。言心哲《现代社会事业》,"系博采近代东西研究社会事业学者的论著,与个人积年搜讨的心得所成之结晶"(朱庆澜,1944:1),厚重却失之于简明、精要,且仍偏重国外经验的系统化介绍。钮长耀《社会工作初稿》(1940)虽较全面地论述了社会工作的内容和方法,但政策指导性明显,又"太偏重监督指导的'行政'意义了"(蒋旨昂,1946a:9)。

为了满足高校社会工作人才培养的需要,为社会工作者提供全面、科学、可行的理论方法指导,根据亲历亲为的调研、实践、思考与归纳,20世纪40年代,蒋旨昂先后出版了《战时的乡村社区政治》(1941)和《社会工作导论》(1946a)等重要著作。在减少事实铺陈,提纲挈领以清眉目的同时,《社会工作导论》钩玄提要,尝试对社会工作提出"一种系统的认识"和"一套思考的间架"(蒋旨昂,1946b:1),明确要为建立社会工作的系统,提供原则。[①]其将国外较为成熟的经验与中国的实际结合,在相当意义

---

① 要指明的是,在此两年前蒋旨昂(1944a)就开始了社会工作的体系化建设。

上了实现了二者的对接。而其对社区—功能论主导的社区社会学的吸收和将克里斯塔勒（W. Christaller）"中心地"（central place）学说（2010）引入的拓展，则使社会工作相对独立的学科建设与社会学本土化探索互为表里，并提升了原本定格在实利、实用社会学的社会工作的理论性与诠释力。因此，称蒋旨昂为"尝试建立中国社会工作理论体系的第一人"（彭秀良，2021：46），就有着学理上的合理性。

其实，蒋旨昂不仅是中国社会工作理论体系的重要建设者，还是社会工作理论与方法的实践者。他并未止步于"研学训"三合一的理论创建与实践，还积极投身于乡村建设与边疆服务的运动之中。他与李安宅等一道，在成都郊外开创的石羊场社会研习站，不仅推动了地方基层建设，还为华西协和大学（华大）社会学的学生提供了实习训练场所，推动了我国早期本土化社会工作的理论实践，积累了经验。

蒋旨昂（1911—1970），又名蒋青立，河北丰润人。1930—1934年，蒋旨昂在燕京大学（燕大）社会学及社会服务学系（The Department of Sociology and Social Work）就读。"社会服务学"对应的 Social Work，后来通常直译为"社会工作"。① 在读期间，他深度参与了燕大清河试验区的工作，尤其是深入调查了隶属于试验区的卢家村（蒋旨昂，1934a）。毕业后，蒋旨昂赴美留学，于1937年在美国西北大学（Northwestern University）获得硕士学位。在游历了加拿大、英、法、德等国后，蒋旨昂在1937年年底回到国内。抱着以

---

① 陈波指出，"服务"这一概念是传教士为践行其宗教观而在他文化中传教时提出的，因而具有"神灵"和"神圣"属性（2010：91—92）。

学术效力国家的目的,他直接奔赴大后方,担任了贵州定番县①政府的收发和该县三区区长,以求深入了解中国的地方行政制度(瞿菊农,1944:8)。1940年,他前往晏阳初、瞿菊农等在四川巴县歇马场(今属重庆北碚)创建的私立中国乡村建设育才学院(1945年易名为私立乡村建设学院),参与指导了璧山县兴隆场的调查与建设(伊莎白、俞锡玑,2013:1、9)②,并全力展开战时乡村社区政治的调研,其成果即《战时的乡村社区政治》③。也就是在1941年,蒋旨昂前往成都华西坝,正式开启了他在华大的社会工作与社会学的教学与科研生涯。在与李安宅创办石羊场社会研习站的同时,他还先后与同仁一道在成都城区和阿坝黑水地区开展多种调研。

    显然,无论是早期的华北乡村调研,还是后来在歇马场、黑水对社区政治的调研和石羊场社会研习站的开办,在服务国家、社会与民众的基本理念和受社区—功能论指导的实地调研的方法论上,蒋旨昂均一脉相承、持之以恒,并有效地服务于其将社会工作建设成为一门相对独立学科的学术事业与使命。

---

    ① 定番县,即今贵州惠水县。卢沟桥事变后,华北农村建设协进会附设的乡政学院迁移贵州,张鸿钧任代理院长。乡政学院以定番县为实验县,张鸿钧出任县长。或者是受燕大旧识张鸿钧的邀约,蒋旨昂到了定番。值得提及的是,因为定番为乡政学院实验县,当时在大夏大学任教的吴泽霖等还专门前往此地调查了七个月,在1939年编纂了《定番县乡土教材调查报告》。
    ② 《兴隆场:抗战时期四川农民生活调查(1940—1942)》前言第1页的注释③说蒋旨昂耶鲁大学毕业,属伊莎白记忆有误。
    ③ 蒋旨昂对战时陪都重庆附近甲、乙两个乡村社区政治的研究始于1940年秋,在1941年6月撰写报告,同年9月由瞿菊农作序的《战时的乡村社区政治》一书由乡村建设研究所出版。应该是只看到该书商务印书馆1946年的版本,彭秀良(2012:7—8)误以为蒋旨昂在1943—1944年完成的《黑水社区政治》是其"'社区政治'研究的开山之作"。

二、清河试验，社会工作的摇篮

1930年，蒋旨昂考入燕大社会学及社会服务学系。正是在这一年，燕大的清河试验区正式成立。"卢沟桥事变"后，清河试验区的工作才彻底告停。在此期间，清河试验区一直是燕大师生实地调研的基地。1928年秋，洛克菲勒基金会（Rockefeller Foundation）给燕大社会学系捐助了一笔用于社会学教学与研究的资金。当时，燕大社会学系计划建立社会试验室已久。在后来回顾清河试验区的创建时，许仕廉强调：基于社会学的观点，他们想找一个地方"用相当的时间，作数量分析的研究"，因为这"比普通用概略的方法叙述社会生活为有价值"，而五千人口以内的一个乡村或市镇则相对适合（1931：1）。距离北京城德胜门正北十八里的清河镇缺少大家族、有不少回教徒，但在交易制度、家庭组织、教育组织和宗教组织等方面都颇具代表性。同时燕大到清河的行程只需一个小时，最终燕大决定在此创办试验区。

1928年，留美归来的杨开道博士到燕大任教（许仕廉，1930：3）。许仕廉便请杨开道任实地调查之指导，请张光禄、余协中、万树庸做调查员，对清河的人口、家庭、商店和学校等多方面概况进行考察，撰写了报告（TDSSW，1930）。经过一系列调查，确立清河试验区总面积约两百多方里，包含清河镇及其周边分属宛平县、昌平县和北平市三个行政区的四十个村庄，总人口逾两万。蒋旨昂调查的卢家村就是试验区内的一个村庄，在清河镇以北约8里处。经过一年多的筹备，清河试验区在1930年2月正式开办，同年6月16日举行了开幕礼（张鸿钧，1934：68）。如清河试验区的首位主任张鸿钧所言:燕大社会学系推动建立清河试验区的主要目的"是要在实际社会里,建立一个适当的实验场,使校内研究社会科学的师生们,不单从书本里寻死学问,更能从人群生活中求真知识",所以,其工作原则是"先虚心考察事实,然后根据事实认识问题,再根据问题,寻求解决的办法"(1934:64)。也即,除了学术上的目的,试验区的工作主要是以开展社会服务(工作)实践为导向的(赵承信,1938)。[①]

20世纪前半叶的中国,一方面,政治动荡、风雨飘摇,广大农村深受战争和匪患的侵扰,加上自然灾害频频,农民苦不堪言。仅就卢家村一带而言,1920年蝗灾,1929年旱灾、蝗灾,村民有全家服毒的、急死的、逃亡的、烙"信饼"吃的,1924—1933年遭遇大小战事六次(蒋旨昂,1934b:80—81)。另一方面,此时的中国已经是世界经济体系的一部分。20世纪20年代末的世界经济危机使本来就负担重重的中国农民陷入更为窘迫的境地(徐秀丽,2006)。内外交迫之下,中国农村呈现出衰落破产之象。自然,试验乡村建设方法、改进并建设农村就成为燕大同仁的首要目标(王贺宸,1936:344)。

清河试验区也先后划分成立了经济股、服务股(1932年更名为社会股)、卫生股和研究股,以开展各项具体的试验工作。各股密切联系,每月举行一次例会,职员就各自的工作内容讨论交

[①] 当然,这也是延续了燕大社会学系初创者步济时(J. S. Burgess)、甘博(S. D. Gamble)等人奠定的学术传统,符合作为教会大学的燕大"因真理,得服务,以自由"的办学理念。但与此前以传教为终极旨归不同,因大势所趋,清河试验的宗教色彩明显减弱。虽然都源自 social work,"社会工作"也逐步替代了"社会服务"(菲利普·韦斯特,2019:25—219)。

流,由主任统一协调试验区的工作方针,共同致力于清河的乡村建设试验工作(各股负责工作内容见图一)。同时,清河试验区还设立了由各领域专家组成的顾问委员会,协助指导具体工作的开展落地。诸如:社会股举办的小学教师讨论班,每年都会邀请各科教员、专家教授教育技巧,以推动区内教育的改进;卫生股聘任助产士和医师开展具体的卫生工作,请杨崇瑞、李延安等医生作为卫生股的专家顾问,在清河积极推广组织现代医疗卫生服务。

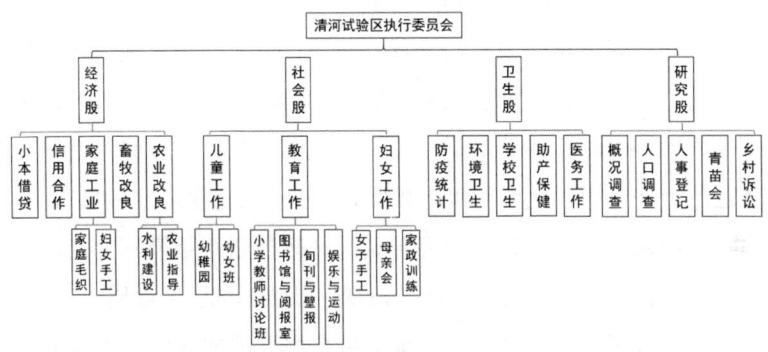

图一 燕大社会系清河试验区组织框架图(熊诗维绘)[①]

在其贯彻的工作原则中,清河试验区的社会服务意识也得到了充分彰显。除了以实事求是的调查为依据,强调将试验区视为整体进行考察的方法论原则外,试验区的社会服务理念首先体现在以经济建设为重心的工作目标上。其社会、卫生和研究工作也是围绕经济建设展开,以期直接或间接地改善区内经济状况。

---

① 此图是根据张鸿钧《燕京大学社会学系清河镇社会实验区工作报告》的后五部分,即经济股的工作述略、社会服务、农村卫生、农村社会研究和结论绘制(1934:71—92)。

其次,强调一切工作从简、适于乡村的现状。当时,燕大社会学系的师生正积极推动中西交流下的本土化社会学的建设(侯俊丹,2018;岳永逸,2022)。受美国社会学家霍索思(H. B. Hawthorn)和巴特菲尔德(K. L. Butterfield)影响,作为试验区的主力导师之一,杨开道认为农村问题的关键在于有效组织(郭占锋、吴丽娟、付少平,2019)。结合中国的农村实况,他主张通过乡约制度来维持乡村共同体的心理基础(李爽,2008)。鉴于传统中国村庄治理的经验,杨开道(1931)也强调农村领袖在构建自下而上农村自治体系中所起的作用。

最后,清河试验工作的开展,坚持"尽量聘用本地人才,加以训练,以免人存政举,人亡政辍"(张鸿钧,1934:69)。试验区积极开办合作信用社的讲习会、毛织训练班,以敦促村民学习先进的经济组织和生产技术;开设幼女班、女子手工班和母亲会,为不同年龄段的女性提供服务和指导;教授当地年轻妇女现代助产技术,积极培植基层卫生保健力量。显然,试验区开展了专业、系统的实务工作,培育了一批地方社会服务人才,促进了清河农村的改良。正因为如此,清河试验被视为是"历史上第一次以'社会工作'名义"开展的本土社会工作(张学东,2015)。

鉴于研究培养与社会服务的双重目的,燕大社会学系还对学生培养方案进行了改革:要求主修社会服务的学生在四年大学课程之内,必须有十六学分的实习工作;实习之标准按照个人兴趣及北平能有之机会而定;学生实习机关有华洋义赈会、协和医院社会服务部、青年会、卫生事务所、怀幼会、教保院和监狱等(于厚,1931:193)。这些制度性规定,使得燕大社会学的教学、实践深入到基层社会,使学生有机会"实习关于社会设计、地方组织、社会变态之预防等技术与原则"（佚名，1932：346）。除了鼓励学生在清河试验区开展实习，杨开道、许仕廉、章元善、吴文藻、王贺宸、雷洁琼等多位教师还开设了包括中国农村运动、当代社会学学说、社会工作入门、儿童福利问题等一系列相关课程（佚名，1934：308）。

燕大社会学系研究、教学和实习的三管齐下，不仅促进了社会学理论与社会工作的结合，还积极将西方社会学理论与方法应用于中国乡村社会的考察，先后培养了张鸿钧、李安宅、张世文、吴榆珍、蒋旨昂等兼具社会学理论、社会工作实践，后来对中国社会工作学科建设产生巨大影响的学生。而清河试验区的开办，则促生了一批可圈点的基于实地研究的毕业论文。这包括：《黄土北店村的研究》（万树庸，1932）、《清河试验区妇女工作》（邓淑贤，1934）、《清河小本贷款研究》（李鸿钧，1934）、《清河合作》（杨骏昌，1935）、《清河小学》（梁树祥，1935）、《一个村落社区产育礼俗的研究》（邱雪峩，1935）、《清河试验区合作会计之研究》（王际和，1936）、《清河市集的经济研究》（郑宝沪，1937）等。其中，不少论文的精要部分都刊发在燕大社会学系的系刊《社会学界》。蒋旨昂的《卢家村》（1934a）正是这些毕业论文中的翘楚。

三、偏重实利的调研——《卢家村》

1930年进入燕大社会学系后，蒋旨昂也积极投身于清河试验区的建设与调研。其间，他担任过试验区社会股股长，负责区内儿童、妇女和其他教育试验工作。1932—1933年，蒋旨昂以试验区的卢家村作为田野点，进行了一年多的深度考察，与村民成了"熟人"，并于次年完成了学士毕业论文《卢家村》。该文篇幅远长于两年前万树庸的硕士毕业论文《黄土北店村的研究》。在压缩后，《卢家村》以同名发表于同年《社会学界》第八卷（蒋旨昂，1934b），七十页的篇幅是同期刊发的费孝通根据学士毕业论文修订的基于文献研究的《亲迎婚俗之研究》（1934）的两倍多，也是该卷《社会学界》最长的一篇论文。从地理、人口、经济制度、生产消费、政治宗教信仰、社会组织、社会关系和教育等多个方面，蒋旨昂对卢家村进行了全景式的扫描和定性与定量相结合的研究。其将卢家村作为一个整体进行区位兼及功能的考察，不仅在调查方法和研究理论上具有现代科学性，同时也深具社会改良的问题意识，充分展现出当时燕大社会学研究的旨趣，堪称同期华北农村研究的范本。关于其研究方法、取得的成绩以及削减的部分，刊发时正文前的小引——编者按，有清楚的说明：

> 本文是蒋君以一年余的代价在卢家村研究的结晶。他没有大学生及城市人的傲慢心理和行为，他时常往该村和村民交朋友，有极密切的友谊，他在村民家住过，吃过，参加过他们的婚丧仪式。在这样熟悉的情形之下，所得的材料，自然是可珍贵的，而不是通常一般彼此隔膜的正式的调查所可比拟。
>
> 关于村中领袖间的暗潮，完全是私生活，不愿为局外人言的，蒋君却原原本本地获知而详记下来，这是何等可珍异的材料？不过因为这些领袖们尚在，不好意思为他们一一揭

穿，若稍加掩盖，便不易明白，所以"私塾的更动"及"领袖关系"——冲突——二节，终不得不加以割爱，特向读者声明。（蒋旨昂，1934b：36）

（一）定性与定量结合的调研方法

与万树庸《黄土北店村的研究》一样，蒋旨昂《卢家村》也是在杨开道的指导下完成的。因此，这篇论文在架构、调查细项的设置等方面均有着杨开道的影响。1928年，在对清河试验区进行初步调查时，杨开道曾拟写过一份乡村社会调查的提纲。在这份提纲中，杨开道明确指出：

> 我们调查乡村社会有两个目的，一个是学理的，一个是实利的。学理的调查，就是要求出一班乡村社会共同的原理，对于某一个乡村社会，没有特殊的注意。实利的调查，是专门注意在某一个乡村社会，要找出他的优点，尤其是他的弱点。（1929：39）

由此，在杨开道的指导下，蒋旨昂开启了偏重"实利"的调查。毕业论文《卢家村》共计十章，分别是：地理、发展、人口、家庭、经济、教育、宗教、休闲、政治、对外关系（蒋旨昂，1934a）。刊发在《社会学界》第八卷上的《卢家村》一文则是地理、人口、家庭、经济、教育、宗教、休闲、政治八章。无论是八项还是十项，这些调查项目，杨开道（1929）在《乡村社会调查》中都曾列出。

不仅如此，杨开道在强调量化调查数据的同时，也主张对数据的定性描述与阐释。因此，《卢家村》中虽有很多量化表格，但蒋旨昂对每一个数据的来源都有详细的定性描述。图表与文字的结合，将数字背后的意义阐释得透彻明晰。在"人口"这一章，蒋旨昂在呈现人口的迁入与迁出时，不仅列出了外村男女所占百分比，而且叙述了人口流动的原因。诸如：

> 洪家的五子之中的长子，按理不应离开老家，也不应离开多年在自己势力之下（洪家是旗人）的村子。然而旧日的权威，古来的遗规，终敌不过经济的压迫！……民国九年搬来一家三口，是从深州来的，大概是受不了那里人口拥挤底压迫，才到本村租地种，租了三十二亩，廿二年潦得他们很苦。三十七岁的儿子从十二岁就在北平佣工，全家的北来，也多少受他儿子的影响。到这里一无长物，老两口租三间东房，住两间。（蒋旨昂，1934b：55—56）

这些描绘是熟悉的，也是亲切的。每张表格的数字背后都反映着这个村子的变动与人情世故。将量化、科学化的社会调查与情境、个体生命历程相结合，这同样是社会学中国化、本土化的有益尝试。

（二）人文区位学与孙末楠民俗学说的影响

蒋旨昂在燕大就读时，美国芝加哥大学的派克（R. E. Park）曾在1932年前来燕大讲学三个月。派克开设了"集合行为"和

"社会学研究班"两个系列讲座,将以研究美国都市为主的人文区位学(human ecology)系统介绍到中国。吴文藻、黄迪、杨庆堃、费孝通、蒋旨昂等燕大师生都积极参与了这次讲学。次年,燕大社会学会(1933)整理出版了派克此次讲座的内容。文集中的《集合行为》一文,就是蒋旨昂对派克"集合行为"讲座进行整理后翻译而成(派克教授讲,1933:121—184)。吴文藻指出,这一部分内容"与前述人文区位学一部,可说是派克教授一生关于纯理论研究之精采所在。……派克之视社会学为'集合行为的科学'"(1933:5—6)。

派克此次讲学对蒋旨昂的影响,一方面体现在人文区位研究对实地观察、访谈的重视以及"社区(community)"概念的引入;另一方面是派克对社区和家庭集合行为的探讨,尤其是派克将家庭定义为一种社会学上的事实,是一种具有道德义务的共生体,是有着共同的目标并集体行动的组织。蒋旨昂吸收了此观点。从派克集合行为的视角出发,蒋旨昂将卢家村的家庭活动视为一种组织行为。在"家庭"一章,他首先简明地将家庭定义为"连续性的组织""继往开来的单元",将其分为了组织、解组和功能三个小节展开论述。从婚丧嫁娶等家庭活动和亲子、夫妻等人际关系入手,蒋旨昂强调家庭在生育、经济、教育、政治、宗教等方面的功能。他指出:"经济生活是家庭集合的共同的活动……家庭的功能,几乎包括个人日常关系的各方面"(蒋旨昂,1934b:72、73)。

值得注意的是,派克短短三个月的讲学不仅将人文区位学介绍到中国,他对孙末楠(W. G. Sumner)的推崇,还使得孙末楠以民俗学说(folkways)为核心的社会学说成为燕大社会学系师生的公共常识，进一步强化了燕大师生对孙末楠学术观点的吸收与探讨（岳永逸，2018a，2021a，2021b，2022）。蒋旨昂也不例外。《卢家村》中对婚丧礼俗有非常详尽的描述。孙末楠认为，人们的生活就是要满足自身发展的需要，而人处于社会之中，为了满足彼此的需求，人们就要组织合作、协调互济，形成一种公共的制度和秩序。这种人们所共同遵守的惯习就是民风（黄迪，1934：70—73）。蒋旨昂进一步拓展了孙末楠的这一观点，指出人类社会生活的需要"不外追求生存之安全和自由的活动"（1946a：3），并将之视为社会工作与社会研习的起因和目的。

（三）社会改良的意识

蒋旨昂的卢家村调查是在燕大清河试验区的背景下开展的。他明显受到乡村建设服务实践的影响，有着鲜明的社会改良意识与精神。如杨开道所言，"我们想要改善现在的乡村社会，必定是要拿调查的结果作根据。纯粹的学理，拿到一个特殊的乡村社会去，是没有用的"（1929：39）。因此，蒋旨昂《卢家村》也有着鲜明的问题意识。例如，在"教育"这一章，他指出：卢家村的家庭教育环境并不能为儿童的个性发展提供有价值的帮助；成人教育仅仅能够达到基本的识字能力；在这些识字者中，包括许多只能以白字记账的，真有读书能力的则很少；这样，成人的知识鲜有新东西（蒋旨昂，1934b：89—96）。在此，蒋旨昂试图通过对卢家村教育情况的调查，寻找到当时乡村教育的症结。

同样，在记述卢家村建设合作社的过程中，蒋旨昂指出了地方领袖在乡村建设中的关键地位："村民对于领袖的认识是整个的，领袖在任何场合都是领袖。……领袖也自认如此，所以乡长在筹备会后向外村人说：'我叫它（指合作社）好，就好；我叫它坏，就坏。'"（1934b：87）对社区领袖的关注和成功调查，使得蒋旨昂后来关注社区政治，且尤为强调社区建设和社区政治之间的关系，甚至认为战争时期的乡村的社区政治是社会工作的核心。

在赵承信（1936）看来，因为不是为分析问题而调查，而是为社会改良而调查，所以燕大清河试验区的调研本质上属于乡村建设运动，有着明显的不足。但是，在当时中国乡村凋敝的实情下，这种偏重"实利"的调查与社会改良的动机对中国乡村卫生、经济、教育等各方面事业的建设，以及对后来作为一门相对独立的学科的社会工作的发展则有着不容小觑的作用。同时，这种因乡建运动而生的社会改良精神，也极大影响了一批学人，包括蒋旨昂后期对社会工作理论与方法的探究和实践。正因为一直秉持服务国家、建设社会和改善民众生活的志向，蒋旨昂在留学回国后再度投身基层，从事了边疆地区的调研与城乡社会工作的教研。

四、动态的、如蛛网的社区：社会工作的理论根底

（一）本土化的社区社会学

1935 年，倡导比较社会学的拉德克里夫-布朗（A. Radcliffe-Brown）到燕大讲学。对其中国同行，他明确区分了社会调查（social survey）与社会学调查（sociological survey），强调后者的学理性，即"要依据某一部分事实的考察，来证验一套社会学理

论或'使用的假设'"(拉得克里夫-布朗讲、吴文藻编译，1936：79)。随着另一位功能学派代表人物马林诺夫斯基（B. Malinowski）学说的进一步译介，中国学人创造性地将社区论与功能论融合在了一起。这一集体完成的译介和创造性转换，集中体现在《社会学界》1936年第九卷和1938年第十卷。十年后，杨堃将这两卷《社会学界》视为是中国社会学"划时代的大著""极可珍贵的工具书"和"民俗学家所必须具备的指南（guide）或手册（handbook）"（1948：98）。在后起的学科史上，因为与燕大社会学有着渊源的不少学人在不同领域的成功实践，燕大社会学又有了"社区—功能"学派的命名与代称。其中，吴文藻的引领性不容置疑。

值得一提是，1921年还在清华学堂读书的青年吴文藻就研究过社会工作。只不过采用了当时通行的翻译，他以"社会服务"来给其研究命名（吴文藻，1921）。[①] 1940年12月，早已经是学界领袖的吴文藻在陪都重庆拟就了他主编的"社会学丛刊"的"总序"。在这篇简明扼要的序文中，吴文藻表达了要建立中国的比较社会学的雄心。然而，除"比较"之外，"社区"仍然是其比较社会学的核心词汇之一。吴文藻写道：

> 所谓比较社会学，最简单言之，即系应用类似自然科学上的方法——即比较法，对于各地现存的社区，作系统而精审的考察。现代社区的核心为文化，文化的单位为制度，制

---

① 该文是吴文藻在融进自己的理解之后，对波士顿医生嘉鲍（Richard Cabot）博士一本社会工作专书的读书笔记。文章分为了社会服务的动机与原理、社会调查的需要和性质、救济的方法和服务者应该采取的态度三部分，并抄录了刊发在《新青年》上的农业、工业、商业、风俗、教育和自治组织的"社会调查表"作为附录。

度的运用为功能。我们就是要本着功能的眼光及制度的入手法，来考察现代社区及现代文化。因此，也可以说，社会学便是社区的比较研究、文化的比较研究，或制度的比较研究。……"社区""文化""制度"及"功能"，皆系社会学上的基本概念。这些概念以及其他重要概念，密切连系起来，组成一个体系，即是比较社会学上的"概念格局"（conceptual scheme）。这种概念格局，在一切科学思辨工作上，是必不可少的工具。（吴文藻，1944：2—3）

在相当意义上，吴文藻此时旗帜鲜明倡导的比较社会学实则是其数年前提出的"社区社会学"的延续与深化。

受人文区位学强调人口、地域（空间）和文化三要素的影响，黄迪等人将"community""社区"对译并进行了界定（兆临，1934；岳永逸，2022）。在具体解释地域这一要素时，根据地域的文化水准，吴文藻将社区分为部落、乡村和都市三类，随即又强调三者的共性。他写道："通常部落社区是民族学研究的对象，乡村社区是乡村社会学研究的对象，都市社区是都市社会学研究的对象。其实三者名称虽异，而其所研究的对象则同是'社区'。有人主张此种研究可通称为'社区社会学'。"（吴文藻，1935a：125）

沿用拉德克里夫-布朗对调查的社会和社会学二分，吴文藻将偏重静态社会事实叙述的社会调查比为"照相"，将注意历程和趋势描写并说明、解释的社区研究比为"电影"（1935b）。赵承信更加明确地将"社区研究"等同于"社会学调查"，以此与乡建运动倚重的"社会调查"区别开来（1936）。此时，功能论、比较社会学已经嵌入了社区研究之中。进而，参照西方社区研究的趋势，中国社区研究计划得以提出，社区研究与社会学建设之间的密切关系也被强调（吴文藻，1936a，1936b；赵承信，1937）。最终，根据蒋旨昂等在清河试验区调查的大量事实，更适合中国实际与研究，且明显在类型上有别于社会人类学专注的初民社区（primitive or tribal community）和人文区位学在意的都市社区（metropolitan community）的"村镇社区"（village-town community）这一学术概念被提了出来，家村镇不同层级社区之间的连带性和大层级社区对小层级社区的涵盖性得以强调（赵承信，1937，1938；黄迪，1938，1939）。

经此推波助澜，在燕大社会学系，围绕特定社区展开研究更加盛行。清河试验区、杨庆堃的山东邹平（1934）、林耀华的福建义序（1935）、费孝通的江苏开弦弓村（2001）与云南三村（费孝通、张之毅，2006）、李有义的山西徐沟（1936）和赵承信的平郊村（1948；Chao，1948）等，都是后来学界称善的经典案例。

（二）中心地学说与社区核心：社区的再定义

将社会学的理论与概念作为社会工作的认识论基础，是蒋旨昂架构社会工作的一大特点。其中，"社区"重要莫名，始终是蒋旨昂搭建其社会工作大厦的基石、核心与抓手。正是基于前述燕大师友先在的认知，蒋旨昂将"社区"更加明确地定义为：

> 一个社区是在一个地方，人与人，以及制度与制度，所形成的一种联合；或说是：（一）一群在一块地面上居住的人，

（二）有着共同的经验背景，（三）几种满足基本需要的制度，和（四）一种地方团结的意识，（五）他们也能共同努力于地方问题之解决。（1944b：7）

即，社区是地理位置毗邻，在历史文化、道德情感和组织制度方面具有一致性的生活共同体，它既受自然环境的影响，也受到诸种人为因素的作用。

化用派克"社区是制度之星座"的名言，① 蒋旨昂对自己更加在意的乡村社区进行了专门定义。② 在将社区比喻为蛛网的同时，蒋旨昂还特意提出了与黄迪（1936）在十年前创造的"文化重心"（The core of culture）相类的"社区核心"这一个概念。蒋旨昂写道：

> 社区好像是个蛛网，上面的蛛丝，便是社区里各种综错配合、互相作用的制度，而社区之核心便如蜘蛛所在的"中军帐"。社区核心——无论是地理的还是社会关系的核心——在乡村，是极其显然而易看出其所在的。这种核心大半就是集市场镇。（1946a：72）

---

① 要指明的是，吴文藻（1941：8）也曾释读过派克这一警句："考其用意，是指各种制度纵横错综系列于一社区之内，有如星辰的罗布，各个制度在其所隶属的社区中，各有其一己的职能，而此职能的分配，全由各该社区来决定之。当制度履行其职能时，生物上的个人，经过社会化的历程，变为文化人的人格。每个人格在社会上之特殊的地位，如同每个制度在社区内之有特殊的职能。这是所谓社区是制度星座的真义。"

② 蒋旨昂《社会工作导论》第四章"社区组织"是根据其《社区组织释要》一文改写而成，两者开篇都是直接引入社区社会学，继而借对"社区是制度之星座"的释读重新定义社区（1945a；1946a：43—56）。

然而，社区蛛网之喻和社区核心的提出，除吸收派克的人文区位学和中国同仁的社区社会学的之外，蒋旨昂还整合了德国学者克里斯塔勒的"中心地"学说。

目前，在中国学界，通常认为克里斯塔勒的中心地理论是1964年才首次引入的，尤其是地理学家严重敏的介绍与引用（张大卫，1989）。①殊不知，早在1944年6月19日写就的《社区组织释要》一文中，蒋旨昂就引用了该理论，来释读社区、借以架构社会工作这门学科和理解中国了。两年后，从引用了克里斯塔勒中心地学说的注释中，我们可知蒋旨昂应该是通过厄尔曼（E. L. Ullman）的英语论文，获知克里斯塔勒的中心地学说及其在南德实证研究中总结出的社区扩大的六角形公式的（1946a：54）。②

因为"核/中心"作为一个基本指标的加入，社区有了大小、繁简之别，诸如单核心的小社区，多核心且有着主、副核心之别的大社区。于是，无论是对乡村、都市还是边疆，社区完全成了个"活的概念"。而且，不仅其地理距离的问题，还有了"社区化"的程度问题，以至于蒋旨昂乐观地认为：只要社区习惯之能日趋扩大，就会有世界大同的可能。进而，根据克里斯塔勒的中心地理论，他提出了中国社区的腰店子③、小村、大村、集场、县

---

① 有关克里斯塔勒中心地理论在中国的传播，可参阅《克里斯塔勒中心地理论在华传播史》，见网页：https://book.douban.com/review/6623446/，查阅时间：2022年2月15日。另外，2010年，张大卫（1989）一文用作了商务印书馆出版的克里斯塔勒《德国南部中心地原理》中文译本的代序，内容并无变化。

② 蒋旨昂书中的原注释，厄尔曼文章标题 "A Theory of Location of Cities"（Ullman，1941）有误。

③ 四川方言，亦写作"幺店子"，指乡间路旁的小店，卖茶水、点心。它既是外出的人可以临时歇息的地方，也是小聚落或者小村庄的人文地理中心和信息中心。

城、大都市层层套裹的多级社区的六角形假说。原文如下：

> 克里斯陶勒在德国南部发现了社区之扩大公式。他发现社区是六角形的。（注六）一个小社区（例如一个村）既是六角形的，则与之接连的小社区必是六个。将这六个小社区之核心，用线连起，恰成一个较大的六角形。于是那中心社区的小村，便可扩大为这较大六角形的社区之核心，而为集镇了；整个较大社区便是这集镇所影响的"县"了。这一较大社区，同其它六个与之连接的较大社区，又构成一个更大的六角形社区，其核心便由原来的集镇扩大为都市，而此更大的社区，成为那个都市所影响的"省"。在理论上，这六角形的扩大变化，可以大到全国，可以大到全世界。克里斯陶勒却仅在南德证实了他的公式。在中国，这公式是否可靠，需要我们从"腰店子"、小村、大村、集场、县城、大都市之区位分析上努力。此种分析，当然要靠实地研究。（蒋旨昂，1946a：44）[①]

显然，整合进中心地理论后的"社区"，不但是蒋旨昂社会工作的理论基石，还同时赋予了本土化的社区社会学以新的内涵。在将社会制度比作蛛丝的基础之上，蒋旨昂更强调社会制度与社区两位一体地互文关系：生活在同一社会中的人们，为了更好地满足自身的社会需要，就要彼此协调合作，为了增进社会关系和共同趣益（兴趣与利益），就形成各式各样交互作用的制度

---

① 亦可参阅蒋旨昂，1945a：64—65。

（1942a）。因此，卓有成效地社会工作只能以社区为单位展开，且必须有功能论和整体论的视角。为此，蒋旨昂写道：

> 社会制度之综合的表现，便是社区。社区即是制度之网。知道了制度之间，在社区意义上，如何有着功能的关系，如何动其一，则必影响其余，然后社会工作才能有个通盘的认识，才能大处着眼，小处下手，才能针对社区型类之差别，加以必要的调适（1946a：79）。

自然而然，社会工作的开展必须以对社区的全面调查和深入了解为前提。社会工作人员既要了解社区最基本的生活需求，也要熟悉社区各项制度、政策的形成与变化。在此意义上，社会工作不是别的，就是"因时因地而谋求社会关系之改善，以达到安全和活动的过程"（蒋旨昂，1944a，1946a：4）。而且，关心现实的蒋旨昂始终有着国际视野。如同及时吸收新生的中心地理论的学术敏感一样，他还敏锐地注意到：当时国际上现代社会安全计划的特征，已经是与国家经济紧密相关的社会救助与保险的合流（蒋旨昂，1945b）。

（三）动态的社区

基于社区是动态的，且有社区化的事实，蒋旨昂对社会工作的定义就有两点尤其值得注意。首先，社会工作不是固定不变的，不同类型的社区有不同的社会工作方法。哪怕在同一社区，当社会需求和社会关系发生变化时，社会工作也需要进行相应的变动调整。例如，抗战胜利后，蒋旨昂就指明：社会工作应该"依据新的时空标准，加以新的衡量和调适"，因而，应遵循分散、自力和建设这三大工作原则，遵循因地制宜、自力更生和国家建设的三大工作方向（1945c）。其次，社会工作内容具有两种面向。一方面，欲更好地满足人们对安全与活动的需求，社会工作就要对生活困难的人实施救助，对潜在的危机加以预防，努力促发个人潜力，实现人的自由与个性发展。另一方面，人们生活在社区中，只有社区的整体安全与协调运行，才能保证每个人安全与活动的实现。因此，除了依靠"救助→预防→促发"，还必须"下一番组织，训练，运动的工夫"，以使得社区分子"能分工合作（组织），各尽所能（训练），集中力量（运动）去进行社区中的救助，预防，和促发"（蒋旨昂，1944a：6）。只有如此，才能最终实现个人、团体和社区自我意识与潜力的觉醒，实现个人与社区的协同发展。

因为有了动态的过程视角，有了以全体性、连续性为基本特征的功能视角，蒋旨昂的相关认知也就更倾向于客观，具有前瞻性。对他而言，貌似不发达、大半靠劳力运用工具且占据大多数人大量时间的小手工业，却有着以人为出发点，满足人类愿欲的一面。因此，小手工、手工艺与机器生产，不是竞争，而是"相成"互补的关系。"配合调适""渗透普遍"和"吸收采用"，就应该是发展我国原本有着价值的小工业的三大原则。然而，本着人本主义精神，用机器生产取代只为极少数人享乐而制作的哪怕美的手工业品，从而让多数人有较长时间的自由以享受丰满的人生，也是发展小手工业——欢迎机器生产的应有之意（蒋旨昂，1945d）。显然，对于当下非遗运动中为保护而保护的包养型的路径与实践，这些近八十年前的认知无疑是一种警示。

不但如此，与政治关联紧密的社会行政，本质上不是少数人把持、操控而满足私欲的"权力政治"，而应该是人人各尽所能、各取所需的"福利政治"，是人人有资格有能力参与统治和所治的"公民政治"，不是官治民或者官管民的犹如猫鼠式的对立存在，而应该是社会福利事业的一部分（蒋旨昂，1946c）。换言之，经济工作的本意在于生存，政治工作的本意在于安定，而社会工作则是在人性的发展上下功夫，是更加基本的文化工作，其本质是"予"，而非"取"。进而，为了强调女性对于社会工作的重要性、不可缺失和女性一直作为"伟大社工"的社会事实、历史事实与学术事实，蒋旨昂有了貌似诗化实则政治味浓厚、鼓动性强的定义：社会工作"是一种社会化过程，是一种扩大人格的艺术，是一种在动物性的生存和安全之外，增加人性的活动或自由的努力"；既在家外也在家里；已经由志愿服务变为人类分工之中不可少的职业，而且是培养人性、解放妇女的重要工具（1946d：5）。

（四）与社会学互为表里的社会工作

然而，在非常的战争期间，社区政治的调研显然又是社会工作的基础、前提，甚或说重中之重。因此，"有纯理社会学的原理原则与实用社会学的适应技术，以及两方面互为因果、交相影响的收获"的蒋旨昂（李安宅，1946：9），直接将社会工作与中国特色浓厚的社区社会学联系了起来。他明确声称："想用社会学的观点，来建立中国社会工作之体系"；"靠着社区社会学之发展"，使社区组织这种社会工作的方式有"更为深切的意义"，及至成为

"建国大业中的一个重要概念"（蒋旨昂，1946a：1、43）。显然，将社会工作与社会学、社区社会学对接，在丰富社会学、社区社会学的内涵时，也拓展了其外延。蒋旨昂写道：

> 社区社会学者如果能以若干年不断的努力，分到各处选择数十以至数百的"个案社区"加以研究，则这许多社区在相同条件下形成相同现象的那些事实，就能作为社会法则（至少是中国的）的根据了。

> 但是社区生活现象太复杂了。让我们暂限于……政治现象之研究。又因为是战时，让我们从比较那许多最受到外力震荡而发生显著变迁的社区政治研究起。（转引自瞿菊农，1944b：4）

英雄所见略同。同为燕大社会学系的毕业生，比蒋旨昂晚一年回国的费孝通在云南快速主持展开的禄村、易村、玉村的调查，也大抵是采取了"数十以至数百的'个案社区'"研究的路径，进而试图比较以发现"社会法则（至少是中国的）的根据"。只不过费孝通的调查更偏重土地制度和经济形态。正是有多个社区的个案研究，才有了其至今畅销不衰的《乡土中国》在1948年的出版。在该书原版"后记"中，关于社区研究，费孝通写下与蒋旨昂认知同出一辙的话：

> 以全盘社会结构的格式作为研究对象，这对象并不能是概然性的，必须是具体的社区，因为联系着各个社会制度的

是人们的生活，人们的生活有时空的坐落，这就是社区。每一个社区有它一套社会结构，各制度配合的方式。因之，现代社会学的一个趋势就是社区研究，也称作社区分析。（费孝通，1948：102—103）

进而，费孝通将社区研究分作了两步，即单个社区的"描画"和不同社区的比较，以求发现通则，而《乡土中国》正是发现通则的"尝试"。

在《现代社会事业》中，言心哲也专章谈"社区服务"，并将之与社会个案工作和社会团体工作并列（1944：321—368）。此时，"社区"更多地成了一个实体对象而少了蒋旨昂始终赋予社区动态的与活的认知论和方法论色彩。或者可以说，因为社区，在中国社会学本土化的历程中，社会工作不但中国化、理论化，而且始终与本土化的社会学互为表里。它在支撑理论社会学的同时，也强化了社会学服务于社会之本质。

五、研、学、训：社会工作的间架

（一）方法：社会服务与社会行政

社会工作要整合社区力量，发扬人格精神，以至完善社会福利事业，促进社会的长久稳定建设，就需要依靠社会服务和社会行政两种手段，或者说方法。反过来，作为社会服务与社会行政的总称的社会工作，实乃"一种发展社会化、以培育个性的方法"

(蒋旨昂,1944a:6)。两年后,因为对"动"的强调,蒋旨昂将这里引文中的"方法"变为了"过程"(1946a:5)。换言之,对蒋旨昂而言,社会工作既是过程,其本身也是方法。

社会服务是作用于人的方法。根据社会关系的复杂程度,它可分为个案工作、社团工作和社区组织工作。个案工作,即针对个体开展的社会工作。蒋旨昂认为,个人问题不仅在个人和环境,对个人问题的解决便须人与社会双方共同负责、共谋改进,因为"人是社会的动物,人的意志,便往往可以看出,乃是产自他的社会关系之中的"(1946a:23)。所以,个案社会工作者需要弄清个体所处的社会关系中出现的问题,找到其中症结,并帮助其组织重建社会关系,以实现个人的协调自主发展,即"助人自助"。

社团介于个体与社区之间,如根据年龄、性别成立的青年会、妇女会,依据个人兴趣、文化和信仰形成的宗教、公益、文艺等团体。西方国家社团工作的目标是"人格之培育"和"社区力量之发挥"。鉴于国情有别,蒋旨昂认为,根据当时国家建设所需,我国社团工作应"使社团成员为了社区之发展,能在共同努力之锻炼和实行当中,发生经济上的集体作用,也发挥政治上的民主作风"(1946a:33)。这样,在社团工作中努力创造一种平等自治的精神,使我国的社团兼具健全人格的培养、民主精神的焕发与人民福利的建设三重任务。

最后,在社会关系和社会制度最为复杂多样的社区中,则应积极推动社区组织建设工作的开展。所谓社区组织,就是"社区重组或社区改组",目的在于使社区中人与人、制度与制度形成协调一致的合力,促进社区的分工合作(蒋旨昂,1945a)。与个案工作和社团工作相较,社区组织工作是从更为宏观的制度层面切入。因此，社区组织工作往往与社区建设、社会行政紧密相连，具有较显著的政治性，可通过社区服务、社区促进会、公民会等形式开展（蒋旨昂，1942b）。

如果说社会服务是针对特定的个体或群体开展的，那么社会行政则是处理公共事务和行政事务的工作。社会行政，可以"小到一个社会机关之管理（可以名为社会机关行政）"，也可以"大到一个国家或世界政府的社政系统之管理（可以名为公共社会行政）"（蒋旨昂，1946a：6）。通过政策的设计、执行与考核，推动社会工作事业有计划、有组织的在社区开展，从而引发民众力量、培育自下而上的基层民主精神以及实现社会福利事业（蒋旨昂，1944c）。蒋旨昂进一步指出，要实现这一目标，就需把握社会行政的机构、经费、人员和报告四个关键因素。在机构方面，建立起分工合理的金字塔组织框架；在经费方面，善于发动社区资源，扩大社会福利事业支出，并做好收支预算；在人员方面，积极培养具有专业技术和专业精神的社工人员；在报告方面，宣扬社工精神，鼓励民众积极参与社会工作，通过宣传动员，发扬民主精神（1946a：59—65）。

同为社会工作方法，社会服务与社会行政又紧密联系、相互补益。在社会行政的支持下，社会服务才能合理有序进行。另一方面，社会服务不仅是社会行政的目的和意义所在，也使得社会行政的内容得以根据基层实际需求得到更新和调整。诚如蒋旨昂所言："没有社会行政（机关的和政府的），社会服务便推不开，行不远，持不久；没有社会服务，则社会行政简直没有内容，没有意义了。"（1946a：7）总之，蒋旨昂自成体系的社会工作思想如图二所示。

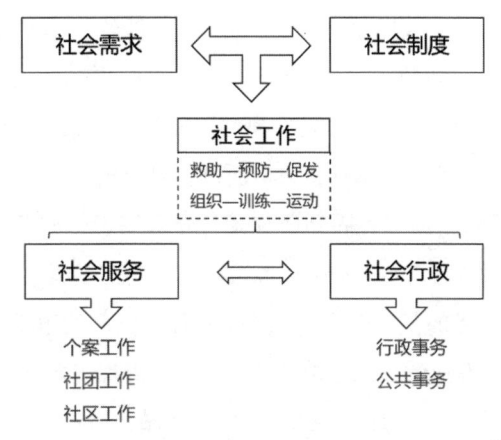

```
        ┌──────────┐         ┌──────────┐
        │ 社会需求 │ ⇐═⇒    │ 社会制度 │
        └──────────┘    ⇓    └──────────┘
                  ┌──────────┐
                  │ 社会工作 │
                  ├──────────┤
                  │救助—预防—促发│
                  │组织—训练—运动│
                  └──────────┘
        ┌──────────┐         ┌──────────┐
        │ 社会服务 │ ⇐═⇒    │ 社会行政 │
        └──────────┘         └──────────┘
             ↓                    ↓
          个案工作              行政事务
          社团工作              公共事务
          社区工作
```

图二　蒋旨昂的社会工作思想体系（熊诗维绘）[①]

（二）研习：研究—服务—训练

　　如前所述，社会工作的开展需要建立在熟悉社区情况的基础之上。要了解人们最基础的生活需要，要认识社区制度和社会关系之间错综复杂的关联，就需要开展集研究、服务和训练为一体的社会研习。一方面，社会研习强调研究先行，帮助社工人员认识社区类型和基础条件，了解民众最迫切的需求。例如：边疆和内地的自然、人文环境不同，其社会工作的方式和方法也需要因时因地调整；同样是劳工政策，在战前和战后受国家发展的影响，也需要对其中的环节进行整改（蒋旨昂，1945e）；抗战结束半年，蒋旨昂（1945f）就结合国际经验和中心地理论，提出了在中国城

[①] 此图根据蒋旨昂"社会工作与社会建设表解"和"社会工作表解"绘制。蒋旨昂的原图更为复杂，且多"大同社会""小康社会"等大词。但是，蒋旨昂的社会工作理论主要是社会需求、社会制度以及服务、行政这两个手段构成，故简化成此图（1944a：9；1946a：2）。

乡如何进行社区计划下的住宅改善这一关涉绝大多数个体生存安全和自由的根本问题。

但是,社会研习不同于社会研究。研习更注重"行以求知"的实践精神。社会研习鼓励社工人员通过实习得到专业训练。事实上,蒋旨昂更强调,"训练者固即研究者,受训练者,亦即经常到站研究、实习、服务者"(1946a：14)。这意味着社工人员在研习中,既要熟悉社会服务的基本内容,也要了解社会行政的组织运行,更重要的在于培育专业的社工精神,即"民力之重视,自下而上之精神,功能关系之了解,研习惯性之养成"(蒋旨昂,1944d：44)。

显然,正如社会调查和社会学调查有不同的面向一样,社会工作人员的研习与社会学者的研究,同样有着质的不同。基于此,蒋旨昂强调社会研习应朝着四个方面发展(1944d；1946a：17—18)。首先,研习的普遍化。即,要推动社会研习成为检验政策、培育干部、发挥民力的广泛实践工作。其次,研习的区域化。中国幅员辽阔,不同地区应该因地制宜地开展不同的社会研习。再次,研习的站队化。社会研习应该有常设机构,依据不同地区的实地情况,设置"站"或"队"。最后,研习的联系化。蒋旨昂强调,社会研习"不是'为了研究而研究',而实在含有'应用'之深意"(1946a：18)。各地的研习机构不能自成体系,而应该与教育机构或训练机构紧密联系,方便教学—实践人才的培养,同时也应与行政机关加强联系,以方便制度的制定与考核。

(三)人才培养与课程体系

社会工作人才的培养首先要有专业的机构。而且,社会工作的培养机构不仅应该由政府来设立，还应该积极动员私人力量来筹办和组织。根据社会实际需求，应建立社会工作的专修科、大学系和研究所。课程则主要设置五类：

①一般社会科学——尤其社会学之训练，以为认识社会问题之基础；②明了社会建设之国策及其背景——以使专业之努力与建国之需要深相配合；③卫生及教育之技术训练——以为引发民众之具体工具；④个案工作、社团工作、社区组织等三方面之技术训练——以为解决社会问题之专业工具；⑤所习之配备——以体验社会问题及其解决。（蒋旨昂，1944e：6）

专修科，要加重社会工作的专业训练，应以③④⑤具体的技术学习和实习训练为主。研究所，则尤要偏重②④，以使社会工作打通国家宏观政策与具体社会问题之间通道，使社会工作能够真正做到兼顾民力之启发与制度之协调的作用。而大学系，可根据以上培养方案安排每学年的具体课程。

为此，蒋旨昂拟就了理想中的社会工作大学四年的课程计划（如表一所示）：

表一 蒋旨昂设置的社会工作本科课程（1946a：68—69）

年级	主旨	课程
一	一般社会科学及求学工具	三民主义、社会学、政治学、经济学、法学通论、社会人类学、应用心理学、应用文、外国语、体育习惯
二	社会现状	社会工作导论、社会研习方法、婚姻与家庭、合作经济、社会保险、社会教育、公共卫生、民法、行政法、地方行政

续表

年级	主旨	课程
三	社工技术	家庭个案工作、医药个案工作、精神病人个案工作、社团音乐及舞蹈、社团工作、社会救济史、社会实验史、社区形态及其组织、民众组训、社工宣扬、社会机关参观、社工实习
四	社工推广	农民政策、劳工政策、人口政策、其他社会政策、社会立法、社会行政、高级社工实习、论文

蒋旨昂特意强调，对国文、史地及自然科学，应该在中学提高程度，而非在大学重复。与表一相对应，蒋旨昂指出，社工专修科应以大学二、三年级课程为主，而社工研究所则应该加强大学三、四年级课程的探讨。同时，他还意识到，仅有专业的机构和培养方案是不够的，还需要具有专业技术知识和开拓学科视野的教员。因此，在其设想中，社会工作的教员需要有至少两年以上的社会工作经验，若有机会还应该赴美、英、苏留学，学习国外社会工作经验，以开阔自身视野。

除了学科的培养体系与专业的教员，社会工作者的培养还需要贯彻研究、服务、训练三合一的研习原则。换言之，学校应该积极利用周边社区的服务机关和场所。蒋旨昂写道：

> 为了研习条件之便于控制，学校更得附设都市、乡村或（及）边疆社工研习站（队），以便师生之研究与实习。每个寒暑假均应尽可能为学生安排服务或实习的工作。学期排课，每周还应有一日以上的全日空闲，以便学生之出外实习。第四年级之后半年，如能停止课室课程，而以其全部时间实习并写论文，则尤为理想。（蒋旨昂，1946a：69）

显而易见，蒋旨昂的社会工作间架兼具社会学的理论视野、社会研习的实践精神和社区建设的改良意识，强调因地制宜的社会工作方法和"行以求知"的研习训练。最重要的是，他并未停留于学科概念的完善、学科体系的诠释，而是还有着一套系统的社会工作培养方案。对于社会工作的机构、课程、教员、经费、研习场所等，蒋旨昂都有着全面而周详的考量。这样，使得社会工作从形而上的学理知识到具体而微的实践培养，都有了一套相对完整的指导方案。借鉴西方社会学、人文地理学、社会工作的理论方法、结合国内的实际情况、立足于自身的教学与实践，蒋旨昂形成了较为完善也是体系化的社会工作思想。这对于我国1940年代急需夯实的社会工作而言，显然具有不言而喻的重要意义。在为其《社会工作导论》所作序言中，李安宅称赞道："今后的国家，不发展社会学的实用工作则已，倘因事实所迫，而必须发展，则本书不管将来修正到如何程度，也是具有促发性能的。"（1946：9）

六、石羊场社会研习站与华西社工

（一）普通社工与边疆社工

1946年，在刚刚创刊不久的《华西社工》上，刊载有《在四川谈边疆社工》一文。该文作者直接将应用人类学叫边疆社工，将应用社会学叫普通社工（佚名，1946a）。这既是风头正盛的华大社会学系的剪影，从社会工作角度而言，也是对华大社会学核心人物李安宅和蒋旨昂各自相互独立又互相支撑的学说与实践，不乏精当的定位。

七七事变后，许多高校纷纷迁往西南地区。金陵大学、金陵女子大学、齐鲁大学和燕大等先后在成都华西坝落脚办学，共享资源，联合办学。日军的侵略，强化了学者的忧患意识与家国情怀。不少学者随着高校一同迁移。陈寅恪、吴宓、顾颉刚、钱穆、李安宅、林耀华、廖泰初、于式玉等一批优秀学者陆续前往华西坝从事教研工作。这些学者的陆续到来，或直接或间接、程度不同地掀起参与战时后方社会建设与边疆研究的热潮。这也大大拓展了华大这些教会大学传统的"社会服务"之内涵，全方位助力"抗战建国"大政的社会工作也全面走上前台，在高校的教研中日显重要。正是在这一潮流中，有着国内外求学经历和丰富乡村建设与调研经验的蒋旨昂，在1941年入职华大社会学系。当时，系主任正是先他一年从西北而来的燕大旧识，即明确将社会工作定义为实用社会学的李安宅（1946：1、8）。

李安宅和蒋旨昂求学经历相仿，学术主张相惜，都有着丰富的实地研究经验，且深具民族忧患意识（陈波，2010：1—355；汪洪亮，2016；岳永逸，2020）。在华大，两人共用一间办公室。正是在他俩的协作下，边疆实地研究与社会工作有机结合、互为补益。边疆研究以中国社会工作理论和方法为基础，社会工作则以边疆治理为目标，其结果是社会工作理论与方法在边疆的实践中逐渐本土化。这不仅为边疆建设提供了体系化的方法论，还为边疆培养了大量具有专业的社会工作技术的人才。

辛亥革命后，边疆研究首先要面对的是边疆性质转变下的治理问题。传统的边疆治理手段主要是怀柔、和亲、羁縻、坐质、离间和军政参用等。中华民国成立后,"番民"相应转变为公民。然而,在内外纷扰的国情下,边疆的政治地位、各自为政的实态异常严峻。现代国家边疆治理手段的变革,就成为政界、学界急需探索的关键。基于此,同样深受孙末楠学说影响并在西北实地调研数年的李安宅(岳永逸,2021a)指出:"一般政治到了边疆,因为没有共同民风作基础,必至格格不入,无法接受或推行的缘故。……边疆工作主要乃是社会工作。"(1944:25、26)李安宅认为,边疆治理的关键在于积极的社会福利设施。

为了推动边疆福利事业的发展,华大社会学系和华西边疆研究所的一众学者深入阿坝黑水社区进行调研。他们在实地研究的基础上,探索地方社会建设的可行方案。在黑水的调查研究中,蒋旨昂(1943a;1943b;1944f)、于式玉(1944a;1944b;1945a;1945b)对当地社会治理现状进行了细致的描绘,并指出教育和贸易对当地政治建设的重要意义。[1] 不仅如此,为了推动研究、服务、训练三合一的社会工作理论落地,华大社会学系、华西边疆研究所与中国乡村建设学会合作,于1943年在成都老南门外为建立了石羊场社会研习站,并在同年4月30日举行了研习站的开幕礼。研习站创办的目的就是要为边疆社区建设以及都市社区的发展,培养具有专业社会工作技能的人才,其领军人物正好是李安宅和蒋旨昂。

---

[1] 另外,李有义在1940年参加了大学生暑期边疆服务团,在黑水调查月余,对当地的天时地理、风俗民情、边疆事业要旨等都有所记述。虽属游记,但当年全程步行调查的艰苦,"番"汉之间的对立、头人与政府之间的博弈等情形,都历历在目(1943:299—330)。

（二）石羊场社会研习站

在 1942 年初，华大社会学系就开始谋划建立研习站。最初，研习站选址四川彭县，蒋旨昂还曾率学生到该县开展初步的社会工作。由于彭县距离学校太远，遂作罢。后来，又在华阳县的傅家坝、中和场、红牌楼和石羊场中选择。傅家坝、中和场距离成都依旧太远，而距离成都又太近的红牌楼乡村社区特质已不明显，于是确定将社会研习站建在石羊场。石羊场距离成都十二里，从华大步行往返只需两三小时，且范围不大，易于了解（佚名，1943：11）。研习站的半年工作简报声明了其主旨：了解认识作为"都市与边疆之转折式桥梁"的乡村，体验乡村工作，进而到都市、边疆等不同社区去做适应与导进的工作。

李安宅曾指出研习站的独特性：

> 研习站与服务站或实验区不同的地方，乃在后者有充分的设备，或用物资增加人民的福利，或用具体方案实验它的效果，主要以事业为目的；前者则以发现问题为主，以轻而易举的服务工作为副，而使学生同着教授借着服务媒介，认识人群，找出问题的症结所在。诊断了问题，或者考察了具体实施的结果，写成报告以便有关当局有所参考，乃是研习站对于政府的贡献。……在训练方面，一面训练学生在轻而易举的事项当中进行服务，一面使他接近问题，研究问题。（1944：54—55）

当然，对 1938 年后一直热心边疆研究并积极建构边疆社会工作这门学科的李安宅而言，设在乡村的研习站也是为边地社会工作培养后备人才的"极高明而道中庸"的策略，因为与都市相较，乡村的问题更接近边地。或者，"研习站"是蒋旨昂的命名也不一定。因为他曾解释说："我们撇开研究二字，而创用研习一辞，乃在加重'动的过程'之观点，及'行以求知'之精神。"（蒋旨昂，1944d，1946a：11）而研习站之所以没有用蒋旨昂一直强调的"社区"，冠以"社会"，仅仅是因为"社会一辞，较通俗故"（佚名，1943：11）。

石羊场社会研习站的开办与工作的展开，并无固定经费支持，全靠师生的热心与坚持。蒋旨昂为此投入了大量心血。从最初选址、筹备到布置开幕典礼，再到社会服务与学术研究指导，他都亲力亲为。除为当地社区提供书籍报刊，对社区各方面进行调研——社会研习为主之外，研习站的活动主要包括教育、医疗卫生、征属贷款、妇女组训和代笔书信五类。此外，还特意举办过战时照片展览、为近慈寺小沙弥和石羊乡中心学校全体学生接种牛痘等多种活动（佚名，1944）。相关研究则主要由驻站人员华大社会学系讲师艾西由、华西边疆研究所助理研究员玉文华和乡建学会研究员王勤庄等展开。创始之初，研习站就各方募捐，建大小草房四间作为校舍，创办了附属托儿所。这个托儿所一直运行到1949年，乃"华西真正的乡村托儿所"（高伦举，1949：14）。1943年，与中华基督教女青年协会合作，研习站还增设了新项目，办起了"乡村征属福利实验站"。在李安宅、蒋旨昂的热心与努力下，服务、训练与研究的有机结合，使得参与者，尤其是学生，训练了调查技巧、习得了社会工作的技术、服务了社会，也领悟了社会工作的原理。

在 1945 年 4 月 30 日研习站创建两周年和新建的"乡村征属福利实验站"开幕礼之前,研习站公布了两年来其相关研究成果的清单(佚名,1945)。诸如:本系学生王海宴根据对石羊场一百个儿童调查在 1944 年撰写的毕业论文《儿童健康与家庭环境关系》、研究人员玉文华《石羊乡之神会与礼俗》、艾西由《石羊社区之人口分析》《石羊社区之赶场制度》和王勤庄《县政战时要政一年》《石羊乡的租佃制度》等。因为是战时"联合"办学,齐鲁大学和燕大的学生也参与到了石羊场的研习之中,且以调研内容撰写了毕业论文,如 1944 年燕大杨树因的毕业论文《一个农村手工业家庭的研究》、1945 年齐鲁大学王德馨的毕业论文《石羊场丝织手工业》等。

跨校指导学生,在实践中研习,与相关机构、团体合作,是战时萦绕在华西坝的几所教会大学的常态。1942 年初,刚到华大不久的蒋旨昂领受的"成都市县社会福利机构团体"调查,就是他组织的华大、燕大、金陵大学、金陵女子大学、齐鲁大学学习过或正在学习社会调查课程的四十名学生完成的。其成果,即同年年底出版的《成都社会事业》一书。该书内容包括:社会行政机构、院外救济、院内救济、残废救济、精神病治疗、医药服务、法律扶助、职业指导、社会保险、体育娱乐、非专业之社会服务,以及训练机关等。对蒋旨昂组织、指导完成的这件工作,李安宅赞许道:"此等调查可为区位研究(ecological studies)的基础,取材方法可兼问题表与个案纪录的长处,动员分配可得协同工作与个别责任的历练,全盘设计均有训练学生与贡献政府的双重利益,国家既经济,学校又得实惠,为社会之善,可资推广。"(1942:45)

其实,这也是蒋旨昂和华大社会学在都市社区开展社会工作的实战。正是因为有着在成都城区、石羊场和黑水同步展开的调研,在华大社会学、社会工作的学科建构中,明显不同的都市、乡村与边疆三类社区又连成一线,其有着连带性的区位特征和华大交互影响的社会学、社会工作的理论与方法也得以强调、凸显。显然,对华大社会工作学科体系的建设与完善而言、对华大社会学在同期中国社会学中呈现出的"兑现的人事科学"之独特性而言,坚持了近十年的石羊场社会研习站意义非凡。李安宅有言:"研究、服务、训练三位一体的社会学、人类学,才是兑现的人事科学。兑现的人事科学才能解除人间痛苦,才能培养出综合技术的人才。"(1944:54)

(三)华大社会工作与社会学

在围绕李安宅的研究中,陈波将石羊场社会研习站的研究成果与李安宅的燕大旧识赵承信等在北平燕大主导的"社会学实验室"平郊村的系列成果进行了比较。前者的学术性不如后者,陈波深以为憾(2010:119—130)。但是,虽然两者都有研究、服务与训练三合一的诉求,但正如陈波自己就意识到的,石羊场社会研习站还是更接近乡建传统,属强调实利与应用的社会工作取径,乃应用社会学与人类学,而社会学实验室平郊村则明显专注于社会学理论与方法的实验。如果从社会工作的角度,适当加大些对蒋旨昂的观照,那么石羊场社会研习站的价值与意义就会凸显出来,也并不会像陈波为李安宅叫屈的那样悲观。

要进一步强调的是,石羊场社会研习站的创设,原本就是服务于战时华大社会学系偏重社会工作而服务国家与社会的取向,尤其是它又在大后方重镇——成都。作为乡村社区，石羊场被华大社会学同仁视为都市社区和边疆社区的中介。其研习，不仅是面向石羊场本身，更是指向将会在都市和边疆开展的社会工作，而为二者培养人才。这是此前的社会工作从未明确提出的大局意识和学科意识，也是偏重边疆研究的李安宅和偏重乡村社区的蒋旨昂两人能团结一致、精诚协作的根本原因。

对李安宅而言，研究、服务、训练三合一的社会工作理论主要用于边疆建设与边疆服务事业（岳天明，2017；郭占锋、许静，2018）。但是，蒋旨昂则将边疆视为一个有别于内地乡村和都市的社区。对他而言，边疆社会工作实践不仅是一套适用于边疆地区的治理技术，更应该是一种具有指导意义的方法论。蒋旨昂有言：
"在你学习打开的技术时，你便走上了对于人的了解之路，你便可能进而了解边疆上的人了。任何文化型下的人，你都可以同他们接触，同他们共信共鸣，从他们所已有的，共同去创造新的了。"（1946a：72）他认为，无论是边疆社会工作还是石羊场社会研习站，都不应仅停留于某个地方的社会建设，而应该致力于提炼出一种放之四海皆准的社会工作理论体系。这也是蒋旨昂扎根乡村、边疆和都市不同类型的社区，开展调研与研习训练的宏愿。

由此，我们也就能更好地理解华大社会学系的当事人高伦举在1949年全面盘点系史与现状时写的那句："至民国二十九年文学院内社会学系重新独立，至今日，……由现在英国讲学的李安宅教授主持，建立社会学系的根基，在华西另开生面，而有今日服务社会的专门社工及社会研究人才。"（1949：13）

1947—1948年度，蒋旨昂携妻谷韫玉赴美，在普林斯顿大学考察人口研究。同期，李安宅赴美在耶鲁大学讲学一个学年，与先到美国哈佛大学的妻子于式玉汇合。旋即，夫妻一道游访英伦。1948 年秋归国后，蒋旨昂接替了当时尚在英国的李安宅，出任华大社会学系主任。正是因为有李安宅和蒋旨昂引领的真干与实干，华大社会学系的课程也就围绕了解社区、研究社区进而服务社区进行设置。低年级学生要预先认识社区，高年级学生才有实习历练的机会。该系虽以研究人、制度和文化为中心，但兴趣广泛，儿童福利、乡建、边疆研习等在列。在蒋旨昂主事后，人口研究亦成为新的兴趣点。事实上，从 1940 年开始，华大社会学系的社会工作课程就逐步增加，而社工实习始终是社会学系重要的教学内容和教育方式。1946 年，因各校纷纷迁回原址办学，转学以及到华大社会学系借读的学生倍增。是年，华大社会学系学生总数达二百二十九人，而到石羊场社会研习站等实习机关参加社工实习的学生就有五十二人之多（佚名，1946b）。

到 1949 年，华大社会学系与社会工作相关的课程几乎占据了所有课程的一半，包括：社会工作、边疆社会工作、社会调查、社会行政、个案工作、社区组织、社团工作、医药社会工作、精神病社会工作、社会救济、儿童福利、社会工作实习、社会政策等（佚名，1946c；高伦举，1949：13—14）。[①] 这些课程与蒋旨昂 1946 年在《社会工作导论》中设置的社会工作大学科的课程有着高度的重合。尽管目前尚未发现蒋旨昂有专门写石羊场社会研习站的著述，但就华大社会学系在 1949 年前后开设的这些与社会工作相关的课程而言，这些课程相当一部分都是蒋旨昂有着精深研究的专题。

此外，在学科建制上，华大还有专门的乡建学系。1949 年，该

[①] 关于华大社会学专业的简史，陈波曾以李安宅为轴进行了梳理（2010：87—90、104—105）。

系的代理系主任正是李安宅、蒋旨昂的燕大旧识，张世文（1949：17—19）。1944年5月7日，张世文还曾带领金陵女大社会学系的学生，参观了石羊场社会研习站（佚名，1944）。

（四）社会工作的愿景

1946年5月，华大社会学系创办了《华西社工》月刊，试图继续联结数年在华西坝一起合作办学的友校以及海外同仁，担负起社会工作发展的新使命。因此，该刊旗帜鲜明地给予了自己三种使命：

> 1. 根据"区域分工"的原则，它应该报道华西方面一切有关社工之训练、研究，和推广的消息。2. 根据"异样统一"的原则，它应该报道社工范围内各部门，在各地所表现的不同成绩，以资互相观摩。3. 根据"专业标准"的原则，它应该成为社工同道对于各地方以及全国性的设施，贡献积极意见的园地。（佚名，1946d：1）

在该刊第二期，应新时局，蒋旨昂发表了《都市计划之社工》这篇短文。基于其惯有的国际视野，蒋旨昂对中国社会工作的系统思考与展望，都凝缩在这篇"宣言书"中。蒋旨昂写道：

> 跟着时代的演进，宗亲原则正在蜕化为公民原则。于是社工之行将发扬光大，是必然的。……在我国，大都市虽还没有几座，仍应先予计划；社工设施，虽还异常缺乏，仍应先予

组织；以未雨绸缪，以迎头赶上。不但要赶上，还要超越。

我们一开始便应把两个运动不同的产生因素，综合顾到，而并成一个运动，以增加其效率。至于叫它都市计划，叫它社区组织，抑或创用一个新的名称，而叫它都市组织，均无不可，只要不把社工界之社区组织与营造界之都市计划，分立开来，便属合理进步。别国之分立是由于枝节应付，我们则应青出于蓝，要全盘的计划——自物境的以至人事的。人文区位学岂不已经证明了物境与人事之交互影响吗？！

既要全盘计划，便不应限于都市。近年的"区域计划"运动和"全国计划"运动，均系由于事实证验了都市计划之不足；所以我们不但主张，都市计划应把社工安排在内，而更主张，同时还要对于乡村、边疆、区域、全国，均予计划，全须把人的因素看重，把社会工作安排进去。（旨昂，1946：3）

显然，基于社区和区位，以人为本的大局意识、全局意识，连带思考的整体性意识，是蒋旨昂架构其都市社工——将来的社会工作——的基点与核心。联系到当下社工界的社区组织与营造界的都市计划之间的巨大裂缝，大小规划仍然几乎没有社工的位置，蒋旨昂架构的社会工作的前瞻性就不言自明了。

七、社会工作的涅槃

1951 年，华西协和大学易名为华西大学。1952 年，全国高等院校调整。华西大学拆分、改组之后，本部更名为四川医学院，随着社会学以及附属于社会学的社会工作的取缔，社会学系也被拆并、流转。①留守四川医学院的蒋旨昂，教授英语的同时主要从事行政工作。1949年后，他曾被选为成都市第一届人民代表、全国第一次教育工作者代表大会代表和成都市政协常委。并在1956年加入中国民主同盟。随后的政治运动，他颇受冲击，于1970年在非议、责辱中辞世，日渐淡出人们的视野。在华大社会学系上过他开设的"社会学理论和方法"课程的李绍明的记忆中，蒋旨昂对于华大社会学也只是一个朦胧的"背影"（李绍明口述、伍婷婷等记述整理，2009：47—130）。尽管如此，他在社会调查、社会建设、社会工作和社会学诸多领域的贡献，仍具有不容忽视的学术价值。而其为人师的风范、做人的风骨，身后仍有人念想。②

从清河试验区、卢家村到贵州定番，从巴县歇马场、璧山兴隆场到阿坝黑水，从华西坝到石羊场，从中国到美国再回到中国，从《卢家村》《战时的乡村社区政治》《黑水社区政治》到《社会工作导论》，纵观蒋旨昂一生的学术历程，他从来都不仅仅是理论概念的诠释者，还始终是一位行以求知、服务国家与社会的实践者。毫无疑问，燕大的数年求学和清河试验区的实践，为他后来近二十年的学术生命历程打下了坚实的根基，形成了基本的学术取向。当他在华大执教时，将课堂开设在"田野"，再反向服务于学理提升、学科建设和课程设置，也就在情理之中。

在艰危时局中，秉持学术、学科服务于国家、社会和民众的

---

① 如今，华大在华西坝只留存下不多的老建筑了（罗照田，2018：1—256）。
② 蒋旨昂1949年后的情形，可以参阅焦明瑄的文章《忆我的导师蒋旨昂老师——怀念四川医学院教务长蒋旨昂教授》，见网页：https://www.myhxf.org/documents/jiangzhiang.htm，查阅时间：2022年2月8日。

基本理念，蒋旨昂不但致力于社会工作理论与方法的体系化，为当时中国社会工作的开展和教学提供了方向上的指导，而且一直推动着社会工作的实践，在基层服务与社会建设中不断检验发展"研究—服务—训练"三合一的社会工作研习理论。蒋旨昂融合了乡村建设的理念与方法、人文区位学、西方社会工作理论、本土化的社区社会学、中心地学说和社会服务的丰富经验，搭建了一套集理论、方法与研习于一体的社会工作体系，推动了高校社会工作人才培养方案的改革，设置了社会工作课程系统并在华大社会学系落实，创办了石羊场社会研习站。这些创举深化了中国社会工作与社会学的本土化进程，使我国早期的社会工作的学科建设兼具理论与实践的双重属性。

在此，还要强调四点。

其一，蒋旨昂关于卢家村的调研。蒋旨昂《卢家村》不仅是黄迪后来撰写清河试验报告的主要材料源，也对"村镇社区"这一学术概念的提出功不可没。值得注意的是，与万树庸《黄土北店村的研究》一道，详实、厚重、全面的《卢家村》要领先至今学界称颂的日本南满铁道株式会社1940年至1944年对顺义沙井、良乡吴店等华北村落的系列调查（中国农村惯行调查刊行会编，1953—1958）[①]整十年，也为重新认知华北乡村青苗会的演进等提供了不可或缺的资料（岳永逸，2018b）。然而，因为未公开出版，学界至今对包括《卢家村》在内的清河试验区的诸多著述或少有提及，或语焉不详。

其二，吸收国外理论和国内同仁学说，蒋旨昂对于社区、社

[①] 对其系统的介绍及信度评价，可分别参阅黄宗智（2000：38—42）和赵彦民（2017）的相关研究。

会制度、社会工作以及社区政治等的互文性释义。这些交互性的认知，不但富于思辨色彩，还使其社会工作的学科建设、学理提升在同辈学者中独树一帜，有了高度和新意，使原本一直定格在实利的、应用的社会工作具有了理论的诠释力。其对社区的蛛网比喻、社区核心、社区化等概念的提出，尤其是将社区视为一个动态的过程、活的概念，更是深化、丰富了中国特色浓厚的社区社会学以及理论社会学的内涵，使其别有洞天。进而，他提出的腰店子、小村、大村、集场、县城、大都市层层套裹的中国多级社区的六角形假说，更是显示出其超常的"社会学的想象力"（C. 赖特·米尔斯，2017）。经由人文区位学、比较社会学与人文地理学中心地学说的整合，蒋旨昂这一实则缜密的想象与假说，虽仅是只言片语，却拓展、提升了此前本土化的社区社会学的思考，也比施坚雅对于中国乡村的市场与中心地学说的构拟和描画出的作为经济、空间与社会体系的市场结构大小六边形早了整整二十年（Skinner，1964）。①

　　简言之，蒋旨昂架构的社会工作，是以社区为核心。而且，社区也早已超越此前作为社区社会学研究对象的存在，其本身就是理论与方法，是社会工作的理论、方法与对象的一体三面，或者说三合一。在微观层面，它能有助于人性的完善、人格的提升；在中观层面，它能直接用于社区的组织、重建与良性运行；在宏观层面，它则有助于国家的规划与建设，有助于对中国社会结构

---

① 需要提及的是，在1949年华大的教员名单中，施坚雅在列。也即，施坚雅与蒋旨昂应该相识，但他是否读过蒋旨昂的《社区组织释要》或《社会工作导论》，就不得而知了。参阅四川大学档案馆藏华西协和大学档案："私立华西协和大学三十八年度全体教职员"（档案编号 C. JX. CJD-481）。

以及文化的认知。显然，对当下三农问题，尤其是新农村建设和"新乡贤"研究而言，立足中国而心怀天下的蒋旨昂统括在以社区为核心的社会工作下的探索、思考与尝试，同样值得借鉴。

为了实践其学术理念，更有效地服务于家国、社会，张鸿钧于1935年10月前往作为乡建试验县的山东汶上县，接任了县长。同期，蒋旨昂的燕大旧识廖泰初以县督学的身份对汶上县的教育现状展开了调研。异曲同工的是，廖泰初同样是基于"社区"，将教育，无论是私塾还是洋学，都视为一种社会制度进行整体性研究，强调其功能（1936：4）。从社区社会学的路径出发，廖泰初1936年出版的《动变中的中国农村教育：山东省汶上县教育研究》也就成了中国教育社会学的经典。太平洋战争爆发后，千里跋涉的廖泰初到了华西坝的燕大，又与蒋旨昂、李安宅比邻。廖泰初同样是将课堂开到田野，引导学生对成都的学徒制和学校教育基于社区和个体生命历程展开研究，并与其华北的研究进行了比较（Liao, T'ai-ch'u, 1948, 1949）。当然，廖泰初的研究远不限于教育，成都的市场和四川的哥老会都是其感兴趣的领域（Liao, T'ai-ch'u, 1946, 1947a, 1949b）。而且，廖泰初1946年关于成都油菜市场的研究，就是施坚雅研究乡村中国市场与社会结构的参考文献（Skinner, 1964：4）。

因为都是基于社区，廖泰初的教育社会学也就与蒋旨昂的社会工作、李安宅的边疆学在华西坝成鼎足之势，互相呼应。在此意义上，李绍明（2007）、陈波（2010）、汪洪亮（2020）等基于各自学术认知而梳理、界定的"华西学派"是成立的。要进一步指明的是，在求真知、建设学科的同时，服务国家、社会与民众，实乃华西学派的底色。与葛维汉（D. C. Graham）、李安宅、林耀华等一样，蒋旨昂、廖泰初无疑在华西学派中有着不容忽视的重要性，实乃干将。

其三，无论是歇马场一带的甲、乙两个社区，兴隆场合作实验区，还是石羊场社会研习站，因为资料本身的占有关系，本研究仍显薄弱。但是，根据前述粗浅的梳理，当将其置于战时在本土化历程中的中国社会学的总体语境下进行评估时，其意义就凸显出来。在一定意义上，李安宅、林耀华分别对拉卜楞寺和凉山的调查，吴文藻、费孝通等人主政的魁阁，陈达、李景汉、戴世光主事的位于呈贡的国情普查所和赵承信、黄迪、杨堃等人主导的社会学实验室——平郊村，更加聚焦的是中国的边疆学、民族学、人类学、社会学、人口学、统计学和民俗学的学科建设与理论实践。与此相类，蒋旨昂参与指导的兴隆场合作实验区和参与创办的石羊场社会研习站、在歇马场和黑水的调研，对中国社会工作的学科建设和理论实践具有同等重要的价值和意义。而且，它还与李安宅的边疆学形成了互为倚重的关系。显然，在中国社会工作、社会学和边疆学的本土化历程中，他与李安宅通力合作，支撑、经营了整十年的华大社会学系绝对有着举足轻重的地位。如同成都之于中国西南一样，华大社会学系实乃始终是本土化历程中的中国社会学的重镇。

最后，要强调的是蒋旨昂基于社会工作的认知的前瞻性。以人为本、以社区为核心，即人的幸福——生存之安全和自由之活动，是蒋旨昂社会工作以及社区社会学架构的终极旨归。因此，对他而言，社会工作的本质是"予"而非"取"，是在助人的过程中实现自我——助人自助，是助力个体、社会、国家乃至世界与自然天地的良性运行、协调发展。他行以求知、胸怀天下，将课堂开设在田野，上识国体、下察民情，因而对个体与领袖、传统与现代、城市与乡村以及边疆、精神与物质辩证关系的揭示，就具有穿透性。诸如：

1. 社区组织、社区政治和社会行政必须一以贯之的公民意识、民主意识和参与意识；
2. 俨然对立的手工业、手工艺与机制业、大工业的相互嵌入、倚重的互动意识；
3. 都市规划建设应有的城乡以及边疆的联动意识，和在全国一盘棋中的区域分工、优势互补意识；
4. 偏重于人的幸福生活的社会工作——"人事"与住宅、道路等硬件设施的规划、营造——物境二者之间的有机性，尤其是貌似软件的社会工作，也即人事的优先意识。

八、结语

总之，凤凰涅槃。在蒋旨昂那里，衍生于基督教事工的"社会服务"彻底蜕化为与民生、国计一体的"社会工作"，世俗却有着班雅明（W. Benjamin）在意并反复诠释的"光晕"，抑或说"灵韵"（Aura）（2019：25—68）。以社区为核心和抓手，蒋旨昂关于社会工作与社会制度、社会行政、社区政治和社区组织等的互文释义，关于高校社会工作专业培养方案的主张和实践，关于以社区建设、认知中国为旨归，尤其以人为本的社会工作实践，无论对于广义的中国社会学还是狭义的社会工作、对非遗保护运动还是当下城乡一体化的新农村建设、对生态文明建设还是可持续性发展的诉求，以及对当下高校"田野课堂"[①]等课程的开设与配置，仍然有着参考价值，值得省思。

当然，无论作为理论还是方法、作为过程还是活的概念，对社区的推崇备至，多少也意味着时时以欧美为参照的蒋旨昂，依然有着中国传统文人惯常有的"桃花源"情结。而常常将国家、天下视为一个社区的大同梦想，也多少意味着蒋旨昂理想主义的心性，或者说乐观而积极的浪漫主义精神。

在《社会工作导论》中，蒋旨昂专设了尾章"社工所需的社会学概念"。该章大致呈现出了其关于社会工作认知与架构的社会学知识谱系（蒋旨昂，1946a：75—82）。尽管如此，对其整个学术生命历程和他对社会工作的理解与建设而言，在美国接受的研究生教育究竟对蒋旨昂产生了哪些影响？影响到何种程度？其次，前后于他有着指导以及深度合作关系的杨开道、张鸿钧、瞿菊农、李安宅等都有在美国接受教育的经历。美国20世纪前半叶的社会学和社会工作理论、实践与教学，究竟对同期中国的社会工作产生了怎样的影响？这些更深入的探讨，都只有留待将来了。

---

① 时过境迁，国情迥异。较之多灾多难而不屈不挠的20世纪前半叶，当下高校社会学的田野课堂在理念、方法和手段上都已有了明显的不同。2021年开始，中国人民大学社会与人口学院正式启动"田野课堂"项目，明确将之定位为人才培养模式改革和创新的重要抓手、载体。除师生互动，教学、研究、服务与训练的一体化之外，该项目还将实务工作者请进课堂，以求在师、生和实务工作者之间形成多向互动，进而通过田野与课堂的往复穿梭、有机翻转、全面统合、高效衔接社会学人才培养过程的各个环节与要素，盘活校园与社会、教学与科研、教师与学生、学生与学生、思辨与行动五对轮子的密实咬合、整体运转。在该院微信公众号"社会学视野"专门设置有"田野课堂"专栏。

参考文献

C. 赖特·米尔斯，2017，《社会学的想象力》，李康译，北京：北京师范大学出版社。

陈波，2010，《李安宅与华西学派人类学》，成都：巴蜀书社。

邓淑贤，1934，《清河试验区妇女工作》，北平：燕京大学文学院社会学系学士毕业论文。

菲利普·韦斯特，2019，《燕京大学与中西关系：1916—1952》，程龙译，北京：北京师范大学出版社。

费孝通，1934，《亲迎婚俗之研究》，《社会学界》第 8 卷，第 155—186 页。

——，1948，《乡土中国》，上海：观察社。

——，2001，《江村经济——中国农民的生活》，北京：商务印书馆。

费孝通、张之毅，2006，《云南三村》，北京：社会科学文献出版社。

高伦举，1949，《社会学系》，载华大校长室校友联络通讯组编：《华西协和大学校刊·文学院特刊》，第 13—14 页。

郭占锋、吴丽娟、付少平，2019，《论杨开道的中国农村社会建设思想》，《社会建设》第 4 期，第 88—96 页。

郭占锋、许静，2018，《李安宅边疆社会工作思想及其当代价值》，《社会建设》第 2 期，第 17—24 页。

侯俊丹，2018，《市场、乡镇与区域：早期燕京学派的现代中国想象——反思清河调查与清河试验（1928—1937）》，《社会学研究》第 3 期，第 193—215 页。

华特·班雅明，2019，《机械复制时代的艺术作品：班雅明精选集》，庄仲黎译，台北：商周出版社。

黄迪，1934，《孙末楠的社会学》，北平：燕京大学研究生院社会学系硕士毕业论文。

——，1936，《论"文化的重心"》，《社会研究》第 127 期，第 511—517 页。

——，1938，《清河村镇社区：一个初步研究报告》，《社会学界》第 10 卷，第 359—422 页。

——，1939，《社区与家村镇》，《燕京新闻》11 月 4 日第 9 版。

黄宗智，2000，《华北的小农经济与社会变迁》，北京：中华书局。

蒋旨昂，1934a，《卢家村》，北平：燕京大学文学院社会学系学士毕业论文。

——，1934b，《卢家村》，《社会学界》第 8 卷，第 36—105 页。

——，1941，《战时的乡村社区政治》，巴县：乡村建设研究所。

——，1942a，《基层建设》，《华文月刊》第 1 卷第 3 期，第 32—36 页。

——，1942b，《社会行政与社区组织》，《中央日报扫荡报联合版》10 月 28 日第 4 版。

——，1943a，《黑水社区政治》，《边政公论》第 2 卷第 11—12 期，第 18—26 页。

——，1943b，《黑水头人与百姓》，《大学（成都）》第 3 卷第 3—4 期，第 66—70 页。

——，1944a，《社会工作与社会建设：一个兼有正名作用的体系观》，《社会行政季刊》第 1 卷第 2 期，第 5—9 页。

——，1944b，《战时的乡村社区政治》，重庆：商务印书馆。

——，1944c，《社政学发凡》，《社会行政季刊》第 1 卷第 1 期，第 13—15 页。

——，1944d，《社会研习与社会行政》，《社会建设月刊》第 1 卷第 1 期，第 40—45 页。

——，1944e，《社会服务人员训练计划草案》，《社会服务》第 22 期，第 6—7 页。

——，1944f，《黑水的社区政治（续完）》，《边政公论》第 3 卷第 2 期，第 14—19 页。

——，1945a，《社区组织释要》，《社会建设月刊》第 1 卷第 4 期，第 64—69 页。

——，1945b，《现代社会安全计划之特质》，《社会建设月刊》第 1 卷第 2 期，第 63—68 页。

——，1945c，《胜利以后的社会工作》，《中央日报—贵阳》10 月 16 日第 3 版。

——，1945d，《发展吾国小工业之途径》，《中农月刊》第 6 卷第 11 期，第 71—73 页。

——，1945e，《寓复员于建设》，《中央周刊》第 7 卷第 37 期，第 155—157 页。

——，1945f，《社区计划与住宅改善》，《社会建设月刊》第 1 卷第 5 期，第 6—12 页。

——，1946a，《社会工作导论》，上海：商务印书馆。

——，1946b，《自序》，《社会工作导论》，第 1 页，上海：商务印书馆。

——，1946c，《现代公民的条件》，《怒潮月刊》第 6 期，第 15—17 页。

——，1946d，《妇女社会工作》，《妇女与家庭》第 4 期，第 3—8 页。

柯象峰，1944：《社会救济》，重庆：正中书局。

拉得克里夫-布朗讲词、吴文藻编译，1936，《对于中国乡村生活社会学调查的建议》，《社会学界》第 9 卷，第 79—88 页。

李安宅，1942，《蒋著〈成都社会事业〉序》，《华文月刊》第 1 卷第 6 期，第 44—45 页。

——，1944，《边疆社会工作》，重庆：中华书局。

——，1946，《李序》，载蒋旨昂：《社会工作导论》，上海：商务印书馆。

李鸿均，1934，《清河小本贷款研究》，北平：燕京大学文学院社会学系学士毕业论文。

李绍明，2007，《略论中国人类学的华西学派》，《广西民族研究》第 3 期，第 43—52 页。

李绍明口述、伍婷婷等记述整理，2009，《变革社会中的人生与学术》，北京：世界图书出版公司北京公司。

李爽，2008，《杨开道的乡约研究与乡村建设思想》，《史学集刊》第 4 期，第 113—117 页。

李有义，1936，《山西徐沟县农村社会组织》，北平：燕京大学法学院社会学系学士毕业论文。

梁树祥，1935，《清河小学》，北平：燕京大学法学院社会学系学士毕业论文。

廖泰初，1936，《自序》，载《动变中的中国农村教育：山东省汶上县教育研究》，北平：燕京大学社会学系。

林顺利，2013，《民国时期社会工作引入和发展的路径》，《河北大学学报

（哲学社会科学版）》第 3 期，第 34—38 页。
林耀华，1935，《义序宗族的研究》，北平：燕京大学研究院社会学系硕士毕业论文。
——，1943，《黑水纪行》，载易左君等著：《川康游踪》，桂林：中国旅行社。
刘振、徐永祥，2019，《历史分期与理想类型：中国社会工作百年兴衰的历史考察》，《学术界》第 4 期，第 171—177 页。
罗照田，2018，《东方的西方：华西大学老建筑》，成都：四川人民出版社。
钮长耀，1940，《社会工作初稿》，重庆：中央社会部。
派克教授讲、蒋旨昂记并译，1933，《集合行为》，载燕京大学社会学会编：《派克社会学论文集》，北平：燕京大学社会学会，第 121—184 页。
彭秀良，2012，《导读》，载蒋旨昂：《社会工作导论》，石家庄：河北教育出版社，第 6—15 页。
——，2021，《〈社会工作导论〉：建立中国社会工作理论体系的首次尝试》，《中国社会工作》第 34 期，第 46—47 页。
邱雪峨，1935，《一个村落社区产育礼俗的研究》，北平：燕京大学法学院社会学系学士毕业论文。
瞿菊农，1944，《序》，载蒋旨昂：《战时的乡村社区政治》，重庆：商务印书馆，第 1—8 页。
宋思明，1944，《精神病之社会的因素与防治》，重庆：中华书局。
万树庸，1932，《黄土北店村的研究》，北平：燕京大学研究院社会学系硕士毕业论文。
王贺宸，1936，《附录二：燕大在清河的乡建试验工作》，《社会学界》第 9 卷，第 333—363 页。
汪洪亮，2016，《李安宅的学术成长与政治纠结——两个版本自准比较阅读札记》，《民族学刊》第 1 期，第 8—19 页。
——，2020，《抗战建国与边疆学术：华西坝教会五大学的边疆研究》，北京：中华书局。
王际和，1936，《清河试验区合作会计之研究》，北平：燕京大学法学院经济学系学士毕业论文。

沃尔特·克里斯塔勒，2010，《德国南部中心地原理》，常正文、王兴中译，北京：商务印书馆。
吴文藻，1921，《社会服务的研究》，《清华周刊》第七次增刊，第30—43页。
——，1933，《导言》，载燕京大学社会学会编：《派克社会学论文集》，北平：燕京大学社会学会，第1—14页。
——，1935a，《现代社区实地研究的意义和功用》，《社会研究》第66期，第125—128页。
——，1935b，《西方社区研究的近今趋势》，《社会研究》第80期，第237—241页。
——，1936a，《社区的意义与社区研究的近今趋势》，《社会学刊》第5卷第1期，第7—20页。
——，1936b，《中国社区研究计划的商榷》，《社会学刊》第5卷第2期，第55—65页。
——，1941，《论社会制度的性质与范围》，《社会科学学报》第1期，第1—56页。
——，1944，《社会学丛刊总序》，载 B. Malinowski：《文化论》，费孝通等译，重庆：商务印书馆，第1—3页。
吴榆珍，1944，《社会个案工作方法概要》，重庆：中华书局。
许仕廉，1930，《燕京大学社会学及社会服务学系1928至1929年度报告》，《社会学界》第4卷，第3—6页。
——，1931，《一个市镇调查的尝试》，《社会学界》第5卷，第1—10页。
徐秀丽，2006，《民国时期的乡村建设运动》，《安徽史学》第4期，第69—80页。
燕京大学社会学会编，1933，《派克社会学论文集》，北平：燕京大学社会学会。
言心哲，1944，《现代社会事业》，重庆：商务印书馆。
杨骏昌，1935，《清河合作》，北平：燕京大学法学院社会学系学士毕业论文。
杨开道，1929，《乡村社会调查（附表）》，《燕大月刊》第3卷第3—4

期,第 39—53 页。

——,1931,《农村领袖》,上海:世界书局。

杨堃,1948,《我国民俗学运动史略》,《民族学研究集刊》第 6 期,第 92—102 页。

杨庆堃,1934,《邹平市集之研究》,北平:燕京大学研究院社会学系硕士毕业论文。

佚名,1932,《燕京大学社会学及社会服务学系 1931 至 1932 年度概况(附表)》,《社会学界》第 6 卷,第 343—348 页。

——,1934,《燕京大学社会学及社会服务学系 1933 至 1934 年度概况(附表)》,《社会学界》第 8 卷,第 307—311 页。

——,1943,《石羊场社会研习站半年工作简报》,《华西协和大学校刊》复刊第 1 卷第 3—4 期,第 11—15 页。

——,1944,《华大社会研习站活跃姿态》,《华西协和大学校刊》复刊第 1 卷第 15 期,第 9 页。

——,1945,《石羊场社会研习站两周年会征属福利站同时开幕:定于四月三十日场期合并举行》,《华西协和大学校刊》复刊第 2 卷第 7 期,第 3—5 页。

——,1946a,《在四川谈边疆社工》,《华西社工》第 7 期,第 25 页。

——,1946b,《华大社系学生数目》,《华西社工》第 6 期,第 24 页。

——,1946c,《华大社会学系》,《华西社工》第 5 期,第 17—18 页。

——,1946d,《负起新的使命》,《华西社工》第 1 期,第 1 页。

伊莎白、俞锡玑,2013,《前言》,载《兴隆场:抗战时期四川农民生活调查(1940—1942)》,邵达译,北京:中华书局。

于厚,1931,《燕大社会学系近况调查》,《社会学界》第 5 卷,第 191—194 页。

于式玉,1944a,《麻窝衙门》,《边政公论》第 3 卷第 6 期,第 36—43 页。

——,1944b,《记黑水旅行》,《旅游杂志》第 18 卷第 10 期,第 59—81 页。

——,1945a,《黑水民风》,《康导月刊》第 6 卷第 5—6 期,第 9—21 页。

——,1945b,《黑水民风(续)》,《康导月刊》第 6 卷第 7—8 期,第 26—35 页。

岳天明，2017，《论李安宅的边疆社会工作思想——兼及中国社会工作的学术史意识》，《西藏大学学报（社会科学版）》第 1 期，第 22—36 页。

岳永逸，2018a，《孙末楠的 Folkways 与燕大民俗学研究》，《民俗研究》第 2 期，第 5—14 页。

——，2018b，《社会治理、组织与节庆：1930 年代平郊的青苗会》，《文化遗产》第 2 期，第 113—120 页。

——，2020，《语言的"通胀"与意义——纪念李安宅》，《读书》第 5 期，第 76—84 页。

——，2021a，《实地厚生：李安宅的文化社会学》，《广西民族大学学报（哲学社会科学版）》第 2 期，第 19—27 页。

——，2021b，《社会学的民俗学——黄石 20 世纪 30 年代的民俗学研究》，《社会学评论》第 3 期，第 101—119 页。

——，2022，《民俗、社区与文化：燕京大学社会学的本土化探索》，《民俗研究》第 1 期，第 5—20 页。

岳宗福，2010，《试论南京国民政府的社会立法》，《科学经济社会》第 2 期，第 146—148 页。

张大卫，1989，《克里斯塔勒与中心地理论》，《人文地理》第 4 期，第 68—72 页。

张鸿钧，1934，《燕京大学社会学系清河镇社会实验区工作报告》，载乡村工作讨论会编：《乡村建设实验（第一集）》，上海：中华书局，第 62—92 页。

张世文，1949，《乡建系概况》，载华大校长室校友联络通讯组编：《华西协和大学校刊·文学院特刊》，第 17—19 页。

张学东，2015，《"清河实验"的启示》，《中国社会科学报》1 月 9 日 A8 版。

赵承信，1936，《社会调查与社区研究》，《社会学界》第 9 卷，第 151—205 页。

——，1937，《社区研究与社会学之建设》，《社会学刊》第 5 卷第 3 期，第 13—20 页。

——，1938，《写在报告之后》，《社会学界》第 10 卷，第 420—422 页。

——，1948，《平郊村研究的进程》，《燕京社会科学》第 1 卷，第 107—116 页。

兆临，1934，《关于社会学名词的翻译》，《北平晨报》4月11日第11张。

赵彦民，2017，《日本满铁调查文献中的中国民俗资料——以〈中国农村惯行调查〉(1—6卷)为中心》，《文化遗产》第3期，第17—21页。

郑宝沪，1937，《清河市集的经济研究》，北平：燕京大学法学院经济学系学士毕业论文。

旨昂，1946，《都市计划之社工》，《华西社工》第2期，第3页。

中国农村惯行调查刊行会编，1953—1958，《中国农村惯行调查（1—6）》，东京：岩波书店。

朱庆澜，1944，《朱序》，载言心哲：《现代社会事业》，重庆：商务印书馆，第1—2页。

Chao, Ch'eng-Hsin. 1948, "P'ing-Chiao-Tsun as a Social Laboratory", *The Yenching Journal of Social Studies*, Vol. IV, No.1, pp.121—153.

Liao, T'ai-ch'u. 1946, "The Rape Markets on the Chengtu Plain", *Journal of Farm Economics*, Vol. 28, No. 4, pp.1016—1024.

——. 1947a, "The An Lo Szu Market of Chengtu: A Field Study", *Bulletin of the Business Historical Society*, Vol. 21, No. 6, pp.155—171.

——. 1947b, "The Ko Lao Hui in Szechuan", *Pacific Affairs*, Vol. 20, No. 2, pp. 161—173.

——. 1948, "The Apprentices in Chengdu during and after the War", *Yenching Journal of Social Studies*, Vol. IV, No. 1, pp.89—106.

——. 1949, "Rural Education in Transition: A Study of Old—fashioned Chinese Schools (Szu Shu) in Shantung and Szechuan", *Yenching Journal of Social Studies*, Vol. IV, No. 2, pp.19—67.

Skinner, G. W. 1964, "Marketing and Social Structure in Rural China: Part I", *The Journal of Asian Studies*, Vol.24, No.1, pp.3—43.

TDSSW: The Department of Sociology and Social Work, Yenching University ed. 1930, *Ching Ho, A Sociological Analysis. The Report of a Preliminary Survey of the Town of Ching Ho, Hopei, North China*. Beijing: Yenching University Press. pp.1—146.

Ullman, Edward. 1941, "A Theory of Location for Cities", *American Journal of Sociology*, Vol. 46, No. 6, pp.853—864.

附　记

本文是对《20世纪前半叶中国社会工作的架构与实践：以蒋旨昂为中心》（《社会建设》2022年第二期）稍加修订而成。在此，对四川大学陈波、四川师范大学李国太和中国人民大学曹新宇、伍婷婷、唐丽娜诸位教授与同乡吉佐阿牛的诸多帮助表示感谢！

2022年5月，《四川大学学报（哲学社会科学版）》第三期分别刊发了陈春声《乡镇建设与社区研究——读蒋旨昂〈战时的乡村社区政治〉》和赵大琳《从村庄到市场：施坚雅中国市场体系理论的华西社会学背景》两篇文章。让人惊喜的是，两篇文章都涉及蒋旨昂和施坚雅之间的"师生"关系，并主要根据2017年整理出版的施坚雅1949—1950年田野日志（G. William Skinner, *Rural China on the Eve of Revolution: Sichuan Fieldnotes, 1949—1950*, eds. by Stevan Harrell and William Lavely, Seattle and London: University of Washington Press, 2017）推断出施坚雅后来提出的市场模式与蒋旨昂学术认知之间的渊源。这也回应了我们本文中就蒋旨昂对施坚雅市场理论影响的相关推断。

2022年6月1日

社会工作导论

李　序

任何科学都有其纯理部分与实用部分。社会学亦不例外。实用社会学就是社会工作。

一般人震于声光化电的效果,相率以自然科学为科学,都承认自然科学有其纯理部分与实用部分;好像社会现象不便列入科学领域以内,即使列入科学领域以内,也要怀疑其实用的可能。

殊不知,任何学问均先由实际经验而来,即先由不自觉的适应过程,慢慢归纳的结果,才变成自觉的原理原则。有了这种原理原则,便建立了纯理的科学。再进一步,根据已有的原理原则作为分析的范畴,发展更有效的适应技术,便是实用的科学。更进一步,由着实用的经验归纳成更深更高更广的原理原则,又根据更深更高更广的原理原则作为分析范畴,发展更有效的适应技术。实用与纯理、纯理与实用,就这样互为因果,交相影响不已,成为科学发展的历史。对于自然现象是如此,对于社会现象亦如此。

只是对于自然现象容易客观,故容易自觉。对于社会现象不能不包括主观者在内,故自觉比较困难。容易自觉,故对于自然现象的理解与适应,容易脱离巫术阶段与喜怒好恶等价值心的阶段,以及不着边际的玄想阶段,而较早地走上科学轨道。自觉比较困难,故对于社会现象的理解与适应,不易脱离巫术阶段与喜怒好恶等价值心理的阶段，以及不着边际的玄想阶段，而较迟地趋于科学轨道。一般人见了已经走上轨道的自然科学，有了严整的原理原则，表证成功的实用效果，于是震眩之余，感觉到自然科学才是科学，自然科学才有实用部分；对于历史较迟的趋势，对于社会现象之能成为科学对象，对于社会科学之能具有实用部分，则因前例不着，效果未宏，尚未引起注意，而即注意了亦多抱着怀疑态度。不但局外人如此，虽社会科学领域以内的人亦不免如此。

其实，科学之能成为科学，不在对象，而在对于对象的态度。对于任何对象，不管青黄皂白，其要凭着掐诀念咒而妄加干涉者，便是巫术，不是科学；其要凭着喜怒好恶而或予崇拜，或予欣赏，或予排斥者，便是宗教，或者文艺，或者价值裁判，均非科学；其要凭着想入非非而谈玄说怪者，便是玄想，或者造谣，亦非科学。科学只是在适应过程当中归纳出客观的原理原则，并且利用客观的原理原则，发展适应技术，以求更有效的适应，而追求更深更高更广的原理原则而已。对自然现象的态度，有科学，与巫术、宗教、文艺、价值判断，以及玄想，造谣之分。故科学与非科学之分野，不在对象，而在对于对象的态度，其理至明。

然因社会现象即包括主观者在内的缘故，对于社会现象的态度，的确不易客观。整个的社会科学各部门发展得所以较晚，特殊的社会学发展得所以更晚，以及局外局内的人对于这些学问之能成科学或具有其实用部分所以都相当怀疑，其理由乃在于此。

只是我们所要说明的，尚不止于这些。更要再进一步，说明现象本身包括主观者在内并不是决定科学或非科学的关键所在。

上面说过，科学之能成为科学，不在对象，而在对于对象的态度。此处亦可说，科学之能成为科学，不在没有主观，而在对于主观的处置。

即对自然现象的整个适应过程，不管抽离原理原则（范畴）也好（纯理部分），发展适应技术也好（实用部分），都不能不有观点。观点就是主观者的观点。自然科学家的责任，不是建立没有观点的理化生物诸学——那是不可能的，因为"所知"之中即非包括"能知"不可。必于已有的观点，知道它是观点，明了各个观点的远近深浅精粗的范围与程度，就在所知结果当中打入观点影响的算盘，才算精确的自然科学。

依同理，对于社会现象的整个适应过程，亦不管抽离范畴也好，发展技术也好，都不能不有主观者。社会科学家的责任，不在建立没有主观者的政治经济社会诸学，而在对于主观者知道他是主观者，知道主观者本在社会现象之中，并且明了主观者因为利害、性别、地位、年龄等不同而有的可能影响，就将这等影响打入适应过程的算盘之中，才是精确的社会科学。

所以一切科学，不管对于自然现象，还是对于社会现象，都有其精确程度之分，质量关系之用。不能说，自然科学是精确的学问为一类，社会科学是非精确的学问另为一类；或者说，自然科学是量的研究为一类，社会科学是质的研究另为一类。盖就科学之为科学而论，应付自然现象也好，应付社会现象也好，只是态度是科学的，打的算盘是科学的，便都算是科学的。自然科学与社会科学的分野，只在应付的对象有所不同而已。

说到这里，便引起了控制对象的纠纷。

有人以为自然现象是可以控制的，社会现象是不可以控制的。故对自然现象得以成为科学，而对于社会现象不得成为科学。不知，只要是科学的，便有控制能力；只有非科学的，才没有控制能力。科学的控制，不过是执柯以伐柯的作用罢了，并没有甚么神奇。同一伐也，或妄伐，或用崇拜、欣赏、排斥、玄想、造谣等方法，便无效；因为这些不是科学的。明了其本身性能（包括对象与工具）而因势利导之，即有效；因为追求其所以然的道理而用以还诸其身，以控制之，正是科学之实用所在。我们因为社会科学前例不著，效果未宏，而怀疑到社会科学是否可能，能否实用，自无是处。前例不著，效果未宏，不过是工夫不到家；整个科学的发展史，已经给我们指示出明白的路线了。路线既明，问题只是走多远，如何努力走就是了。

如何努力走向社会科学的路线呢？

第一，我们要引起社会注意社会科学的重要。一般人因为鉴于自然科学在人类战争上的使用，因为不安于杀人的惨祸，便以为此类灾难，都是科学造出来的；于是反对科学，厌恶科学。不知杀人惨祸，不在自然科学本身，而在自然科学利用之不当；不在自然科学太发达了，而在社会科学太不发达了。

怎样说，杀人惨祸，不在自然科学本身，而在自然科学利用之不当呢？因为自然科学乃是控制自然现象的科学，而人类所以要控制自然现象的缘故，乃是要"财非其类，以养其类"，即利用自然界以养卫人类社会而已。将用于自然界的手段，拿来用于人类自己的战争，当然造成杀人惨祸。譬如火之发明，本为利用厚生；用火烧人，当然不当。试看自然科学愈发达，不是人类的衣食住行愈丰美，愈便利了吗？我国正因为自然科学不发达，所以才局限于贫困饥难之中。若于此时，尚不急起直追，充分利用自然，正所谓弃货于地；尚不责难自然科学之误用，而鼓吹自然科学之不用，正所谓因噎废食。弃货于地，因噎废食，两无是处，是需要郑重提出者。

怎样说，杀人惨祸，不在自然科学太发达了，而在社会科学太不发达了呢？因为社会现象是人类本身，自然现象是人类四周的世界；虽然人类也是自然世界的一部分，可是人类对于自然世界其他部分的适应，只在求其利用。对于自然世界其他部分的适应若甚粗陋，固然算原始，不过原始的范围尚只于是经济的条件。倘若对于自然世界的人类本身那一部分——即社会现象——的适应过于粗陋，则的原始的范围正是社会关系。原始的社会关系——即人与人的关系，是较原始的经济条件为严重的。"一箪食一瓢饮"的经济生活，尚可"乐在其中"；而"踰东家墙而搂其处子"或"率兽而食人"的行为型范，则要祸乱丛生了。故人与人的适应，为本身幸福，人与物的适应，为利用手段。将对物求利用的手段来对人，如施于炸矿者施于炸人，是犹张冠而李戴。张冠李戴或者无后灾，而用炸矿者炸人，则祸且无穷。

然而怎样达到利用厚生的目的，以避免手段的误用，则在于人与人的关系中探求其原理原则而发其适应技术。适应结果，是尊重人与人的权界，养成分工合作、交荣互利的习惯。其必要过程为对于民风、民仪，及制度等客观分析与合理建设。合理建设也者，即追求其所以然的道理而用以还诸其身以控制之之谓。盖物质建设是以人工顺其自然而改变其自然，社会建设亦是以人工顺其自然而改变其自然。"食色，性也"，即人之自然。根据食色的自然，而予以营养的配合、婚姻的制定、全盘人格的发展，而由当前享受至于远近大小的取舍，是为改变其自然。旧式理学空谈仁义而无实现仁义的技术。自然科学家只有控制物界的技术，而与利用技术以谋仁义,以实现康乐社会无关。故"脱颖而出","舍我其谁",责在社会科学。

社会科学不发达,人生适应之道不得不苦。这在自然科学不发达的时候,纵使兄弟阋墙、骨肉寇仇、敌国外患,还只是手脚相打、刀枪弓弩相攻,其灾害范围尚浅。适如一般拥护战争者所言,尚有优胜劣败的天择作用。然至自然科学发达了的今日以至趋势所及的将来,倘不谋求釜底抽薪的办法,消弭战争的根源,则用移山倒海的科学效能来作相攻相杀的勾当,必致玉石俱焚,灭绝所有的人类;即不如此,亦必勇健爱群者先亡,怯弱自私者幸免,而致人类社会于万劫不复的境地。譬如小儿玩刀,自割其手,犹属小事。置手枪炸弹于不知危险性的一群顽童之手而挑斗其好奇搬弄投掷等活动,则彼顽童,必无孑遗。

故求人类适应之道的社会科学,就一般而论,已比自然科学之为手段者,为有主客的不同。若就自然科学已经发达,社会科学因尚未得舆论的拥护而未发达,因尚未能与自然科学相配合而有危险性而论,则知社会科学之在今日,其成功与否,乃是人类的生死关头。为使人类自作主人,利用自然科学的工具;釜底抽薪,消弭战争的根据;尊重人与人的权界,促成分工合作,交荣互利的局面;非得大声疾呼,提倡社会科学不可。

第二,我们要促使社会发动社会科学的实地工作。实地工作,即我们开始所说,自觉的直接经验。直接经验,系经间接经验而言。间接经验,或得自传闻,或得自书报,都是参考资料。直接经验,或广或狭,或暂或久,都是亲自印证。有参考,有印证,才有拿得起放得下的本领。因为直接经验与间接经验合揉起来,始起自觉的作用,故我们提出实地工作这件事,并不等于习而不察的直接经验，当然更不等于道听途说的间接经验。

过去所谓学术界的传统，不分中西，都在道听途说的间接经验当中打圈子。子曰诗云也好，亚理斯多德说或者柏拉图说也好，都曾根据语言文字，甲注解乙，丙疏证甲，丁又作疏证的疏证。这是所谓述而不作。其不安于疏证的，也不过"语不惊人死不休"，作一作"此一是非，彼一是非"的翻案文章，并不与客观的事实相干。在西洋到了文艺复兴时代，在我国到了新文运动以后，才大多数承认了"述而不作"与夫翻案文章以外，还有可以实际下手的客观界。然所谓客观界而可以下手者，承认了物质界，只发展了自然科学。

一般所谓蚩蚩者氓，不分古今中外，都在习而不察的直接经验中打圈子。譬如鱼在水里，并不自觉到水的存在；人在个别文化型里，亦不自觉到一时一地的文化型与其他异时异地的文化型的来龙去脉。所谓沉沦在经验之中，毛病不在没有经验，而在不能超出当前经验以作高瞻远瞩的工夫。必得直接经验，合以间接经验，发生参考与印证的作用，才能深入客观界，以使客观界变得客观。这套工夫，简言之，叫作实地工作。

根据我们以上的分析，必是科学才有真正的理论与实用，必是社会科学才能提拔原始的社会关系而入于比较高明的关系，才能解除畸形发展的浩劫而得到人类社会的"自在"。那么，自然科学，因为实地工作，已经被人承认了，走入庄康大道了。社会科学，因为实地工作尚未得到有力的承认，尚在疏证中打圈子，尚在翻案文章中打圈子，则其未能走入康庄大道也固宜。然正因为如此，所以我们更不得不促使社会发动社会科学的实地工作了。

以上说明了科学本身之质性，与夫社会科学之路线。社会学是社会科学的一部门,其质性与路线,可不待赘言而自明。其实用部门——即社会工作,亦复如是。

在我国范围以内,自然科学尚属太不发达,社会科学的努力尚在初期,其中的社会学更在初期的初期。故我们所应致力者,应该普遍地提倡科学;对于以整个的人与其群体为对象的社会学,因其为全称适应所需要,复因其尚在初期的初期,更不能不加倍提倡。

蒋旨昂教授是一位实用社会学的实地工作者。他有纯理社会学的原理原则与实用社会学的适应技术,以及两方面互为因果、交相影响的收获。他因见于"抗建大业,需要千百万社会工作同志齐来参加",所以他以教学与实证所得,写出一本《社会工作导论》,以为"关心中国社工的初学者提出一种认识",也为"已经从事社工的同志提出一套思考的间架"。

他这本书,不是资料的搜集,或者消息的报告;而是一套系统的建立、原则的提供。他自社会需要,说到社会政策的定向,救助预防促发与夫组织训练运动等社会工作的过程,个案社团社区等服务的方法及社会行政的方法、社会福利事业的业果、社会建设的效用,以至达成小康社会以及大同社会的目的。如此,他将自然演化而来的社会工作的程序、方法、术语等爬梳出头绪,树立起系统,而使人后的社会工作成为自觉的适应技术。这样的著作,在其领域以内,不但国内还没有,国外亦不多见,的确是一种特有心得的创作。然如著者所说,这本著作"究属尝试",我们自不必在名词字眼上多费工夫。

须得明白:今后的国家,不发展社会学的实用工作则已,倘因事实所迫,而必需发展,则本书不管将来修正到如何程度,也

李　序

是具有促发性能的。今后的世界，倘不纠正自觉科学不与社会科学相称的畸形发展则已；倘不解除人生适应之道之穷，而使人类互相毁灭则已；假定人类智慧已到自然觉醒的程度——而且这种假定，大势所趋，是有事实的根据的——则其必然的结果，当是盲目竞争的停止，计划自由的建立；横力政治的取消，福利设施的实现；则循本书的视野而适应于世界人群，必是大同社会的有力因素。故于读后感兴所至，特将本书的思考间架，套上一套更为广泛的间架——描绘出本书间架以外的学术上的远近布景。是为序。

民国三十四年春李安宅识于成都华西大学社会学系。

自　　序

抗建大业,需要千百万社会工作同志齐来参加。社工教育因而有了迫切的需要。大学之中,社工课程之增加,是其明证。社会工作自然应该与其它已有历史的学问一样,有种明确的体系。但是初学者和已经从事社工的人,仍然时感社工之零星散碎,而无从把握其骨干。其故乃在社工新兴,无论中外,还在资料时期,未成一门完整的学问。即使有一两本想要有系统地讨论社工的专书,也全是西洋的,总使我们觉得有点隔靴搔痒,不便直接利用。所以,写了这本导论,打算为关心中国社工的初学者,提出一种系统的认识;也打算为已经从事社工的同志,提出一套思考的间架。

初学者可以从一些关于社工事实的中外书籍和百科全书里面,得到详细的资料和消息。所以本书尽量减少事实之报告,不仅为了战时篇幅之节约,也求其提纲制领,而清眉目。至于已经从事社工者,每天工作上的繁重手续,琐细节目,实在够他们忙了,所能抽出的余暇必不为多。为了他们,更要钩玄提要,以省阅读时间。

本书想用社会学的观点,来建立中国社会工作之体系,虽是根据自己的实地工作和课室经验而拟订的,但究属尝试,尚望社工专家、社会学人,不吝赐教!

　　　　三十四年三月二十日蒋旨昂自序于成都华西大学。

第一章　社会工作之地位

三十三年七月间，作者参加社会部所召集的大学社会行政课程讨论会，八月初又参加了教育部所召集的文法师范等学院各系课程旨议，均曾深感，社会工作之意义，尚未获得国学者之一致的了解。即从事社会工作之教学与实施者，亦因所见不同，而所用名词各异。不求甚解的人，以为何必作名词之事，实质还不是一样的？——所谓社会工作、社会服务、社会事业、社会福利，乃至社会行政、社会建设，只是同一内容之相异的名词罢了，有些甚至只是同一事实之不同的译名罢了，随便应用，都无不可。（注一）我们却以为一个名词应该代表一个确定的概念；同时，一个概念应该有一个确定的名词来标明。于是想把十年来从事实地社会工作的一点经验，和近年来在这方面的教学所得，归纳出一个体系来。其结果便成为下面试拟的表解：

社会需要——人类愿欲，非常之多，但大别之，可说只有两类：一类要求"安全"，一类要求"活动"。动物全是如此，不过人类更能以后者为重。人类不仅要生存，更要有自由。社会需要，是因时、因地，而变异其形式的，但其本质总不外追求生存之安全和自由的活动。我们知道，自然的环境，和人为的制度，是可用以维护人类之安全，扩展人类之活动的，而且又是可以发生毛病，防碍这安全和活动的；那么，时过境迁的变异，当然产生新

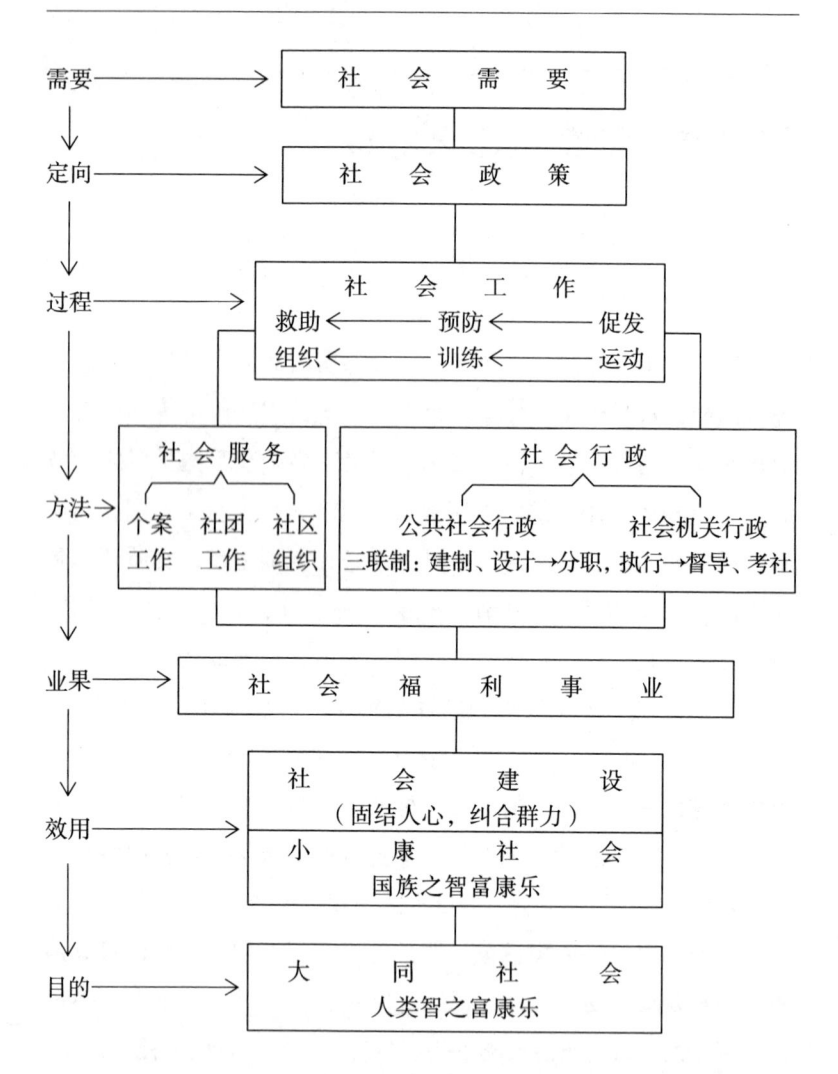

```
需要 ──→  ┌─────────────────┐
         │   社  会  需  要   │
         └─────────────────┘
            ↓
定向 ──→  ┌─────────────────┐
         │   社  会  政  策   │
         └─────────────────┘
            ↓
过程 ──→  ┌───────────────────────────────────┐
         │         社  会  工  作              │
         │ 救助 ←── 预防 ←── 促发              │
         │ 组织 ←── 训练 ←── 运动              │
         └───────────────────────────────────┘
            ↓
方法 →   ┌──────────────┐ ┌───────────────────────────────┐
         │  社 会 服 务  │ │         社  会  行  政         │
         │ 个案 社团 社区│ │ 公共社会行政    社会机关行政    │
         │ 工作 工作 组织│ │ 三联制:建制、设计→分职,执行→督导、考核│
         └──────────────┘ └───────────────────────────────┘
            ↓
业果 ──→  ┌─────────────────────────────┐
         │      社  会  福  利  事  业    │
         └─────────────────────────────┘
            ↓
效用 ──→  ┌─────────────────────────────┐
         │      社  会  建  设            │
         │   (固结人心,纠合群力)          │
         │      小  康  社  会            │
         │      国族之智富康乐            │
         └─────────────────────────────┘
            ↓
目的 ──→  ┌─────────────────────────────┐
         │      大  同  社  会            │
         │      人类智之富康乐            │
         └─────────────────────────────┘
```

的需要——要求发挥适当的环境和制度之功用,也要求铲除不适的环境和制度之障碍了。这一类的需要,不仅是个人的,而也是社会的;又不确是不定型的社会的,而实是有共同趣益(兴趣和利益)关系的社区的。所以,社会需要,正是社区需要。

社会政策——上述那一类的发挥和铲除，都有方针。这种方针，谓之社会政策。广义的社会政策，是不仅限于政权机构所规定的，也不仅限于书面文字所标明的（如各种社会立法的条文），而包括一切社会计划，社会改革，或社会进步之有意的方针或路线。（注二）

社会需要不只一种，社会政策因之便会有相应的多种。而且，多种的需要是相关的，多种的政策，因之便也是要相关而一致的。所以表上所画的"社会需要"是一长形，用几根半截线条表示了那些需要是可以分开而又相关的。社会政策也是如此。这种相关而一致的许多政策，综合地看，有着一个总方向，一个基本主义。如果政策之中，有不合这总方向的，便会与其它政策相矛盾；根据这政策所实行的诸般设施，就也不能在社区中发展为积极的相成，而会变为多余的累赘，甚且发生互相抵消的作用。所以政策之间，是必须配合的。如何才能配合得当呢？则惟有根据需要；因为，需要之间，从深处看，是不会冲突的。——从表面看，固然会觉得，需要既多，岂不就免不了顾此失彼吗？实则，需要既不外安全与活动，而人类之所以为人类，又在其能够或情愿，于二者不可得兼时，舍安全而就活动，所以，人敢于探险，人能作到"不自由勿宁死"，也更能积极地"杀身成仁，舍身取义"。于是，活动之追求，成为社会需要之经，成为社会需要之中心。主义便有了重心，政策便也有所适从了。——都是为了争取人类之活动或自由，只不过因时因地而修改其方式罢了。

社会工作——因时因地而谋求社会关系之改善，以达到安全和活动的过程，谓之社会工作。换言之，社会方针既定之后，社会工作乃是达成此种社会方针的手段。（注三）

既然任何动物都要求安全，人类自不例外。譬如，贫病是人类安全之大敌，于是社会需要与政策，便以铲除贫病为对象。为了完成铲除贫病的政策，最迫切的一步，自是救助。然而救助既在事后，何如事先之防患。所以在社会工作的过程当中，不局限于救助，而更要努力于预防。不过，预防至多维持现状，使其情况不致趋于恶劣，当然不如尽量发挥人之潜能，使其获得更进一步的安全。于是，社会工作不止于救助和预防，且更进而努力于个人、社团、社区等潜在能力之促发或促进，亦所以满足人类之活动愿欲。于是，救助、预防、乃至促发，（注四）乍看似乎仅是为了安全，实则也是为了活动。人类之所以为人类，归根结底，还是因为他要求而能达到这一类高级的活动或自由，——对己、对群、对物、对自然和超自然，所追求的活动或自由。

社会工作这种达成社会政策，满足社会需要的过程，不仅采取了救助→预防→促发这一公式，在另一观点上，还须靠一套组织→训练→运动的公式。人不仅要求个人之安全和活动，人更要求社区之安全和活动，因为没有后者，前者是不能存在的。为了谋求社区之安全和活动，固然也逃不出救助、预防、促发的步骤，但是如何才能在社区里面顺利进行这种步骤呢？必须下一番组织、训练、运动的工夫。经过这番工夫，社区分子才能分工合作（组织），各尽所能（训练），集中力量（运动），去进行社区中的救助、预防、和促发。

所以社会工作是一种过程，应用各种社会力量（亦即社会制度所发生的力量），加以配合，使之帮同增加人之社会接触，人之活动或自由，——至少减除阻碍此种增加之可能的因素，如愚、如穷、如弱、如私。（注五）换言之，社会工作是一种发展社会化，以培育个性的过程。

社会工作既要应用各种社会力量，以达成社会化人格之发挥光大，便不能不靠社会服务和社会行政这两种方法。

社会服务——所谓社会服务，不是指的现在各地社会服务处所办的个别业务，（注六）而是指的社会工作过程中所用的一种基本方法。"人生以服务为目的"，"助人为快乐之本"二语中，那服务、助人的精神，庶几近之。社会服务，是种方法，用在个人可以，用在社团可以，用在社区亦何尝不可以？对个人可以施以救助、预防、促发，对社团，对社区，亦何尝不可以？对社区可以下组织、训练、运动的工夫，以实现其救助区预防和促发，对社团，亦何尝不可以？

所以，社会工作是整个过程的统称，社会服务更是这过程实际表现于人的方法。表现于个人乃至家庭的，谓之社会个案工作（见第三章）；表现于团体的，谓之社会集团工作（见第四章）；表现于社区的，谓之社区组织工作（见第五章）。至于个案工作是医药社会工作，是精神病人社会工作，是家庭福利工作，还是其他的特殊个案工作；（注七）社团工作是职缘的还是趣缘的社团工作；社区组织是都市社区重组，是乡村社区重组，是边疆社会重组，还是以全国为对象的社区重组，全不是我们此处所关心的，因为我们现在只求看出，社会服务这个基本方法，是社会工作里面必不可缺的。

社会行政——社会工作所表现了的另一种方法，便是社会行政。社会服务既然对付了"人"，于是必会产生了"事"。有了事，便必要人管。这种管的方法，在社会工作过程当中，谓之社会行政。不论所管的事，是成人的事、儿童的事、妇女的事、农民的事、工人的事，或者谁的事，总得有人管，——不论是自己管，还是被人管。既然要管，也便常须有个机构管。有了人，有了机构，便也常有了财务。于是机关、干部、经费，形成了行政之主要对象。（注八）所以社会行政，可以小到一个社会机关之管理（可以名为社会机关行政），也可以大到一个国家或世界政府的社政系统之管理（可以名为公共社会行政）。不过，不论大小，不论对谁，不论由谁负责，社会行政这一方法，总用一套"三联制"——建制、设计，分职、执行，和督导、考核。无论一个社会机关，还是政府的一个主管社政的部门，初创时，均忙于建制、分职，和督导；等到规模粗具，大体上了轨道，社政所注意的，便是经常的设计、执行，和考核，（注九）以求按步就班的进展了。

这两种社会工作的重要方法——社会服务和社会行政——又是非常密切相关的。没有社会行政（机关的和政府的），社会服务便推不开，行不远，持不久；没有社会服务，则社会行政简直没有内容，没有意义了。

服务和行政的结果，就是事业。

社会福利事业——以社会工作中的服务和行政方法，运用着物的和人的资源，便产生许多业果。原来，有了集体生活的人，自然就有事（所谓事业，实在就是事"业者事也"）。不必经过人们有意识的、有计划的努力，也会发生社会事业的。所以有些慈善事业，虽然办了，因为是随便办的，无计划，无技术，对于社区或个人，有时不但无益，反而有害。社会服务和社会行政，既是有意识有计划的努力，则其结果，应流有别于那种不必加以有意识有计划的努力而仍可发生的社会事业。于是，我们可以把社会服务和社会行政所产生的业果，名之曰社会福利事业。

所谓社会福利事业,包括社会福利"活动",和社会福利"设施"。社会服务之努力,会产生社会福利活动;活动经常化了,扩充化了,便需社会行政来产生和管理这些相当稳定的设施了。

这些活动和设施,是可分而又相关的,所以表上用了几根半截的线条来划分。

社会建设——社会福利事业之相关,犹之社会政策之相关,都有一个方向、一个使命,乃所以满足或解决社会需要。这种满足或解决之综合的效用,名曰社会建设。

社会建设之表现,在于"固结了的人心,纠合了的群力"。(注一〇)社会工作所产生的社会福利事业,可以使人知道,大家所得的福利,是大家努力的结果;也可以使人知道,惟有有意识、有计划的集体努力,才能产生社会福利。既得福利,乃知福利之可贵;既知福利之可贵,乃能谋求更进一步的福利。社会福利愈增加,则愈有固结了的人心,纠合了的群力,社会建设才算更进了一步。

小康社会与大同社会——综合的社会建设逐渐完成,亦即社区化之逐渐扩展。至一程度,即成一种小康社会。到那时,国族之智富康乐可以达成,自个人以至国族,均可不虞危害与束缚。再等到人类之各种社会需要,都已由各国的和国际间的机构,应用社会工作方法所产生的福利事业,使之满足、使之解决,则人类必然进入智富康乐的大同境界,而达成世界社区之建立了。(注一一)

注 释

(注一)曾受现代社工训练的专门工作者和教授,现在以成都为最多,均
　　　　愿采用社会工作一词。前在北平的燕京大学曾有社会学及社会服

务学系。抗战后，金陵大学有社会福利行政组，壁山国立社会教育学院有社会事业行政学系，均已有四年的历史。更有人喜用社会事业一词，却不能确切表示社工之动的过程和专业的方法等特质。也有人以为社会工作的领域，包含民众团体的组训与监督指导，社会运动的指导与监督，社会福利事业的倡导实施与管理，和合作事业的指导与管理（见钮长耀，著《社会工作初稿》，中央社会部二十九年十二月印行），虽然颇合现在我国社会行政之发展，却太偏重监督指导的"行政"意义了。

（注二）关于社会设计参考 North, C. C., *Social Problems and Social Planning*, McGraw-Hill, 1932; Mannheim, K., *Man and Society in an Age of Reconstruction*: Studies in Modern Social Strwture, Kegar Paul, Trench, Trubner and Co., 1940。关于社会进步参考 Todd, A. J., *Theories of Social Progress*, Macmillan, 1918。

（注三）Bruno F. J., *The Theory of Social Work*, D. C. Health, 1936; Devine, E. T., *Social Work*, Macmillan, 1931 (3rd ed.); Todd. A. J., *The Scientific Spirit of Social Work*, Macmillan , 1920。

（注四）Relief、Prevention、Promotion 三字乃波士顿家庭福利社总干事 Stockton Raymond 于一九二二年所用以示个案工作重点之转变者，见 Ford, J., *Social Problems and Social Policy*, Ginn, 1923, p. 722。

（注五）愚、穷、弱、私，乃中华平民教育促进会所找出的中国基本问题，曾在河北定县实验文艺、生计、卫生、公民四大教育，以求达到智富强公的境界。

（注六）大规模推动所谓社会服务的，是抗战以来，各地党部。他们办了许多社会服务部。一九四三年便有六六一所。大体说来，全是一种阅读书报之类的社教机关。社会部二十九年十一月改隶行政院以后，更积极推行内容扩大了的社会服务处。重庆、桂林、衡阳、贵阳、遵义、兰州等地还有社会部直辖的社会服务处。它们根据"生养病死苦难人生六大问题"和"衣食住行乐育人生六大需要"，办理各种业务，包括：职业介绍（生）；营养咨询；婴儿保育咨询（养）；中医及西医诊疗（病）；施棺施葬（死）；鳏寡孤独的疾病救济和施药、介绍习艺或佣工，教养救济（苦）；法律顾问、医药卫生顾问、兵役顾问、读书升学指导、商业纳税，及其他人事咨询，以及服务信箱、寻访亲友、收转函电、民众代笔、代售邮票等（难）；餐厅（食）；缝纫（衣）；社会公寓（住）；旅客向导（行）；书报，淋浴，理发（育）；各种集会（乐）。见程云祥著《社会部桂林社会服务处三月治要》，三十二年油印本。

（注七）American Association of Social Workers, *Social Case Work, Generic and Specific: A Report of the Milford Conference*, 1925. 个案工作之内容与社团工作和社区组织工作者同样可以参考 *Social Work Year Book*, Russell Sage Foundation, N. Y. 已见其一九四一年的，为 Russell H. Kurtz 所编。

（注八）Pfiffner, J. M., *Public Administration*, Ronald, 1936.

（注九）三联制亦可谓"三 Z 制"。据说曾有人问 George Eastman（柯达公司的创办人），为什么他能把偌大的公司办得井井有条。他说得力于三个字尾有 Z 的字，就是 Organize、Deputize、Supervize。

（注一〇）《总理遗教辑要》（中央训练委员会三十年印），第五篇"社会建设"。

（注一一）《礼运》"各亲其亲，各子其子。……禹汤文武成王周公……未有不谨于礼者也。以著其义，以考其信。著有过，刑仁讲议，示民以常。……是谓小康。"至于《礼运》所谓大同则是："天下为公，选贤与能，讲信修睦。故人不独亲其亲，不独子其子。使老有所终，壮有所用，幼有所长，矜寡孤独废疾者皆有所养，男有分，女有归。货恶其弃于地也，不必藏于己，力恶其不出于身也，不必为己。"小康和大同，全是就社会关系说的。

第二章　社会研习

社会需要要靠社会研习来认识，社会政策要靠社会研习来评定，社会工作的技术，也要靠社会研习来锻炼。

我们撇开研究二字，而创用研习一辞，乃加重"动的过程"之观点，及"行以求知"之精神。我们认为"最宝贵之研究材料，只能得自实验之中。所谓实验，并不全指新事物之创造。勿宁谓，利用他人已有之经验，为学习之参考，更为基本；因为个人知识，固为逐增的，社会经验，尤为累积的。故此……不仅为认识与批评而研究，其在研究方法上，更借助于实习"。"其所以冠以社会二字，乃因所习之对象，不仅为独特的生活现象与制度，更且为诸种生活现象与制度之相互功能，以明其全体大用。"（注一）我们要用动的社会科学方法，进行社会研习工作。

此种社会研习，既重动的过程，便不能抹杀其时空性，也就是，不能不分析和把握，对象之轨迹，或其来龙去脉；对象之所在，或其区位意义。所以我们研习的对象，是当今的，但不忽略其已往与将来；我们研习的对象是型类的，但不忽略其所受不同社区组织之影响。

社会研习，也许有些社会工作者，以为是"纯科学"的，与我们这"应用"的学问，距离太远，关系颇疏，实则不然。试仅就研习与三联制而论，便可深明其不可须臾离了。

举国之行政界，均在讨论设计、执行、考核三者之联锁。社会工作中的社会行政，乃行政之一种，自亦不能例外。社政不但缺乏鲜明够用的社会政策，其实更少根据此种政策、参酌各时各地之当前需要，而拟订的各种设计。从一方面言，政策往往是有其全国性的，在地方执行之前，必须加以因地制宜的详细设计；此种设计之空间根据何在？从又一方面言，政策是为较长时间而拟定的，在今年此时执行之前，必须已经加以因时制宜的详细设计；此种设计之时间根据又何在？所以，无论就空间说，就时间说，设计之根据，均在于事实之需要，而社工所根据的事实需要，惟有得自社会研习之中。

例如，全国人口之合理分配，是一个应该倡导实行的社会政策。但是此种分配，是否迳可，以全国土地之总面积，除人口总数，所得的单位人口数，作为标准，而将超过此数的区域之人口，搬到不及此数的区域去，便算合理了呢？换言之，是否迳可，以东方"过剩"的人口，移入西方的边疆，以利用其"过剩"的土地呢？稍知社区事实者，大概不会作一个正面的断语。但是居然有许多人，以为边疆是人口过剩之现成的尾闾，只要大量移民到边疆去，他们便会在那里过垦殖的生活，全国人便可得到合理的分配。他们以为，哪里有土地，哪里便可垦荒，哪里便可种殖。但在边疆作社会研习的人，都能告诉我们：移民殖边之许多困难，在于"移"的不努力者少，而在于"殖"的不会根据区位认识者多。在全国设计之中，区域分工的原则，（注二）早经欧美各国的"区域计划"运动所提出了。全国之统一，全国之组织，必须在全国之分工上想办法，因为组织之意义，实在分工合作。只有分工，而不合作，固然支离破碎；只有一律，而无复异，亦必无从组织起，因为大家全都一样，便无互倚之必要，也便不需组织了。如何分析边疆分工之可能（如畜牧，如矿冶），如何分析边疆根据分工之需要而吸收人口之可能，将是社会研习对于人口分配政策的极大贡献。

又如以社会重建为战后社会服务和社会行政之中心，也是一个鲜明确切的政策。（注三）但是，如何而后才是合理的重建，而不仅只恢复原状，也不硬是无中生有？必须根据原有的可能和今日努力的效果，以作进一步的改善。此种可能是什么，此种效果已如何，均须靠着分在有待重建的各区域所作的社会研习，来告诉我们。

再如劳工政策：犹忆三十一年十月全国第一次社会行政会议，拟以"国家至上，民族至上"为劳工政策之原则。三十二年十一月二十日国府分布的修正《工会法》，（注四）似即因之较十八年十月二十一日公布，二十二年七月二十日第三次修正者，颇为出入。例如，新修正法第六条规定："从事国家行政、教育事业各机关之员工，及军事工业之工人，不得组织工会。"较比战前该法第三条"国家行政、交通、国营产业、教育事业、公用事业各机关之工人，得援用本法组织工会，但其职员，雇使员役，及军事工业各机关之职员，雇用员役及工人，不在此限"者，限制自属不同。此种政策之改变，究在工人生活中，发生如何之影响，除行政经验之外，不能不有赖于社会研习，以资了解，而为评价。又如新修正法第四条所列工会之"职务"，除数处文字略为修改，并加第十四项"其他法律规定之职务"，以增本条之弹性外，大体同于旧法。究竟所定各种职务，已经工会实行者若干？成效如何？均须社会研习为之找出；然后社政始能依据此项研习之结果，拟定工会逐年增添职务之设计。否则，该条所列各项，既不能同时举办，又不知何所先后，势必流为具文。于是可以看出，社会研习关系于社政之设计与考核者，至深且钜。

社会研习之有助于社工考核，固不仅在行政系统以内作客观的衡量，便算尽其能事。我们知道，社政虽新，社工之又一部门——社会服务——却已有较为悠久的历史，而且甚少预为设计者。因之，其服务成绩，自非单靠三联制本身之努力，所能评判。如以社会研习为评判之手段，则其效力必尤为深入。例如，慈善团体多为久已存在者，（注五）今忽由新兴社政机关，出面监督，自须对于前者有种了解，尤须能够在它的服务技术上，发现问题而提出解决的办法，然后，监督始能生效。而此种深刻的了解，和专业技术之提出，又非靠社会研习不可了。

在专业培育上，研究（试验）、实习（服务），与训练，三者必须打成一片。其理至明，其效亦至显。例如，美国各州立农学院，均附有农业试验站，（注六）其试验研究之结果，即所以服务本州之农民，亦即作为教学之材料，以增加其专业训练之内容。同时，训练者固即研究者，受训练者，亦即经常到站研究、实习、服务者。"教学做合一"，在教育学上，既被广泛承认，"研习训合一"，在社会工作者的专业培育上，自亦为一必须遵行的原则，我们以前在北平燕京大学，今日在成都华西大学，都是如此相信，力予倡行，以达成社工人员之专业培育。

社会工作，自来被视为人人而能的工作，提起救济或服务，谁人不会？然而在今日日益复杂的社会当中，即使比较简单的救济、服务，均非仅凭热心而可收效的了，更何况较为细密的积极福利工作呢？于是社会工作，需要了专业的培育。而此种专业培育，不能徒事抄袭，必以我们今日的文化型，我们此处的社区型为根据。——此种根据之探讨，又非靠社会研习不为功。

社会研习，不但应该探讨社工本身的问题，——社会行政之机构，社会服务之内容，固然都是社会研习之对象，而更为重要的却是，社会研习能够给与社工人员基本的观念和态度。社会研习既是实地的，至少可以给有志社工者，四种基本观点和态度上的陶冶：

一、社会研习可以使初学者发现民力之所在。民力是社工之基础，也是社工之目的。

二、自民间研习，可以养成自下而上的精神。此种精神，是社工成功之试金石。

三、在实际社会里面，没有一种活动或制度，是独立存在的。只有在社会研习之中，才能体会到社会生活之功能的作用，函数的关系，而在将来实施社工时，才不致获点而失全。

四、研习成为习惯，则在担任实际社工时，才能看透，才能超脱，才能维持客观态度，才不致使社工流于机械而无生气。

民力之重视，自下而上之精神，功能关系之了解，研习习惯之养成，都是社工人员必需的条件。只有在这些条件具备之后，专业的技术，才算有了着落，才发挥其极致的效力。

新兴社工之专业技术，要从社工本身的经验之中去探讨，——这便要靠各地之比较。比较便可发现原理通则。简单的技巧，可以用常识的"拇指律"，但是高深的技术，却非靠科学归纳取得的原理通则不为功。社工将不再以常识为唯一的基础。社会研习能够贡献社工方面的原理通则，作为社工人员钻究高深专业技术之准绳。

如前所论，社工要发挥民力。然而民力如何发挥呢？必须有赖于人民的组织训练。但是组训不能只作到把架子搭起来，把团、队、会、社摆出来，便算完了。组要依据内容，训要依据内容；即是说，"必有事焉"，（注七）才能充实间架；也是说，必须有根据生活需求的活动为内容，组训才不落空，民力才能发挥。然而什么是以此时此地的生活需求为根据的活动呢？便须深入社会去研习了。到大家根据社会研习，知道什么是大家之需求，而应据以活动的时候，大家便会有了共同努力的方向。可见社会研习，实在是一种高明的教育，一种能使社区动员的教育。

　　动员之力量，可以在多方面有所表现。我们于此仅就社工经费来说：在此战时，政府不能以过大的经费，花在社会福利事业方面，必须动员社区力量，才能"共襄盛举"。政府固然要栽培、要倡导，社区更是要生根、要扩展。但是社区很少自觉其力量之伟大的，因为社区原有的努力，多极散漫、零星。例如成都，在三十一年人口不过四十万时，（注八）有慈善会四十五个，（注九）虽有所谓善团联合会，实未达到互通声气，共同计划的程度。各自为政，既不相知，怎能发生"合力"呢？每会少则数千，多则一二百万元（三十一年数值）的经费，自不能说是徒然白花，然而全市之并未发生深切的影响，则为显著的事实。其病便在未曾将他们提醒，去生合力。社会研习恰可于此有所贡献。它能将社区之内，所有人力物力财力之数量，及其运用之可能，详加研讨，宣扬于整个社区之内外。其结果，当然能够促起社区之动员。

　　行文至此，我们应可明了社会研习对于社会工作之重要关系。那么，究竟如何进行社会研习呢？前文固曾有所论列，例如研习训之须合一，于此仍应扼要提出如下之原则：

一、普遍化——社会研习，为了了解需要，证验政策，锻炼技术，培育干部，发挥民力，应随时随地进行，有如水银泄地，无孔不入，既重深刻，又要广被。

二、区位——一种社区，有一种社区的组织型类。不同社区型的研习，应有不同的中心问题。都市、乡村、边疆，乃至海外移民社区的研习，固然各有其重点，后方"自由区"与前方的战区或收复区，也因其社区型之差异，而须有不同重点的研习。

三、站队化——为避免浮光掠影的材料，应该为社会研习设立经常机构，以探讨社会过程之发展。此种机构，在人口稠密的都市，乃至乡村，可以设站，而在游牧辽阔的边疆，则可设队，以增加其与对象对应相应的流动性。在后方较为安定的社区，固可设站，在前方，为了配合机动的战斗，也可设队。全国所有站队，均应互通声气，以资比较，而得通则。（注一〇）

四、联系化——各站队之间的联系，固属应当，但是我们更要注意，社会研习，不是"为了研究而研究"，而实在含有"应用"之深刻意义。务必不使研习机构自成体系，超然事外，而应与教育或训练机关，打成一片，以便人员之培育；也应与社会服务或社会行政机关，密切联系，以便直接的设计和检讨。如此联系而仍嫌隔阂时，即迳以站队附属于此种机关，而为其可以灵活运用之一部，亦甚相宜。

注　释

（注一）节录《华西大学与中国乡村建设学会合办石羊场》社会研习站缘起，三十二年。

（注二）参考李安宅著《边疆社会工作》，中华，三十三年。

（注三）我国参加了四十四国的联合国救济善后会议——第一次会系一九四三年十一月在美国 Atlantic City, N. J.；第二次一九四四年九月在加拿大 Montreal——且为其中央委员会四委员之一。一九四五年一月，我国又在行政院下设立善后救济总署。中央设计局亦有战后社会复员计划之拟议。

（注四）社会部编印《社会法规汇编》第二辑，三十三年二月。

（注五）例如慈惠堂是成都最大的慈善会，成立于"前清中叶"；又如成都的崇善局创办于"嘉庆年间"。虽然均无确实日期，已可见其年代之久远。他处一定有更老的慈善会。

（注六）美国各州立农学院之 Teaching、Research 和 Extension 三种使命，见 Hawthorn, H. B., *The Sociology of Rural Life*, Century, 1928, 之第四十四图。

（注七）《书经》以正德、利用、原生为三事。

（注八）三十四年二月成都市设籍登记初步统计结果，全市 214,187 户；男 392,772 人，女 249,357 人，合计 642,129 人。

（注九）见拙著《成都社会工作》，社会部社会行政丛书，交文化服务社印行。

（注一〇）华西大学与中国乡村建设学会于三十二年四月在成都南门外十二里华阳县属石羊场创办了社会研习站。极愿与各地同工取得联络。

第三章　社工与个人

人不仅是不许割裂的完整存在，而且是培育在超机关系中的有机体。所以，可以从两方面去观察和协助。一方系其自然的"体质生存"，一方系其社会的"关系生活"。（注一）人的求生努力，不仅表现在个体之物质存在上，也更表现在他的社会关系之中。体质的生存，只能保证一种一般生物所享有的境界，惟有发展了社会关系的时候，他才具有人性。

社会工作的使命，就在发展这种关系生活。如果这种关系生活出了差错，或者趋于崩溃，社会工作应该前来帮助。最直接的帮助，当然是对于业已发生的问题，加以补救。更好一点的努力，却是防范，根本不使原有的关系生活发生什么滞碍。然而最重要的，还是如何促使关系生活之主体，发扬他的潜在能力，不但能够解决已有的问题，能够防范新成的问题，而更能够在生活关系上，奋求进步，作积极的扩张，以达到"民胞物与"的理想境界。

社会工作为了这三层努力，有着三种不同的入手法：它可以从个人入手，而成为个案工作；它可以从团体入手，而成为社团工作；它也可以从社区入手，而成为社区组织建设工作。

本章所要讨论的，便是社会工作如何从个人入手，来达成它的使命；也就是，社会个案工作应该是怎着的作法。

人当然以体质生存为其首要，因为人如不能取得体质的生存，则一切的努力,都会无所附丽而落了空。但在关系生活不曾合理的时候,又必然妨害体质生存,譬如图私利、求强权的社会关系之下,一定有着许多被牺牲者,以生命作了少数野心家或剥削者的工具。同时,在谋求体质生存的时候,也必有着关系生活上的影响。如果饥寒交迫,便容易作出若干不仁不义了。

社会工作固然不能直接生产物资,以维持人的体质生存,它却能在生活关系之调适上,有所致力。关系生活与体质生存既然交为作用,于是生活关系之调适,实在也是为了发扬体质生存之意义。

一谈到调适,便有主客两方;而主客的调适,很明显地,又不外三种方式:一种是以主就客,一种是以客就主,另一种便是主客互相迁就,都有改变,都有进步,而达到更高的境界。

有问题的个人,便是这里所谓主。他的问题,可能是应该由他自己负的;也就是说,环境(物境和社区其它因素)那个客,并无缺陷,而实合理。如要消灭问题,只有单靠他自己的努力去改善自己的作风了。但是他这问题的责任,也可能须由环境担负,因为他所见到的,所作到的,也许恰是环境还未演变到的,而在社会进步的较高标准下,环境却正是那应该加以改进的。最大的一种可能,则为问题之所以发生,不仅在个人,也不仅在环境。因之,其解决便须双方同负其责,共谋改进。

所以,对付个人问题的社会工作,一面要使人照着那未尝不合理的环境所订的标准,作下去,活下去;一面也要使人照着连已然不合理的环境所也需要作为改造依据的最高标准,作下去,活下去。这两方面,我们如果进一步去观察,便会发见,它们在终极的分析上,实在不会有何差别,因为前一环境之合理与否,也是按照最高标准来判定的，于是，个案工作者，虽然好像不关心社会之改造，其实在他接受社会标准以为帮同个人解决问题的依据时，他非先对这标准，加以评价不可；因为，标准如果错了，则依据标准所作的努力，当然全属浪费，甚至发生反动的结果。所幸，环境尽管有着许多应该修正的地方，而在人类目智慧所觉察得到的限度内，已有若干良好标准，个案工作者不必去从头研讨，便足够他剖白、提醒，以为有问题的个人，去恢复其奋斗能力的依据了。

比如"言而有信"便是这类的标准；任何社区生活，都要鼓励这个标准的达成。一个小孩如果习于说谎，固然可说社会应负其咎，——因为大人们若不作说谎的榜样，或者，环境不必迫使小孩非说谎则不足以得到他所要求的，或躲开他所畏惧的，（注二）则小孩又何必说谎呢？——不过，小孩既然已经在那里说谎，如果要等到用了其它方法消灭了环境里所已有的说谎恶俗之后，再来解决这小孩的问题，无论那种方法不见得立即有效，即使有效，这小孩已经因为他的问题未得解决，而将说谎的习惯已带到刚才修正的环境里去，而变为后者之一部了。于是这"恶果圈"并不能就此打破。所以，固然要努力使环境里不再有说谎的必要，同时也要在这已然惯于说谎的小孩身上下工夫，使他能够凭借自己的努力，了解实况，无庸畏惧，而露出真诚来。

人是社会的动物，人的意志，便往往可以看出，乃是产自他的社会关系之中的。而且这种关系，又常是与他所最接近的人建立起来的。所以，个案工作者，固然要启发受助者之意志作用，更要发现并协助这种影响意志的社会关系，和关系中的其他人物。个人问题发生以后，个案工作者除了要那人认识自己的处境，以发挥自己的潜能而外，更需利用所有能够连络得到的他的社会关系者，来帮助解决他那特定的问题。因此之故，个案工作者并拿不出什么摸得着、看得见的贡献。他正和出科医师一样，不动手术，也不勉强，全不在个人身上作成什么外表的变化，而只按照科学的道理，知道哪种原素是这特定问题之解决所必需的，而加以利用。内科医师，诊断了病，配好了药，病人用了，病人便靠自己所原有的生命力，再加上药的助力，而将病治好。医师并不曾直接治了那病。就连外科之动手术，也是为了便于病者内在的力量之发挥。同一道理，个案工作者要看出个人那特定问题的原因，然后将各种能够对付这原因的分子乃至机关，全都拉来，配到问题上去，以助成那人的了解与努力。问题便会得到解决了。个案工作者如此，其他社会工作者又何尝不以"善用助力"为其首要才能呢？

社会工作当中，有许多性质非常简单，虽以个人为对象，只是备咨询的。例如，法律扶助、旅行指导、营养、生育、儿童教养等方面的特定知识之立即传授，（注三）便是"师傅领上门，修行在个人"的引发工作。传授时的局势，也许含了相当的社会制裁的成分，以致接受者大有非那样作去可之势，但是最终的决定，还是在于接受者自己，而显露个人的意志作用。

至于个案工作的联锁性质，更有许多的具体表现。例如对于儿童，（注四）个案工作者不是学校里的教师，不是家庭里的父母，也不是邻里的玩伴。教师、父母、玩伴，各有其不同的作用。但是他们的作用，都只是部分的。在哪一部分的生活上，便发生哪一方面的作用。如果某种作用应发生而未发生，儿童固然会成为问题儿童；如果各部分所发生的作用，全是不相连属的，乃至互相冲突的，则儿童必会感到迷离，不知何所适从，因而也造成问题了。所以，儿童有了问题，个案工作者便应前来帮忙，看是哪一部今未曾发生其应有的作用，或者哪一部分所发生的作用与其它部分的脱了节，而加以必要的调适。这是社会工作中所谓拜访教师的工作。（注五）

拜访教师，虽然有时属于学校（也可以属于政府的主管科局，或社会机关），却不教书，而职在发现个别儿童的问题：也许学校的功课为他太深了，也许太浅了，也许他在学校所吸收的行为标准，乃是他家里所不能了解或且反对，以致使他在双重行为标准下，产生了矛盾心理的，也许他那问题，乃是由于营养或其它医药问题而起的。那么，拜访教师便应使出个案工作的联络技术，为这儿童向学校建议调换班次，向家庭解释学校，向学校解释家庭，或者向心理卫生专家、营养专家，或医师护士征求协助。假若儿童之不能上学或已上学而不能专心，乃是由于贫困的家庭经济或不良的家庭关系（如父母反目），则拜访教师更要运为家庭福利机关（注六）来帮助解决这家的经济或关系问题了。

一个人所应采取的行为标准，如不一致，往往会使他产生反社会的甚或犯罪的结果。个案工作者，于是也要同警局或法庭取得密切联系。一个人犯了罪，个案工作者的解释，并不采用"罪犯型"的说法，而认为有其社会的原因。（注七）所以在法律案件上，个案工作者极有可以致力的地方；例如担任缓刑或者假释的工作。（注八）他可以运用社会关系来辅导缓刑者，并且考察缓刑者在未入狱或判决之前，有否进步。若果进步的程度可以保证他以后不会再犯，那么何必一定要因他起来，或非处以刑罚不可呢？又如果他虽已入狱，而表现得很好，又何必一定要满了刑期再予释放,而不在继续而严密的考察辅导之下,予以假释呢?这种缓刑和假释的工作,已然在外国的若干少年法庭(注九)里面,有效地由些受过个案工作训练的人员施行着。

关于行为上的调适,现代个案工作深深受了心理学的影响;并且,在控制受助者的过程中,也已经常应用心理学的知识。(注一〇)但是,遇到行为问题严重得成了精神病的时候,他仍须将这病案转给专家。机体的神经病固然非专科医师不可,功能的精神病也要找心理治疗家,才易痊愈。不过那些专家还需要个案工作者为他们搜集并整理病人的社会资料。以为诊治的依据。于是有了所谓精神病人社会工作(旧称精神病社会工作)。原来精神病学把人当作三种因素的共同产物:一种是生理的,一种是心理的,一种是情况或境地的。这三种因素,只要有一种安排不当,精神便会生出毛病。精神病人社会工作者,一面为其他专家供给足以证明身心所以起了如此变化的社会资料,一面也尽其绵薄,看有什么法子可以改善情况。(注一一)

岂但精神病人需要个案工作者这样的协助呢?其他的病人也是如此,因为病之所以成病,往往有其社会的原因。在这种原因当中,愚和穷可以说是最普通的了。穷固然无力卫生,愚则更不知如何卫生。而且,愚穷总是并存、互为因果的。于是医院里有了医药社会工作。(注一二)它的使命在于帮助既病的人如何能够得到医治的机会,能够虽病而仍有以为生,也能够在此次一病之后,实行预防,不致再病。所以医药社会工作者要用物资和知识,来帮助病人和因他生病而感到困厄的家属。

比较而言,精神病人社会工作与医药社会工作,虽然同是用的个案方法,而前者偏重心,后者偏重身。偏重身的社工,出现较早，范围较大。不过，出现更早，范围更大的，却是贫穷救济（注一三）因为贫穷对于身体的恶劣影响，极其显而易见。历史已然清楚地告诉我们，社会工作乃是源于贫穷救济的。（注一四）

贫穷很少是个人的事，其原因也很少是单一的。那种以贫穷为上天对于个人试炼或惩罚的看法，已成迷信。那种以为只要个人努力便必会富有起来的信念，也逐渐被人承认常是一种幻想。所以贫穷问题之解决，不再仅是个人的事。而变为需要各方面共同努力的社会改造的目标了。（注一五）然而即在整个的经济社会未曾改善之前，个案工作者仍然有其努力的必要，那便是如何利用社会慈善，如何利用国家责任，如何利用个人潜力，来发展个人的体质生存，以及关系生活。

慈善的施舍，有其宗教的情感的根据；国家的责任，有其公共秩序上的需要。但是如何以人为本位，以其所需为基础。来决定"院内"还是"院外"等方式的适当救济，以发展正当的关系生活，则有赖于个案工作了。

人到底不仅是生物，也不仅是动物，而乃是各有其不同的情况或境地的社会产物。他不能单靠两千或四千大卡热量的维持便算是人。就连所需热量之多少，也因各人的生活情况不同而有异。（注一六）所以个案工作者应该参照那人的社会关系为判定他的需要。

如此看来，"各取所需"，诚然是社工的理想；个案工作更注重那"各"字。至于"各尽所能"，尤为个案工作所应努力的，因而开展了职业指导与介绍的部门。（注一七）所谓职业，实在不应仅限于有关体质生存的行业；举凡对于人类有所贡献的经常而确定的活动，都应列为职业，以便增加各尽所能的机会。

职业指导与介绍的初步工作，通常包括外在的"职务分析"和内在的"性能分析"。（注一八）职务分析乃系对于社区需要的认识，——要知道社区里面的职业种类，每类职业所含的职务。每种职务所需的能力，以及如何培植此种职务能力等等。同时，工作者也要就求职者之人格加以分析，看他们的性能，而将社区所需的职务，介绍给合适的人。当然也可从个人观点，去帮助一个有如此这般的性能的人，找到合适的职务。

个案工作既然注重了人的成分，不想把人当作机械，也不想阻遏人的兴趣，所以它得假设社区里面有够多的职务，谁都能够找到合于自己能力和兴趣的职务，不过有时需要它来帮助那不能自决的人去决定哪种职务最适合于他的性能罢了。假如社会经济制度太不合理，并不能供给足够的职务任人选择，则个案工作到了它的限度，因为如何创造足够的复异的工作机会，实是不能交由个案工作负其重责的。

综上所述，我们可以看出，社会工作并非限于社会病理的，而实为社会生理的。他不仅要救济，不仅要预防，而更要促发。换言之，社会工作已经不再代动，而要引发，以"助人自助"了。

我们更可以看出，社会工作注重了个人的人格，但不迷信它是天赋的，而以它实在是社会的产物。于是个人固然是个案工作的对象，形成人格的团体和社区，更需人去组织、去重建。若果社会工作只有个案工作的方式，则社会工作将为非常偏狭而不合社会整个需要的了。只有在个案工作、社团工作，和社区工作，齐头并进时，才能达成其发展"关系生活"，利用"体质生存"，充实"生命意义"的使命。

我们至少也应该看出，个案工作是可以靠一个人的力量去作的。个案工作并不需要若干物资作本钱。在社会关系的调适上，人人可以尽一份心，效一份力。个案工作真是一种进可以攻、退可以守的技术（注一九）：它至少可以使我们知道如何努力去解决自己的困难。进一步便会使我们知道如何帮助一下朋友的忙了。不必等到设立了多大的机关，不必等到筹得了多大的经费，我们就能实践人生那服务的目的了。而且，社会工作是种艺术。艺术的创造，决不是单为别人而创造的，创造者自己必然融化于艺术之中。所以就个案工作而论，它既是专业的艺术，也是业余的人生趣味。如果不打算把它当成专业，便利用它，在自己的生活里，多添点色彩，不也是非常有意义的吗？

注　释

（注一）人这种个体，除了他本身原来是种自然的产物而外，他更作两方面的适应：一方适应于社会，一方适应于自然。适应于社会，便产生文内所谓关系生活。对于自然的适应，大都为了体质的生存，另一部则为了关系生活之发展。人类求安全，便是要维持体质生存；求活动，便是要发展关系生活。

（注二）Dollard, J., Miller, N. E., Dobb, L. W., Mowrer, O. H., and Sears, R. R., *Frustration And Aggression*, Yale University Press, 1939. 这是非常有趣味的一本运用心理学的研究结果来讨论社会化和民主等重要思潮的集体创作。

（注三）参考第一章注六所列的业务。

（注四）儿童现在变为社会工作非常重要的对象了。中华慈幼协会和战时儿童保育会的实际工作当然很有表证的作用。社会部儿童福利研究委员会和其主管司科以及美国援华救济委员会（尤其其中的儿童福利委员会），有着相当的推动作用。成都五大学儿童福利人员训练委员会也在精极地去充实儿童福利的干部教育。它们虽然历史都还太短，尚待继续努力，却已有了许多多方面的工作经验了。本文此处所举，乃儿童工作之一种方式而已。

（注五）Oppenheimer, J. J., *The Visiting Teacher Movement: With Special Reference to Administrative Relationship*, Joint Committee on Methods of Preventing Pelinquency, 1925; Ellis, M. B., *The Visiting Teacher in Rochester*, Joint Committee on Methods of Preventing Pelinquency, 1925; Culbert, J. B., *The Visiting Teacher at Work*, Commonwealth Fund, 1929; Educational Policies Commission, *Social Services and the Schools*, Educatior Policies Commission National Education Association of the United States and the American Association of Scool Adminstration, 1939.

（注六）Family Welfare Association of America, *Personal Philosophy and Practice in Family Case Work*, 1934; Breckinridge, S. P., *Family Welfare Work in a Metropolitan Community*, The University of Chicago Press, 1924.

（注七）意人 Cesare Lombroso（1835—1909）主张天生罪犯之隔世遗传性，著有 *L'uomo delinquente*, Bocca, 1876。Charles A. Ellwood 早在其一九一〇年出版之 *Sociology and Modern Social Problems* 中即以此种以犯罪人为人类学上的特种为无根据。

（注八）见 Ford, J., *Social Problems and Social Policy* 所录 Burleigh 之讨论。Breckinridge, S. P., *Social Work and The Court*, The University of Chicago Press, 1934.

（注九）一八九〇澳洲即已有儿童法庭，美国的始于一八九九。见 Ford 前书所录 Lenroot 文。

（注一〇）Robinson, V., *A Changing Psychology in Social Case Work*, University of North Carolina Press, 1936.

（注一一）Sullivan, H. S., "Psychiatry", *The Encyclopedia of the Social Sciences*; Larkin, K. O., "Psychiatris Social Work", *Social Work Year Book*, 1929.

（注一二）亦名医院社会工作，实即病人社会工作。Cannon, I. M., R. N., *Social Work in Hospitals*, 1913; Rev. ed., 1923.

（注一三）英国自一六〇一年开始颁布 Poor Laws。我国关于贫穷救济的完整大法则是三十二年九月二十九日才由国府公布的《社会救济法》。不过，在我们这饥荒的国度，(Mallory, W. H., "China: Land of Famine", *American Geological Society*, N. Y., 1926) 早在《周礼》上便载有大司徒"以荒政十有二聚万民，以保息六养万民"了。荒政为散财、薄征、缓刑、弛力、舍禁、去几、告礼、杀哀、审乐、多昏、索鬼神、除盗贼。保息为慈幼、养老、振穷、恤贫、宽疾、安富。

（注一四）个案工作便源于慈善协会运动，参见 Warson, F. D., *The Charity Organization Movement in the United States: A Study in American* Macmillan, 1922。

（注一五）失业是贫穷的一个重要原因。苏联以社会主义的计划经济而宣告失业现象已不复存在。其他民主国家近年则尽量想法发挥社会保险的效能。英国有一九四二年的 Sir William Beveridge 计划；美国有 National Resources Planning Board 计划；和归纳了该局各种一般建议的 Wagner-Murry 法案；加拿大有 L. G. Marsh 建议；纽西兰且已于一九三八开始施行了"社会安全法"。都在走上"救助"与"保险"合流的路。见 *International Labor Review*, (ILR), Nov., 1943。著者摘译为《现代安全计划之特质》载《社会建设》第二期，三十四年一月。

（注一六）每人需要热量按年龄、劳力、气温而定。一般成年男女，每天基本需要 2400 大卡（使水一公升升高摄氏表一度的热量叫作一大卡）。除基本需要外，工作轻的每小时另须增加 75 大卡，重的每小时依工作情形增加自 75 至 300 大卡。小孩自一岁到二岁的 840 大卡递增到十二岁的 2400 大卡。见任邦哲、林国镐、谷韫玉著《改良民众营养概说》；谷韫玉、杨芒莆著《吃的问题》。均行政院营养改进运动刊物，三十年。

（注一七）一九一一年便有了一本职业指导的书 Bloomfield, M., *The Vocational Guidance of Youth*, Houghton Mifflin Co.。

（注一八）关于性能测验，参考 Hull, C. L., *Aptitude Testing*, World Book Co., 1928。

（注一九）关于个案工作的技术性，参考 Mary E. Richmond 各书，如 *Social Diagnosis*, 1917；*What Is Social Case Work*, 1922；"The Long View"；*Papers and Addresses*, 1930，均 Russell Sage Foundation 出版。关于访谈，参考 Young, P. V., *Interviewing in Social Work*, McGraw-Hill, 1935；Family Welfare Association of America, *Interviews, Interviewers, and Interviewing in Social Work*, N. Y., 1931；关于记录参考 Bristol, M. C., *Hand Book on Social Case Recording*, The University of Chicago Press, 1938；Hamilton, G., *Social Case Recording*, Columbia University Preso, 1938；Sheffield, A. E., *The Social Case History*, Russell Sage Fdn., 1920。

第四章 社工与团体

人们结合，成为团体，其作用是两面的：一面为了人格之培育，一面为了社区力量之发挥。传统的社会集团工作，偏重了前一方面，虽不以某一特定个人为对象，而以个人所活动于其中的团体为对象，其本质还是与社会个案工作相同，乃在人格之社会化及其发扬光大。因之，社团工作和个案工作一样，是非常注重心理学的启示的。（注一）

同时，由于时代的要求，尤其由于建国的需要，社团工作又不得不增添一种新的趋势。那便是，除了其历史所已显示的培育人格的使命以外，它更须发挥其经济的和政治的使命，务使社团成员为了社区之发展，能在共同努力之锻炼和实行当中，发生经济上的集体作用，也发挥政治上的民主作风。

我们如果以图表示社团工作的分野，则可作下面三图，以资比较。图（一）表示个案工作：小圆代表那个人。向心的箭头表示那些他所应接受的社会标准和力量，以培育其人格。离心的箭头表示个人对于

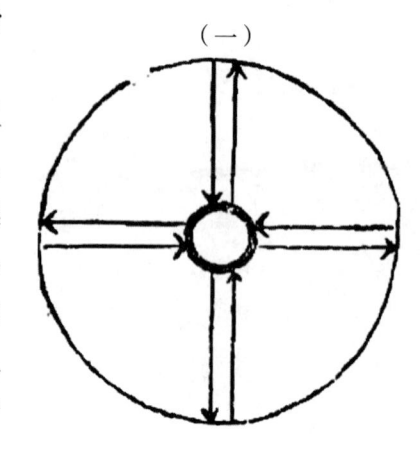

第四章　社工与团体

环境（那个大圆，包括若干团体和整个社区）所作的诸种适应。社团工作则如图（二）。中形的圆代表那个团体。团体根据其中成员都能承认的社会标准，采取各种活动方式，包围成员（以小圆代表，图上只画了一个，以资醒目而看出个人在社团工作中的重要地位），使之社会化；同时，团体将成员组为单一的整体，而发生合力，贡献给社区（大圆），来谋社区建设之成功。在团体影响个人时，个人既是团体一分子，则个人对于团体（即其他的个人）自有相应的反响。同时，团体与社区（即其他的多个团体）也是互动的。所以图上的箭头全是往复的。至于社区组织工作，可以图（三）表示。和前两图一样，大圆代表社区，中圆代表团体，小圆代表个人。个人是团体成员，当然也是社区成员，同时也可能是若干不同团体里的成员。图（三）不同之处，乃在图（一）注重个人，图（二）注重团体，本图则从社区去看，——虽然没有表出社区应有的核心。每一图上所注重的，全以粗线条表示。社区组织工作所最关心的，在于就整个社区的

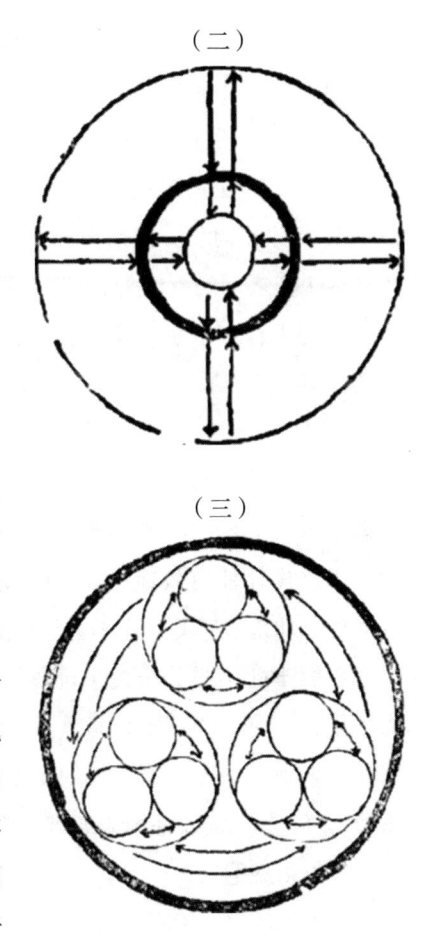

需要，来安排团体，使之分工合作，产生合力，务使其作用不互相抵消（见第五章）。

参照三图的比较，我们可以看出，十九世纪所偏重的个人主义，和二十世纪所发扬的集体主义，能够凭借社团工作之努力，达成其应有的调和。就社会工作而论，社团工作便成为个案工作与社区工作之间的枢纽了。

社团工作，也和个案工作一样，有其发展的历史根据。它乃是为了满足当时的需要，先行而后知，先作而后再加以理论化，以致更为进步、更有效率的。原来，社团工作的根源，一面在于人类对于集合玩耍之需要，一面在于人类对于相互了解之要求。这都是人类心理之自然表现。所以说，社团工作，虽然因为要努力追求怎样才能有效地达成这两种需要，而注重指导和扶持，其最初动机却是情感的，还不曾是经济的或政治的。

我们于此不必分析关于玩耍的诸般解释，——不管玩耍是行为之模仿，是人类历史之重演，是人类竞争性之表现，还是过剩精力之发泄；总不会有人反对玩耍有其人格培育上的重大作用和价值。（注二）所以外国人要求玩耍时的"体育道德"，中国也曾说过"射以观德"。

玩耍既有重大作用，而幼年期又是人格发展上非常重要的阶段，所以社会工作者根据这一阶段最大的可塑性，而利用玩耍，以为发展人格的主要手段。教育学者早已证明，对于儿童，如仅限于知识的传授，是不够的。唱游已在幼稚教育当中占了大部时间。社会工作既以调适生活关系为主旨，儿童集团之指导与扶持，就变为社团工作之最早的一种形式了。按年龄的发育，分成婴儿、幼儿、少年等等团会；（注三）按性别，也有分为少男和少女的，例如童子军和女童军的分设。（注四）它们所有的活动，大部都是为了满足儿童的玩耍欲望。也有一些根据别种趣益而组成的，尤其在年龄较长的人群当中，如同宗教性的青年会，（注五）政治性的青年团，（注六）生活改进性的妇女会、母亲会等。它们之与里弄儿童的玩耍集团和成人们的交谊会、俱乐部等自发团体之不同，就在他们的活动另有指导和扶持的人或机关。不过这种指导和扶持的注重点，仍在成员自身利害和发展。

由于年龄之增长，生活之历练，在无所谓的玩耍以外的趣益，逐渐增加了严重性。许多社团，要求对于人生更清楚的认识，因而增了生活各方面的讨论和学习的节目。甚至一个成员一致的团体（知识程度相同、经济地位相同，或其他社会背景相同），钻进一个不同的社区（往往较本团之地位为低的）里面去，下集体体验、集体协助的工夫，想扩大团体生活的范围，进而发现深一层的人生意义。如公社是。（注七）

公社的发展，乃是根据于扩大团体生活、"亲民和象"的信念。伦敦陶恩比公社（Toynbee Hall）是中产以上的大学生到贫苦区域去生活，以与大众建立相互了解的关系而设的。支加哥的赫尔公社（Hall House）也是知识分子受了英国陶恩比和俄国托尔斯泰的实行和哲理的影响，而在迁民社区里面建立的。（注八）英美这种公社的成立，日见其多，也深深地影响了中国大学实验区和知识分子下乡，努力乡村建设的运动。（注九）

自玩耍、游艺、歌咏、音乐、文艺、戏剧、烹调、缝纫、手工，以至人生、经济、政治等问题的讨论，（注一〇）都是社团工作用以发挥共同趣益，培育人格的手段，全以社会学上所说的"同类意义"（注一一）为根据。晚近的功能社会学和全相心理学，

（注一二）也作了这种社团工作的理论参考。至于公社则更根据社会学上所确认的又一原则，非扩大"行动范围"，（注一三）则不足以充实人生，乃打算在同类之外，钻到不同的社区型或文化模式中去锻炼，——当然也希望对于那社区，予以可能的影响和改进。公社里面所办的辩论会、研讨会，以及音乐、戏剧、体育、法律扶助、生活改进等等集会和活动，便是文化交流下的人格培育的良好手段。所以，公社运动，一面表现了社团工作的精神，一面又是社区组织的一种方法。

社团工作的基本精神，在于民主，因为它所形成的社团，不以血缘为基础，也无阶级性，而完全以共同趣益为根据。为了发展共同趣益，社团工作便不能不采取民主方式。原来社团工作非常注重人格上的缺点矫治和优点发扬。这种矫治和发扬，在社团工作的方法上，只利用社会制裁，才会有效。人类既有要求活动或自由的基本愿欲，社团工作者便要使社团能够供给每一成员自我表现的机会，使他感觉自己有所成就，得到团体的赞许，而继续积极地努力，——消极地也不敢不遵照团体的行为标准（亦即社区标准之缩影），以维持大家对自己的好感。照中国原有的说法，这种赞许或拥护，可以由于"德"，可以由于"言"，也可以由于"功"。立德、立言、或立功，都可以成为一种领袖，而达到自我表现的最高境界。社团工作便是非常注重这种领袖作用的。（注一四）不过这里所谓领袖，并不是那全团只有一个的领导者。那领导者不过是许多领袖之一种。团体之内，有许多活动，不但包括德、言、功等方面，每一方面又有许多表现的可能。人人都能在此团体之中，尽力于一种的表现。这便是分工。又因为一个团体有一个共同的趣益，那便又会一致而合作。惟在分工合作的习惯下,才能发生真正的民主。在分工合作的组织下,没有暴君式的领袖,也没有奴隶式的从者,因为由不同的观点看去,人人都在领,人人都在从。社团工作的基本精神,便在于此。

民主既然是大时代的要求,社团工作便有了非常重要的使命。团体成员在"初级接触"之中,满足了自己的直接趣益,同时,他们更培养了民主作用,以为现在和将来从事和平社会之建造的基础。

于是社团工作有了政治的意义。

国家的建设,需要人民的合力。于是人民应该组织。而组织之具体表现便是各种人民团体了。我国以人民团体之组织训练,作为社会工作之重要部分,而要人人参加到相当的人民团体里去。这是异常合理的,因为人民的社会关系和物质福利,如要发展,则非有间架,非有体系,是不会发生广被的作用的。

为了指导和扶助的便利,社会行政把人民团体分为"职业团体"和"社会团体"。(注一五)职业团体包括农会、渔会、工会(产业、职业、特种,三类工会)。商会以及教育会,医师、中医、律师、会计师、工程师、新闻记者、牙医、助产士、药师等自由职业团体。它们是以维持和发展人民的生活和福利为目的的。

社会团体是为了实现某种共同目的,以志趣关系,不受职业限制而结合的,如文化、宗教、公益、慈善、体育、卫生等团体。它们的目的实在也是为了人民的生活和福利,不过不如职业团体之显然有着高度的经济性罢了。

在此战时,大多数人民团体(注一六)还没有怎样为其成员本身发展生活和福利,因为它们当前的主要任务,是政治的和经济的。《非常时期人民团体组织纲领》规定它们"以抗战建国为其

目的"，应该"尽其战时的义务，对于政府所定之动员办法，国防及生产计划等，努力促其实现"。（注一七）

在如此的时代要求之下，传统的社团工作，当然不够。然而以训练民主为基本精神的社团工作，仍有许多宝贵经验可以贡献给人民团体的组织训练。因为到今天，人民团体里面所应努力的四权训练和专业训练，离它达成民主宪政和地方自治的程度，还远得很，而有待充实呢。（注一八）

同时，人民团体之组训，应该能使社会工作扩大其视野和范围。在目前，人民组训与人格培育的两种社团工作方式，虽然因为前者源于革命抗建的历史要求，后者源于澎湃于世的民主思潮，而尚有相当的距离，但是，我国现代所需的社团工作，已很明显，不应是单纯英美式的人格培育的工作，也不应与极权各国一样完全的以人民团体为工具，而必须是兼有发展社会化人格，锻炼民权运用，和谋求民生福利三重任务的。

注 释

（注一）Coyle, G. L., *Studies in Group Behavior*, Harper and Brothers, 1937.

（注二）Groves, E. R., Ch. XXV: "The Social Significance of Play", *An Introduction to Sociology: For Social Worker and General Readers*, Longmans, Green and Co., 1929.

（注三）据 *Social Work Year Book*，一七〇八年在 Basel 地方曾为未婚少年成立一会。次年即在 Bremen 成立第一个 Jünglingsverein。

（注四）一九〇七年 General Boden Powell 于 Boer 战后创办童子军于英格兰。我国童子军自一九一二年至二六年为民间组织，其后加上政治色彩。一九三四年中国童子军总会成立。一九四一年统计全国童子军 4967 团（其中女童军 433 团，幼童军 58 团），童子军 507,839 人（其中女 100,688，幼 10,091）。另有海外童子军 132

团，童子军 13,756 人。

（注五）一八四四年 Sir George Williams (1821—1905) 创办青年会于伦敦。女青年会则系后由 Miss Roberts 及 Lady Kinnard 同时创始于英兰两处而于一八八七年合并者。

（注六）三民主义青年团成立于一九三八年，团员多为十八岁至三十五岁之男女青年。

（注七）Woods, R. A. & Kennedy, A. J., *The Settlement Horizon*, Russell Sage Fdn., 1922. 二人曾在一九一一合著 *Handbook of Settlements*。

（注八）Wise, W. E., *Jane Addams of Hull House*, Harcourt, Brace and Co., 1935.

（注九）如沪江大学之浦东公社、燕京大学之清河试验区、齐鲁大学在龙山、金陵大学在乌江，乃至定县、邹平等乡村建设实验中心。

（注一〇）Le Bon, G., *The Crowd: A Study of the Popular Mincl*, Ernest Benn, 1922,（原文为 *La Psychologie des Foules*, Paris, 1895, 29th ed. 1921。）谓我们的世纪为讨论的世纪。

（注一一）F. H. Giddings 所谓 Like-mindedness 和 Consciousness of Kind，见所著 *Principles of Sociology*, 1893; *Elements of Sociology*, 1898。

（注一二）Kallen, "Functionalism", *The Encyclopedia of the Social Sciences*; Köhler, W., *Gestalt Psychology*, Liveright, 1929.

（注一三）Robert E. Park 注重 Sphere of Action，见其系统讲演"集合行为"，著者记并译，载《派克学说论文集》[①]，一九三四年燕大社会学会出版。

（注一四）Busch, H. M., *Leadership in Group Work*, Association Press, 1934.

（注一五）社会部组织训练司编印，《人民团体组训手册》，三十一年。

（注一六）三十一年三月社会部公布《全国人民团体总登记办法》，至三十二年底履行登记者 22,321 个团体，其中社会部准予备案者 17,250 个；总登记开始后成立而经准备案者 2621 个。所以截至三十二年底，共计完成法定手续的人民团体 19,871 个，会员

---

① 原文如此，应为《派克社会学论文集》。——编者

4,239,439人，团体会员52,139个（即职业团体17,343个，会员3,033,918人，团体会员47,572个；社会团体2528个，会员1,205,521人，团体会员4567个）。此项数字仅限十九省市及社会部直辖团体，未计苏冀鲁晋辽吉黑热察新蒙藏京沪平津青岛等十七省市地方。见社会部统计处编制三十二年十二月底《全国人民团体统计》。

（注一七）此项纲领二十九年六月一日国府公布，见社会部编印《社会法规汇篇》第一辑，三十一年九月。

（注一八）二十八年九月二十九日国府公布《新县制组织纲要》以后，县各级民意机关（甲户长及居民会议、保民大会、乡镇民代表会，乃至县参议会）所要运用的民权，随省参议会之后展开了。固然可以"边作边学"，但是如果各种团体，都有社团工作的协助，则民权之基本训练，自会有更大的效果。

第五章 社区组织

社区组织，原是美国社会工作的一种方式。（注一）我们却可以靠着社区社会学之发展，使这种方式，有了更为深切的意义，而成为建国大业中的一个重要概念。

这概念我们如何去分析呢？我们必须先问什么是社区，什么是社区之组织，才能进而明了如何去组织社区，或说如何去改组社区。

何谓社区？社区是社会之有地域性者。（注二）社会是人之组合，社区当然也是人之组合。不过因为有地域范围，社区里面所有的人之活动，容易经常化，而构成制度。于是社区是人之组织，也是制度之组织。社会学家派克与步济时说"社区是社会势力之星座"，又说"社区是制度之星座"。（注三）我们根据实地研究，则以为社区不仅是星座，而像蛛网。蛛网是有核心的，社区便有核心。有所谓人之核心，即社区中积极的份子或先知先觉。也有所谓制度之核心，即社区中满足主要需要的经常集体活动。此种活跃成员与主要活动，常在社区之地理核心上，配合到一起。

社区之区域，普通是较小的，例如村落社区、乡村社区、都市社区。通常想不到把社区一词，用于一个较大的区域。实则全国何尝不可以是社区？若干国乃至全世界又何尝不可以是个社区？（注四）小区可以是单核心的社区，大区域可以是复核心的社区，其中便有了主核心和一个以上的副核心。所以，社区是个活的概念。社区不但有其地理距离的问题，也有"社区化"的程度问题。世界大同之基础，在于社区习惯之能日趋扩大。

社区化之过程，是社会学里面一个主题，因而许多社会学者都研究到它，（注五）不过大家意见并不完全一样。有的注重其心理关系，例如马其维，（注六）有的则注重其区位关系，例如支加哥派。（注七）支加哥派受德国社会学影响很大。

至于德国还有人发扬社区研究，例如克里斯陶勒在德国南部发现了社区之扩大公式。他发现社区是六角形的。（注八）一个小社区（例如一个村）既是六角形的，则与之接连的小社区必是六个。将这六个小社区之核心，用线连起，恰成一个较大的六角形。于是那中心社区的小村，便可扩大为这较大六角形的社区之核心，而为集镇了；整个较大社区便是这集镇所影响的"县"了。这一较大社区，同其它六个与之接连的较大社区，又构成一个更大的六角形社区，其核心便由原来的集镇扩大为都市，而此更大的社区，成为那个都市所影响的大"省"。在理论上，这六角形的扩大变化，可以大到全国，可以大到全世界。克里斯陶勒却仅在南德证实了他的公式。在中国，这公式是否可靠，需要我们从"腰店子"，小村、大村、集场、县城、大都市之区位分析上努力。此种分析，当然要靠实地研究。法国勒蒲累（一八〇六——一八八二）早在十九世纪中叶作工人家庭经济之研究时，已经发现了"地境→工作→人民"这个公式。（注九）我们虽然不能采取地理决定的观点，我们却应研究区位的因素。（注一〇）

提到核心，便易想到中心，想到中心，便易想到圆。但是如果把社区抽象化，当成圆形，即使在平原上，也是不妥的，因为从许多互相接连的社区看来，如果全是圆，则圆与圆之间，岂不有了许多空隙,变为没有核心来影响的"无人地"了吗?实地研究,证明社区不是圆的,而是多角形的。

多角形的发现,不自二十世纪四十年代的克里斯陶勒始。美国乡村社区分析的前辈盖尔频早已在上次欧战时应用贸易、学校、教堂等等所影响的区域来划定社区,找出社区之多角性了。(注一)可是他未能把这多角形公式化或规律化。我们中国的乡村调查,一般说来,至多到了盖尔频的程度。

美国西北大学社会学系代理主任贝雷教授(Bailey)根据他所搜集的许多都市高空照片,讲授社区组织时,认为大都市是三角形的,一角是住宅区,一角是商业区,一角是工业区。

在山地,社区大概是自下而上去发展的,容易以山脚为核心。著者前在贵州定番县(今惠水县)的苗夷汉杂居社区工作,发现汉人往往住在山脚大路,水夷退在山腰,苗胞挤在山项。此种社区,自以汉人所在的比较平坦的集场为核心,核心愈大,影响区域便愈高愈远。至于沿河社区,多为长形,如著者所曾考察的四川西北的黑水番区。(注一二)而沿河山城,则常是先在河边繁荣,再向上发展,核心亦随之向上迁移其所在。重庆便是如此。沿湖沿海之平原社区,大体为扇面形,例如派克等所描述的支加哥都市社区:支加哥在密西根湖之滨。他们找出它有五层半环。临湖为商业中心,绕着它的半环为转变中的工业地带,第三层为不能离开工厂太远的工人所麇集的贫民窟,第四层为出租公寓地带,最外层为富人住宅地带。再外则为一些卫星城市了。(注一三)

以上各种关于社区形式之描述,虽不一致,著者从前所曾下过的社区定义,仍然可以应用:"一个社区是在一个地方,人与人,以及制度与制度,所形成的一种联合;或说是(一)一群在一块地面上居住的人，（二）有着共同的经验背景，（三）几种满足基本需要的制度，和（四）一种地方团结的意识；（五）他们也能共同努力于地方问题之解决。"（注一四）

分析了社区之形式，再来看看社区之内容。前段论及社区是人之组织，是制度之组织。什么是组织呢？组织就是分工合作。（注一五）组织就是互为目的，互为手段。（注一六）如果我离了你，而我仍能生活，你便不是我生活上的必需，你便不是我的必要手段，你便不是我生活体系里面必要的一部分；反之，我之于你亦然。你我之间，如果没有如此的"手段的关系"（从另一角度看，便也是"目的的关系"），你我之间便谈不上组织。换言之，必须"人人为我我为人人"（此二语不可断作两截），而后才能分工合作，才能有人之组织。

从制度上看，也是如此。必须每个制度都是其它制度之目的，又是手段，才能成为制度之组织。否则，一个制度只是在其它制度之间，强占了一个地位而已。二者之间，既然没有必然的相互需要，则不是不合，便是矛盾。矛盾之极，不但谈不上组织，甚至会使社区解组。（注一七）并不是说，解组可以完全避免。革命便常是显然要把新制度放到旧制度中间去：或是代替旧制度，或是改变旧制度，结果成解组，乃至破坏，而以新制度为基本，来改造，来重组，来建设。

实际说来，人之组织与制度之组织，根据是一体之两面，因为人与人，如果仅是拉到一起，而无具体的共同活动，或无相互之间的作用，则仅是编制，仅是拼凑，而非有机的组织。大家一有共同活动，大家一有相互作用，只要经常下去，便成了制度。所以人之组织，得产生制度之组织。同时，说制度之组织里面没有人之存在，也是不通的。于是，人之组织，制度之组织，乃至社区之组织，显见只是一回事了。

组织既是分工合作，则工如何分，作如何合呢？我们必须分析人的工作是什么；工作当然要根据人的需要。那么，人的需要又是什么呢？托马斯说是新经验、安全、社会反应、社会承认。（注一八）凯勒则谓迫人联合的"社会化力量"是饥饿、恋爱、虚荣、畏惧，乃所以求自存、自续、自满、自卫。（注一九）别人还有许多说法。（注二○）著者则如第一章所论，认为人类基本需要，可以归纳为安全与活动。达成"自我"之安全与活动的工作，是有价值的；达成"大家"之安全与活动的工作，则为最有价值的。所谓分工合作，便是要把达成大家之安全与活动的工作，分别担任，而又共同努力。换言之，如果我的工作，能帮你安全、活动，而你的工作，能帮我安全、活动，则你我之间，便有了组织。你与我便可融会于分工合作的制度之中，而不致互相妨碍，甚或毁灭。

社区成员之基本需要，虽仅为安全与活动，达到此种目的的办法，却日见其多。不过，种种办法，总不出三大类：情感的、经济的、政治的。换言之，满足人类基本需要的制度，不外情感的、经济的、政治的。（注二一）所谓情感制度，包括满足夫妇亲子情感的家庭制度、满足对于超自然的情感的宗教制度、满足人类相互情感之沟通的教育制度以及娱乐制度。凡此种种，如果超出情感之外，则成为经济的或政治的制度了。经济制度，基于人类想要控制自然与物资的需要。政治制度，基于人类想要控制同类的需要。所谓控制，通常以为只是权力控制，实则，利用各种福利活动而发生控制的效果，其过程也是政治的。比如教育制度，若果使人发展其情感，而健全其人格，自属情感的制度。若果使人因为多知而增加控制他人的能力，则教育制度又可以叫作政治的制度了。社会工作之易于流为政治的工作，其原因即在于它常是致力于社会设计之类的控制的，虽然社会工作的控制，在根本本仍以软工夫为主。

社区成员之基本需要，除了安全与活动，还有什么呢？其满足此两大需要的制度，除了情感制度、经济制度、政治制度之外，还有什么呢？社区之组织，实在就是这三种制度之配合。制度充足而配合得当，便有组织；制度缺乏而配备不齐，便是组织不够；制度矛盾，无从配合，便成解组。

社会工作所谓社区组织，就是组织社区，也就是社区重组或社区改组。原有社区组织不够的，充实它；原有社区组织崩溃的，调整它。要重组，要改组，便含政治性了。

如何组织社区呢？我们先来探讨一下美国社会工作界所说的"社区组织"是什么意思？社区组织运动，源于前世纪的末期，为了贫民社区之改进（如公社运动）也是为了解决都市社区内社会机关间，工位之疏漏、重复，以及冲突的。譬如社区里面救助机关很多，会奔跑钻求的需助者，能够得到许多机关的帮助。帮助多了，则不但需助者因而会浪费起来。每个机关所浪费时间于重复调查、重复记录的时间精力，也就可惊。同时，每个机关，经费均属有限，既然无缘无故地厚待了会奔跑钻求的人，则对那些不会奔跑钻求的需助者，所能兼顾的力量，自然减少了。我国各大城市慈善会的救济，也犯这毛病，在他们分头办理冬令救济时，尤其如此。（注二三）美国解决这个问题的办法，是创立"社会服务交换所"，乃是全市救济机关联合组设的。合作机关将所作纪录扼要报告该所。新案开始之前，受理机关先以电话查询该所，如发现需助人曾被另一机关帮助，而那机关对于他现在的问题仍能帮助解决时，就劝他仍然回到那机关去。

我国因为还没有很多的救助机关，又因为向来不注意个案记录，所以不曾设立过这种交换所。

社会工作中，另一社区组织机构，是社区金库，或名联合募捐处。其目的在于保障贡献捐款的人，使他不太遭受烦扰，并使社区内捐款工作，不致重复，亦免疏漏。社会工作需要公私资助。公款固然有政府预算程序来控制，私款则属于自由乐捐。能作宣扬工作的社会机关，便能多得乐捐，否则，在此生活日趋复异的今日，徒有成绩，而宣扬乏术，便不被人知，因而难于得到社区之资助。于是，各种社工机关竞以专人负责宣扬。其术之精，几可颠倒黑白，致使毫无成绩者亦可显得效果辉煌。一般无暇或不能详细考查的乐捐者，受其蒙蔽而不自知；捐款遂致浪费。而且，宣扬既属频繁，乐捐者听取此种吁请之时间亦必增加。所耗时间过多，易起反感，至其极端，也许使他决然一文不捐，以免烦扰。再从积极方面观察，则社会设计之思想，已使社会工作者深知，任何社区之建设，必须把握中心工作，甚或分期实施，以使人力财力之集中使用。社区资源，遂须统筹办理，又不仅公款应该如此了。

根据上列各点需要，于是有联合募捐处的办法。年度开始之前，参加合作之机关各将所需捐款，分别报请该处党办，作一通盘预算。然后由该处专人向整个社区统办宣扬事宜。捐得款项，按照各合作机关之成绩、能力，及需要，比例配给它们。不仅各机关节省了单独宣扬捐募的气力，也不仅乐捐者被烦扰的次数减至最少；社区资源更可作一通盘计划，以求按期之进步了。

但是联合募捐，并非毫无困难。第一，乐捐者尚多偏好，仅喜资助其所特别爱好的工作、工作者，或工作对象，而不能看出，任何社会机关，只要有其社区需要，便应资助，因为社区进步是多元的。第二，许多已有成绩表现或已得社区信赖的机关，相信自己募捐更有把握，不愿弱小或新兴机关与之利益均沾。这实在也是因为还未明白社区生活之真谛。

狭义的社区组织，更进一步的方式，是社区协进会。其目的在于计划推动全社区里社会工作之实施。上述社会服务交换所和联合募捐处，都可附设于此种协进会。（注二三）

社区各种制度里面的机关，可有两种主动设立的力量，一种是社区本身的"自力"，一种是社区以上的"上力"。社区为了满足某种需要，而有某种制度，为了充实某种制度，而设某种机关，自最合理。但是人类的互倚性，逐渐地扩大其范围，社区里面往往有些机关是较大社区（如国家）所需要，而非本社区所单独或特别需要的；又或本社区虽有特别需要，社区份子却尚未明了其价值，因而无意设置。然而上力所促成的各种机关，多属各有其纵的系统的。它们来到社区之内，如何形成横的联锁而全面扣合，颇少预为安排的。所以上力所促成的机关，虽有（一）合于较大社区之需要，（二）专家之设计和指导，（三）设施之标准化等等便利，仍须提防（一）割裂社区，（二）阻遏自动，（三）忽略特殊情况等弊端因而需要创设社区协进会，以收"专家"与"自主"两利相互之效。（注二四）

除了以上这些富有机关行政意味的工作以外，为了社区分子之社会化，英美自十九世纪末叶产生了公社运动。后来的"社区中心"运动（注二五）——无论是学校附设的，还是单独办理的"中心"——也是同一作用。通常讨论狭义的社区组织工作时，往往论及公社。不过，它们的作法，乃以社团工作为主，已见之于第四章了。

以上并不是社区组织工作之全部可能。在他国，社区内充实制度之机关，已然不少，所以要交换消息，共通有无，要避免割裂，而我国的毛病，却是社区内没有够用的机关。这一点，孙总理看得最为清楚，所以他主张在开始地方自治的时候，必须"立机关"，——"设学校"也是立机关的一种。（注二六）他国是已经有了还要改善；我们则是缺乏的太多，无从改善起。他国正在努力避免重复和冲突，我们则更要加重疏漏之充实。这当然不是说，我们毫无重复，毫无冲突，只不过，这还不如疏漏之弊来得严重罢了。

所谓疏漏，表现在各种制度当中了。我们的精神生活，岂不极为灰色吗？这是因为情感的制度不够！我们物资的应用，岂不极为贫乏吗？这是因为经济制度不够——我们岂不是谁也帮不上谁，谁也控制不了谁吗？这是因为政治的制度不够！真正组织社区的工作，是要针对这许多疏漏去充实的。所有这些充实工作，从一个观点上说，都是有政治意义的，然而决不是一项命令或若干条文，所能办到的。必须先作研习，而后推广。例如近一二十年在地方建设工作上所提管教养卫的方案，便是如此。乡村建设运动，以至县政建设运动，实在都是适合中国时代需要的社区组织运动。

所以，我们组织社区的工作，要作到《诗经》所说"有物有则"，不仅是机关之联系，事业之配合，而更是机关之补充，制度之建立，以增加人民生活之所凭借。

狭义的社区组织，原为国外社会工作的一种方式。合乎我国要求的社会工作，则不只限于一个人、一个家庭失调之解决，而更要造成运动，"化民成俗"，大家都非常顺适地组织起来，学得能力，去补充机关，建立制度，为大家谋福利。于是社区之重组或改组，不仅是社会工作所应负责的。情感、经济、政治种种制度之改善与充实，都有赖于不同的专门学问和技术。但须注意，社会工作在这种种制度之改善与充实上，有其重大的贡献。它可以根据对于社区形态和内容的认识，拟订社会计划，以为社会关系调适的张本。

注　释

（注一）Hart, J. K., *Community Organization*, N. Y., 1920; Hayes, A. W., *Rural Community Organization*, The University of Chicago Press, 1921; McClenahan, B. A., *Organizing the Community: A Review of Practical Principles*, Century, 1925; Pettit, W. W., *Case Studies in Community Organization*, Century, 1928; Steiner, J. F., *The American Community in Action*, Henry Holt, 1928; Steiner, J. F., *Community Organization: A Study of Its Theory and Current Practice*, Century Rev. Ed., 1930; North, C. C., *The Community and Social Welfare*, McGraw-Hill, 1931.

（注二）Park, R., E. and Burgess, E. W., *Introduction to the Science of Sociology*, The University of Chicago Press, 1924, p. 103.

（注三）Park and Burgess 前书页 163；Smith, T. V. and White, L. D., *Chicago: An Experiment in Social Science Research*, The University of Chicago Press, 1929, p. 139。

（注四）Walter Lippman 在他的新书 *U. S. War Aims*, Little Brown and Company, 1944 中建议将世界划为三个大社区（great communities）: the Atlantic Community、the Russian Orbit、the Chinese Strategic System。他说大同世界将是大社区之联合。"The universal society would be the association of the great communities of mankind."

（注五）Zimmerman, C. C., *The Changing Community*, Harpers, 1938; Sims, N. L., *The Rural Community, Ancient and Modern*, Scribner's Sons, 1920; Sanderson, D., *The Rural Community: The Natural History of a Sociological Group*, Ginn and Co., 1932; Sanderson, D. and Polson, R. A., *Rural Community Organization*, John Wiley and Sons, 1939.

（注六）MacIver, R. M., *Community: A Sociological Study*, Macmillan, 1917;

MacIver, R. M., *The Elements of Social Science* 5th Ed., Methuen 1931; Lindeman, O. E., *The Community: An Introduction to the Study of Community Leadership and Organization*, Association Press, 1921; Hobhouse, L. T., Social Development Its Nature and Conditions, Holt, 1924. 是从心志观点去研究社区生长（第一章）社区基础及其发展的。

（注七）Park, R. E., Burgess, E. W. and McKenzie, R. C., *The City*, The University of Chicago Press, 1925; Burgess, E. W., *The Urban Community*, The University of Chicago Press, 1926; Smith, T. V. and White L. D., *Chicago: An Experiment in Social Science Research*, 1929; McKenzie, R. C., *The Metropolitan Community*, McGraw-Hill, 1933; Bews, J. W., *Human Ecology*, Oxford University Press, 1935; Alikan, M. A., *Social Ecology: A Critical Analgsis*, Columbia University Press, 1938.

（注八）Ullman, E., "A Theory of Location of Cities", *American Journal of Sociology*, May, 1941, 详尽介绍 Walter Christaller 的 Central place 之说。

（注九）Le Play, F., *Les Oeuvriers Euopéens*, 1855. 他原来的公式是 Lieu、Travail、Famille，变为 Place、Work、Folk，也可变为 Environment、Function、Organization。见 "Sociology", "Le Play", *Encyclopedia Britanica*, 14th Ed.。

（注一〇）关于社区之描写，有 Maine, Sir Henry J. S., *Village Communities in the East and West*, John Macrray, 1871; Seabohn, F., *The English Village Community: Examined in Its Relations to the Manorial and Tribal Systems and to the Common or Open Field*, Green and Co., 1883; Booth. Ch., *Labor and Life of the People in London*, 1891, 1892–1897, 1902; Baden-Powell, H., *The Indian* Village Community, Longmans, Green and Co., 1898; McGee, W. J., *The Seri Indians*, Government Printing Office, 1898; Woods, R., *The City Wilderness: A Settlement Study*, Houghton, Mifflin an Co., 1898; Woods, R., *Americans in Process: A Settlement Study*, Mass, 1902; Roberts, P., *Anthracite Coal Communities*, N. Y. and London, 1904; Jenks, A., *The Bontoc Igorot*, Manila, 1905; Rivers,

W. H. R., *The Todes*, London and N. Y., 1908; Williams, J. M., *An American Town: A Sociology Study*, N. Y., 1907; Wilson W. H., *Quaker Hill: A Sociology Study*, N. Y., 1907; Stow, J. A., *A Survey of London*, Oxford University Press, 1908; Kellogg, P. U., *The Pittsburgh Survey*, 1909–1914; Kenngott, G. F., *The Record of a City: A Social Survey of Lowell*, Mass., 1912; Geddes, P., *Cities in Evolution: An Introduction to the Town Planning Movement and to the Study of Cirics*, William and Norgate, 1915; Taylor, G. R., *Satellite Cities: A Study of Indusyrial Suburbs*, D. Appleton and Company, 1915; Harrison, S. M., *The Springfield Survey: A Study of Socical Conditions in an American City*, Sage Fdn., 1918–1920; Kobrin, L., *A Lithuanian Village*, Brentano's, 1920; Lewis, S., *Main Street*, Harcourt Brace and Howe, 1920; Gamble, S. D. and Burgess, J. S., *Peking, a Social Survey*, Oxford University Press, 1921; Malinowski, B., *The Sexual Life of Savages in Northwestern Melanesia*, Routledge and Kegan Paul, 1929; Lynd, R. and H. M., *Middletown: A Study in Contemporary American Culture*, Harcourt Brace and Howe, 1929; *Middletown in Transition: A Study in Cultural Conflicts* 1937; Redfield, R., *Tepaztlan: A Mexican Village*, The University of Chicago Press, 1930; Klein, P., "*A Social Survey of Pittsburgh: Community Problems and Social Services of Allegheny County*, Columbia University Press, 1938.

（注一一）Galpin, C. J., "The Social Anatomy of the Agricultural Community", Ch. Ⅳ: "Structure of Rural Society," *Rural Life*, Century, 1918.

（注一二）见拙作"黑水社区政治"，载三十二年十二月及三十三年二月《边政公论》。

（注一三）Park, Burgess and McKenzie, *The City*, Yale University Press, 1932, pp. 50–55.

（注一四）著者:《战时的乡村社区政治》，商务印书馆，三十三年十一月。

（注一五）Keller, A. G., *Man's Rough Road*, Yale University Press, 1932, pp. 14–15.

（注一六）Coleridge, "What is organization but the connection of parts in and for a whole, so that each part is , at once, end and means?" "Webster's International Dictionary".

（注一七）Elliott, M. A. and Merrill, F. E., *Social Disorganization*, Harpers and Brothers, 1941.

（注一八）Thomas, W. I. and Znaniecki, F., *The Polish Peasant in Europe and America*, Vol. Ⅲ, Alfred A. Knopf. 1921; Thomas, W. I., *The Unadjusted Girl*, Little, Brown, 1923.

（注一九）Sumner, W. G. and Keller, A. G., *The Science of Society*, 1927; 或其缩本 Keller, A. G., *Man's Rough Road*, 1932。本书除第一部一般地讨论适应外，分为四大部，即求生、宗教（由于畏惧）、延种，和满意。

（注二〇）如 Lindeman 以为人类有身体的、物质的、社交的、智力的、美学的、道德的六种需要，表现为健康、财富、好客、知识、美丽和正义。见 *The Community*, Association, 1921, pp. 77-79.

（注二一）E. W. Burgess 将社区分为三种组织：经济的、文化的、政治的，见其"Urban Areas", *Chicago: An Experiment in Social Science Research*, p. 125。

（注二二）社会部三十一年十月二十六日颁行冬令救济实施办法以后，各省县市一律按时设立冬令救济委员会。在发动社会力量的口号下，把那些慈善会网罗进来，组织一下。可惜冬令一过，他们便又恢复原来散漫状态了。

（注二三）Borst, H. W., "Community Chests and Councils", *Social Work Year Book*, 1929.

（注二四）Hawthorn, H. B., Ch. 21: "Methods and Systems of Community Organization", *The Sociology of Rural Life*, 1926.

（注二五）Ward, E. J., *The Social Center*, D. Appleton and Company., 1913; Bowmen, L. E., "Community Centers", *Social Work Year Book*, 1929.

（注二六）《地方自治开始实行法》主张试办六事：清户口、立机关、定地价、修道路、垦荒地、设学校。见《总理遗教辑要》，中央训练委员会三十年辑，第六篇第三章。

第六章　社会行政

社会行政之所以别于它种行政的特点有三：一为民力之发挥，二为自下而上之精神，三为组织与福利之合一。

社会服务和社会行政，乃是为了发展社会建设。总理提倡社会建设，就是为了"固结吾国之人心，纠合吾国之群力"。所以我们的社会工作实在含了深一层的意义。在他国，社会服务多半注重了救恤。美国的社会服务，大部在于济贫，以渊源于英国"慈善协会"的个案工作为主。（注一）英国的社会服务，虽然包含较广，有教育，有卫生，但主要的还是救助，以一六〇一年以来的《济贫律》和近年的社会保险为主。（注二）我国却把社会工作当成"固结"和"纠合"的手段。英美那种社会服务，和我们以前的慈善事业，均仅为我们想要发展的社会工作之一部。同时，为了发挥民力，便不能不更把民众之组训为社会工作之对象。

民力来自基层，不可强求，只能引发。引发便要靠组训，靠福利。先就福利事业而论，它一面固然是民力发挥的结果，一面更是引发民力的手段。

什么是福利事业呢？凡足以充实整个生活的集体活动，都可说是福利事业。经济、卫生、教育等等，只是注意生活之一面的活动，不叫福利事业。（注三）通常以为施舍钱财，是谋人福利，实不尽然。给了乞丐一些钱而对于那钱在他生活上所发生的影响，并不理会，便谈不到福利。他如拿这钱去吸鸦片，他实受害。为荣誉军人服务，如只治疗，显然只是卫生工作。若进而视个别的需要，助以技能训练，娱乐指导，知行扩张，以及其它所谓"文化"工作，使他们即使不再为国效命沙场，也成为社会中人格完善的分子，这就是福利事业了。一个机关如仅仅传授儿童一些文字或手艺，则它只算供给了某种教育；假若它用机关内外的各种力量，使他们成为人格健全的优秀青年，它便发展了福利。社会进步表现于生活各方面的改善。福利事业，就是有计划地应用这种种改进势力，使大家之人格能够完全发展的集体活动。

福利事业不必都由民众自办。但是它如果发生力量，那力量必是来自民众的。民众已经对之有了兴趣的事物或行为，即使是先知先觉所认为不好的，如果他们对它的兴趣并不转移，也必难于破坏或取缔。所以有的地方，仍肯为迷信浪费，而不愿为学校捐基金。同理，福利事业得不到民众赞助，就趋失败。县救济院往往有名无实，受到"救济院救济院长"之讥评，不能都归咎于经费太少，主要地还是由于它并未引起民众之兴趣和力量，来监督它，来协助它，来利用它。所以社会行政的根本精神，是应该自下而上的，才不致与民众脱节。

再就组训而论：民众还在过着宗法的、涣散的生活，必应根据世界潮流，时代需要，加以组训，才能进而共营公民的、集体的生活。于是民众组训，在我们革命建国的过程当中，变为首要的工作了。我们今日的社会行政，不单是由于救济服务之需要，而实渊源于民众组训。"民众组训"与"社会福利"之被我国同时放入社会行政之中，（注四）可以说是我国对于社会工作独到的贡献，深足以补救社会服务零星散碎之弊。

然而，目前各级社会行政机关还少把握着社会建设这伟大目标的。它们还未能将福利与组训打成一片。福利与组训如不合一，福利自然是支离的，是头痛医头，脚痛医脚的；组训便也自然是空洞的、呆板的，只能使被组训者觉得受组之后，更是别人的控制物。于是组训是被动的，福利也是被动的，与"固结人心，纠合群力"之目标，真是南辕而北辙了。所以我们曾说："组训民众之目的，是要民众自觉，合力来发展自己的福利。无组织的民众，不能接受福利事业，即使能接受于一时，也难维持于永久。自更无从创造新的福利事业。同时，不以福利为内容的组训，亦必落空，徒具形骸。各地组训工作，常有无益于大众生活的，正坐此病。"（注五）

根据以上的认识，试以一般行政学之范畴，提出社政学（注六）在机构、经费、人员、报告四方面的主要原则。

甲、机构　社政机构，不管是社会机关的，还是公共社政的，必须合于一般行政原则，尤须作如下的探讨：

一、金字塔　行政机构之基本原则，横则系统完整，纵则层次分明。新兴事业，局面亟待展开，每多东拉西扯，头重脚轻。社政新兴，若能把握其目的确在基层力量之培育，而不旁骛，则其系统自可完整，其层次亦将分明。因之，社政机构作金字塔形，既能显成整体，而又阶层确立；事权集中，影响遍及。上者求其单一，下者求其深入。在中央，机构力谋简化，且便外勤，——我们宁可增加眼到、口到、手到、脚到的辅导人员。其地方机构，则尽量普遍，而以服务为主体，应使治事者多于治人者。

国民政府成立之后，在各市政府设置了社会局或社会科。但是在广大的乡村县份，却只将社会行政附在民政科内。直到二十八年九月十九日分布了《县各级组织纲要》，其第八条才规定县政府可以设社会科，由省政府依县之等次和实际需要，拟定其应否设立及其职掌，报内政部备案。例如二十九年一月十三日公布的《四川省各县县政府组织规程》第十四条规定，社会科管理关于（1）人民团体之组织及登记，（2）感化救济育幼养老及济贫救灾等慈善，（3）劳工行政，（4）新生活运动国民精神总动员，（5）人民团体及民众组织之纠纷处理，（6）人民团体及民众组织之经费审核，（7）各种社会运动之宣传及推行，（8）其他有关社会福利等事项。

二十九年十一月社会部由党部改隶行政院，对于地方社政机构之普设，不遗余力，虽然碰到不少的困难，许多省份已设了社会处和县市社会科局。

二、三联制　三联制之于社政，更有其一般行政功用以外的特殊意义。原来设计、执行、与考核，非仅社政系统以内所必需，而因社政精神是自下而上的，其设计与考核，乃更有赖于社区份子之热烈参加。行政学者得自运用军队之教训，一关统辖，一关参谋。社政之中，与其注重统辖，勿宁谓其尤机注重参谋。因为，社区力量之参加，实为社政成功之主要条件。而设计与考核，均为社区表现力量的机会。至于社会工作之需要社区调查，亦以此故；不仅可作行政之参考，且更足以鼓励社区之同情与集体行动（参见第二章）。

三、分工法　行政机构之间，力求系统完整，以便分工合作。社会行政有其特殊的内容和技术。这内容和技术之范围，就是"福利事业之组织"。如果把握了这个范围，则社会行政虽然因为是新兴的，会从民政、教育、卫生等部门，提出其应有的职掌，而与其它行政之间，仍不会有横的重复。如要避免纵的重复，更须认清范围之大小不同。于是一个小社区能作的，不要县市作；一个县市能作的，不要省或中央作。假若他们所作不及标准，上级可以督促或鼓励（补助金就是一种鼓励工具），其效果应较代庖为深远。中央如果去组织各地所办的福利事业，使它们效果相成，使它们齐头并进，而且负责那些地方无力自办的福利事业，却必没有重复的问题了。例如，美国联邦政府之天奈西流域局（注七）所组织的，乡村电气化运动下的农民福利事业，只有在联邦政府把那流经数州的大河，开发了水电以后，才能组织起来。所以不但要分工，积极地还要有社会计划，以为联系。各种福利事业，进度常不相同。迟缓的如何迎头赶上，迅速的如何不受迟缓的拖累，是要有代表整个社区趣益，或整个国家趣益的公共社会行政，加以全面安排的。福利事业既然全以发展人格之社会化为标的，则必然只剩达到这标的的手段上的差异了。社会计划所注意的，就是如何在这些手段之间，发展其有机的作用，而减除其相互抵消的冲突（见第五章）。

　　在社会行政机构内部的分工，其理亦然。而分工标准，至为重要。现行社政机构之内的分工，首先作"方法"性的划分，一方组训，一方福利（如分司），再以"对象"来划分（如分科）；结果福利司有工人福利科，组训司也有工人组训科，便发生割裂社政对象的危险了。用一批社会行政人员专去组训民众，再用另一批社会行政人员专去讲求他们的福利，也太浪费。所以，我们以为组织与福利两种方法，必须合一，而应以"对象"为分工的主要标准。福利之主体，与组训之标的，实即同一民众。即组训，即福利，是社会行政之一体两面，不容拆散。所以公共社会行政如要分科设司，只能以受组训享福利的民众之类别（如儿童、妇女、工、农、商等）为划分之准绳。教育部分为高等教育、中等教育、国民教育等司，便是各就其对象而分的，法颇可取。

乙、经费　表面观之，社会工作，似偏消费，而其实效，则有助于国力之产生，至为深远。所以社工经费须在良好社政机构之下，与以积极运用的机会。（注八）

四、政府财力与社区资源　社会工作所费至巨，万难全由政府担负；所幸，社政机关创立虽新，服务社会，解囊相助，则早已成为传统的民风了。此种社区资源，至为宝贵。如何使其源远流长，发挥其最大效能，且不致因受监督而隐匿枯竭，均宜研讨；而补助金制之善为运用，亦为要图。补助金之发给，并非所以对于下级"买好""示惠"，而确有其扶掖促进，使之标准化的功效。三十二年九月二十九日国府公布的《社会救济法》，为了救济费用列有专章，关于救济经费的负担主体、预算、补助、募捐，不得移用，收支公布等项均有所规定，以便政府之引发，而利社区之自动。

五、事业费与行政费　社政既重引发和领导，公共社政的事业费便应偏重实验之奖助，与成效之推广，而其行政费则宜减到最低限度，因为我们必须以极少的人员，极简的设备，完成最多的事工。这不仅是行政学的基本原则，也是抗建时期，革命志士应有的义务。虽然如此，这并不是说社政人员应享受的待遇可以过于苛薄，因为一人真抵一人用时，社政便成了专业；社政既成专业，社政人员便理应享受专业的待遇了。犹如医药界和教育界一样，我们再不能希望以贱价得到受过高等训练的专业人员了。

六、预算与计划　社政所要应付的问题，解决需时，效难立显。以致浅见者流，误以为进度预算乃官样文章。实则，社政效率之获得，与一般行政相同，必须预先计划周详。一个特定时间（普通一年）的计划，用金钱数字表出，而由主权机关通过，即成预算。人、事、时、地、物之运用，均宜预为明确安排，按照收入，而比例分配。支出预算决不应迳以十二除之，以得每月之经费数字，即为满意；因为，真正的预算，必须配合工作的季节性，也必须注意物资之集中购买，以图节省。在此抗战时期，社会需要和物价增涨，变动均大，预算几乎需要定期的修改；但是预算与工作计划之密切配合，终不可略为疏忽，致损效率。

丙、人员　许多社会事业，有其悠久的历史，经办者又是不一定在本行上有什么专长的"常人"，于是通常多以为任谁都能担负其执行的责任，——即使有什么必须学习的技术，经过学徒式的训练，也尽够了。其实，在今天这生活日为复杂，分工日为细密的时代，如有效地培育专业社工人员，实为当务之急。（注九）

七、基本训练　社政人员不能不有一套正确的社会政治的思想体系，以为工作之南针。此种体系建立在对于国家的主义和当前的国策的了解上面。进而言之，社政对象是民众，则社政人员对于民众的要求，须有把握。凡此了解与把握，都是社政人员应有的基本训练。

八、专业地位　社政人员更须有其技术训练。既名技术，则实用不能轻于学理，一方得自服务，一方得自行政。服务直接影响民众，而行政则安排服务。为了便于服务之实施，社政人员应该从优秀的服务人员选拔出来，使之兼得二者之长，以增高其专业地位。

九、新政新人　徒法不足以自行。社政是种新政，须用新人。

此所谓新，绝无年龄或性别的限制，乃指其现代技术和进取态度而言。这种新技术、新态度，都不是短期训练，所易换汤又换药的。长期的专业教育之设施，确为今后所必需（详见下章）。

丁、报告　政治制度仅为社区诸种制度之一，虽可发生领导作用，但决不能超然独立。公共社政又不过政治制度之一部，其不应与社区脱节，自更显然。所以，达到相当标准的社政报告，实在应该成为发展社区联系的重要工具。

十、事实教育　社政如要"固结人心，纠合群力"，必须以事实为依据。社政之成果，实为固结纠合之有力表证。社政所已完成的诸种事工，都足以教育民众。通常只会批评国人对人则自私自利，无情少爱，于己也空虚灰冷，颓然乏力；而不知，使其有力之道，唯有表证给他们，究有何等事工，他们可以热烈参加，以表现其潜能，以发展其人格。"必有事焉"，而后一切教育，一切运动，才有依据，才有生效。

十一、宣扬技巧　社政既以发挥民力为目的，便应提倡以事实为根据的宣扬。社政亟需最能引人而合理的宣扬技巧，以产生大家对于社政积极关心参预的效果。人民固然将要由于此种宣扬，而生合力，以谋相互的福利，也将给予社政人员莫大的鼓舞。社政人员将因报告宣扬所得的反响，而反省事工成败之原由，以为再度勇往迈进的动力。（注一〇）

十二、民主精神　行政仅为"能"之运用，而人民乃系"权"之主体。权能相成，政治过程乃告圆满。社政凭借报告之功，一方督促人民，使之所知努力，一方由他们那里得到舆论，以为用权之参考。如此乃能有真正民主精神，而社政对于社会建设的使用，便可说完成大半了。

注 释

（注一）Warson, F. D., *The Charity Orgnization Movement in the United States*, Macmillam, 1922.

（注二）Webb, S. and B., *English Poor Law Policy*, Longman, Green and Co., 1913; 社会方面保险参考 *Beveridge Report*, Social Insurance and Allied Services, 1942。

（注三）英国根据其历史发展，将卫生，和教育，与救济同列为社会服务事业。见 Simey, T. S., *Principles of Social Administration*, Oxford University Press, 1937。

（注四）二十九年十月十一日国府公布，三十年十一月二十日国府修正的《社会部组织法》，规定社会部置总务司、组织训练司、社会福利司、合作事业管理局。三十一年九月十八日国府公布《社会部劳动局组织条例》。于是社会部中由三司一局变为三司两局。不过组训与福利虽然仍为社会部之中心工作。三十年九月五日行政院公布《省社会处组织大纲》，以"社会处主管关于人民组训、社会运动、社会救济、社会福利等事宜"，更以组训与福利为中心。

（注五）拙作"组织福利事业——社会行政之路"，《现代读物》六卷九期，三十年九月。

（注六）Kelso, R. W., *The Science of Public Welfare*, Henry Holt, 1928; Simey. T. S., *PrInciples of Social Administration*, Oxford University Press, 1937; Duuham, A., "Administration of Social Agencies", *Social Work Year Book*, 1941.

（注七）TVA, Tennessee Valley Authority 为罗斯福复兴新政之一。

（注八）Proctor, A. W. and Shack, A. A., *The Financing of Social Work*, McGrw-Hill, 1926.

（注九）Brown, E. L., *Social Worker As A Profession*, Russell Sage Fdn., 1936.

（注一〇）Routzahn, M. S. and Evart, G., *Publicity for Social Work*, Russell Sage Fdn., 1928.

第七章　社工干部教育

　　无论社会机关行政，或者公共社会行政，都要依据以社会需要为基础的方针或政策。社会政策较为具体的表现，是各种社会立法。政策和立法，都只是轮廓，只是方向。（注一）究要如何去实行才不致与政策乃至立法之精神相乖张，才能积极地完成政策立法之使命，才能把工程师所打的图样实现出来，便需要富有专业训练的人员，也就是需要专门的建筑师和工匠了。社工新兴，其专业性还亟待发展，乃是因为社工所努力者，是"古已有之"，"由来已久"的。既然古已有之、由来已久，便易"司空见惯"，便易以为谁都能够担任。正如许多人，以为生育子女，是任何妇人都能办理的，不必假手他人，为什么要助产士，要产科医师呢？此种观念之错误，虽可不言而喻，但在目前国内，岂不太为普遍吗？类此的错误观念，在社工方面，更为流行，以致在其有效的实施上，成了最大的障碍。我们不能不确认，社工成功之基础，离不开专业技术，而专业技术，只有精干的专业人员才会应用。同时也须确认，所谓专业，并非专得不与人相干的意思。事实上，社工人员所专的，便在善于应用"助力"，精于取得"联系"上面。

　　社工的专业人员，可以大别为两种，一种是社会服务人员，一种是社会行政人员。社会行政人员须是由社会服务人员之中，按照其"组织""任人"和"监督"的能力选拔出来的，才配成为社会工作的领导人物。

社会工作人员之教育，应以"训练""服务""研究"三者合一为最高原则。其具体机构可以分设"专修科""大学系""研究所"。不仅政府设立，更应发动社会力量，鼓励私人在全国的整个计划之下设立起来。

为教育社会工作人员而设立的大学学系，应以下列五项课程为主：

一、一般社会科学——尤其社会学，以为确定工作态度的依据，和认识社会问题的基础；

二、明了社会建议之国策及其背景——以使专业之努力与建国之需要密切配合；

三、卫生及教育之技术——以为引发民众的具体手段；

四、个案工作、社团工作、社区组织之技术——以为解决社会问题之专业工具；

五、实习之配备——以体验社会问题及其解决。（注二）

至于具体科目则应如下：

一年级——一般社会科学及求学工具：包括三民主义、社会学、政治学、经济学、法学通论、社会人类学、应用心理学、应用文、外国语、体育习惯。（国文史地及自然科学，须在中学提高程度，而不在大学重复。）

二年级——社会现状：包括社会工作导论、社会研习方法、婚姻与家庭、合作经济、社会保险、社会教育、公共卫生、民法、行政法、地方行政。

三年级——社工技术：包括家庭个案工作、医药个案工作、精神病人个案工作、社团音乐及舞蹈、社团工作、社会救济史、社会实验史、社区形态及其组织、民众组训、社工宣扬、社会机关参观、社工实习。

四年级——社工推广：包括农民政策、劳工政策、人口政策、其它社会政策、社会立法、社会行政、高级社工实习、论文。

社工专修科的科目，可以上列的大学学系二三年级课程为主。社工研究所则应该加深三四年级课程之探讨。

根据我们对于社会研习的认识（第二章），在教育社工人员的时候，更应为他们准备研习场所。无论都市、乡村、边疆社区里的任何优良服务机关或场所，均应尽量与之合作或利用，由学校经常派生前往研习。为了研习条件之便于控制，学校更得附设都市、乡村或（及）边疆社工研习站（队），以便师生之研究与实习。每个寒暑假均应尽可能为学生安排服务或实习的工作。学期排课，每周还应有一日以上的全日空闲，以便学生之出外实习。第四年级之后半年，如能停止课室课程，而以其全部时间实习并写论文，则尤为理想。（前列之实习科目，分在三四年级，乃就现状之可能而言。）

有时为了紧急而特定的一项工作，需要大批人员，来不及在正式学校加以教育，而须施行短期训练，其主要原则应无大差别。所以我们在草拟《善后救济福利人员训练大纲草案》的时候，（注三）为了"甄选正直健全学验相当之人员，加以训练，使充实有关业务之知能，培养高尚品格及服务精神，期能提高工作效率，树立良好风气。以资取信于联合国，而开建设新社会之前路，"拟定关于善后救济福利人员的训练要旨，原文如左：

甲、严格甄选、树立风气——征求访聘受训人员，详予审查，严格甄试，务求学验充实，信誉素著者，期来者皆正直之人，广总署招贤之路，斯社会之观感为之焕然，新的风气，立其始基。

乙、阐明政策，指示原则——讲述总理遗教、总裁言行、基本国策、战后计划、联合国协定议决案等，以明工作之最高原则。

丙、认识社会现实环境——讲述军事、政治、社会、经济现状，社会演进大势，以资正确认识现时情况，而明工作环境。

丁、充实能力、娴熟技术——授以主持机关及领导办事之要领及各种业务之技术，讨论实施办法，并反复练习，以资娴熟。

经常的社工干部教育，如果以全国为对象，便会发现，我们以往太忽略了乡村和边疆。

社区可以分为三种型类：即以工商为主的都市，以农耕为主的乡村，以畜牧为主的边疆。工商之距农耕，较比距农耕之距畜牧，是更远的，尤其在社会距离上是如此。

抗战以前，高等教育机关全在少数的都市里，其不注意乡村，是很自然的。其所训练出来的学生与中国大部分社会的脱节，也是很自然的。抗战以来，许多大学虽然疏散到了乡间，而且大学生下乡运动，已有十多年的历史，可是大学生之了解乡村，其程度仍极浅陋。

然而他们更茫然的，还是关于我们那农耕文化之边缘的边疆。在抗战建国的需要上，大学生之不能忽略边疆研究与工作，应是大家所知道的。那么，把所有的大学生都搬到边疆上去吗？这自然是事实所不许，也非大学教育在一个现代国家之建立过程中所必为。

除了乡村和边疆本地所设的高等教育或其它干部培育机关以外，无论在哪里的大学，都须为了有志乡村或边疆的青年，作一种初步历练的准备。乡村或边疆并非乡村人或边疆人的乡村或边疆,而全是国家的。凡是国民,自都有参加乡村工作或边疆工作的义务和权利,只要他配。

怎样才说得上"配"呢:为首必须在专业之外,有那初步历练的准备。历练须有步骤。常人很易想到,为了乡村工作的历练场所,既然已经在乡村展开,则为了边疆工作的历练场所,自然也要在边疆了。实则并不尽然,因为现在的大学生,全是在都市过惯了的青年,怎会一出校门,便能立刻适应了边疆文化呢?无论衣食住行,设法适应,连那"人同此心,心同此理"的人心,也因为文化表皮之难于揭穿,而易发生误会,发生冲突,还谈得上什么"导进"的作用呢?于是我们相信,由都市立刻到边疆,是一个太大的转变,非现时的一般青年所能适应。

所以,不但为了乡村工作要把历练的工夫放在乡村,为了边疆工作,也要把历练的工夫,先放在乡村,作一个过渡。这初步的准备,不但是边疆干部教育所必需,也是对于乡村有百利而无一害的,因为乡村工作仍然缺乏多数知识青年之研究与学习。这是个一箭双雕的办法。

那么,乡村和边疆的"准干部",将在乡村研究得什么,学习得什么呢?

第一,了解人之所以为人——在乡村,"人"是不易"打开"的,然一旦打开,你便可坚实把握着他们的"内心"了。在你学习打开的技术时,你便走上了对于人的了解之路,你便可能进而了解边疆上的人了。任何文化型下的人,你都可以同他们接触,同他们共信共鸣,从他们所已有的,共同去创造新的了。

第二,懂得功能的社区观点——在乡村,社区之为社区,是最易发现的。社区好像是个蛛网，上面的蛛丝，便是社区里各种综错配合、互相作用的制度，而社区之核心便如蜘蛛所在的"中军帐"。社区核心——无论是地理的还是社会关系的核心——在乡村，是极其显然而易看出其所在的。这种核心大半就是集市场镇。我们为了社区改进，已知必须研究其组织，我们也必须应用"射人先射马，擒贼先擒王"的道理，把握着社区核心之支配和领导的作用。应用惯了这社区核心的概念，以及一切有关社区的概念，则边疆社区之改进的努力。才算有了入手法。

第三，应用专业技术于社会——乡村可用的专业技术，其亦可用于边疆者，不胜枚举。教育上的导生传习，医药上的巡回治疗与预防接种，农林渔牧之巡回辅导，物资供求之合作经营，固然如此；社会工作里的家庭之访谈与协助、娱乐事物之灌输、社团组训之发展，——哪一种专业技术，不可以先在乡村里研究了，学习了，然后再到边疆上，加以必要的文化适应，而有效地实施下去呢？

第四，确知福利政治乃是真政治——在乡村，民众怕政治，因为，在乡村，实在还只有打官司，缴钱粮，受征发，才被认为是"政治"。民众所享受的一点利益，还很少由行政机关直接得来的。社会工作将使今后的政治，日渐减轻其"权力"意味，而逐增其"福利"内容。（注四）这种内容，在乡村必须充实，在久被歧视的边疆，更须充实，才说得上大家团结，才说上真正的共和。对于福利政治的如此认识，是在乡村里作了上述三项工夫之后，才能把握得住的，也才能进而入于边疆，无往而不利的。

我们之如此提倡乡村和边疆的社工干部教育，并没有轻视都市方面的意思，不过想要提醒大家，去注意平常所过于忽略了的而已。

注　释

（注一）三十一年十月十一日至十八日社会部召开第一次全国社会行政会议，曾制定三民主义社会政策八大纲：一、民族质量之增强，二、社会文化之提高，三、礼俗宗教音乐之改革，四、劳工政策与社会保险之成立，五、灾荒之救济，六、孤独废疾之拯恤，七、社会病态之医治，八、社会物质之保护与保育。社会部人口政策、劳工政策、农民政策、儿童福利、社会安全计划等研究委员会的研究报告是为施政及干部教育之参考。社会立法方面，已有社会部编印的《社会法规汇编》两辑（第一辑三十一年九月，第二辑三十三年二月）。现在正在准备或立法程序中者有儿童法、健康保险法等。历次社政会议的决议案，也有指示方向的价值，第一次全国社政会议综其要义为：一、确定三民主义社会政策之施政方针，二、完成三民主义之社会组织，三、确定社会福利制度，四、推进儿童福利与劳工福利业务，五、推行社会保险与职业介绍，六、加强合作组织与运用，七、加强人力动员，八、协助改善兵役与管制物价工资，九、提倡战时生活转移社会风气，十、厘定收复区及战后社会之重建方案，十一、确立人事制度，宽筹事业经费，十二、推进边疆福利事业，十三、战时及战后各种社会问题之解决，以及机构之充实、专业之创导。三十三年三月十六至二十二日社会部召集社会行政检讨会议，认为以往的缺点是：一、机构不健全，二、人事不健全，三、工作欠积极与切实，四、经费太少。今后社政趋向为：一、由体制的建立，进入体制的运用，二、由事业的倡导，进求事业开展，三、一面应抗战需要而动员，一面作战后复员的准备，四、一面切实行使政府监督指导权，一面积极发动社会的力量（见会中谷正纲部长训词）。

（注二）关于"习"之重要，我们不但有鉴于英美社工教育的方法，我们更受了颜元（习斋）李恭（刚主）学说之影响。

（注三）该草案根据我国代表于三十三年九月提出联合国救济善后总署 United Nations Relief And Rehabilitation Administration 的中国善后

《救济计划》之分类计划"九、社会福利"及"十、流离人民"二件，由章元善先生主持于三十四年二月十五日草拟完成，由中国国际救济委员会油印成册。

（注四）拙作"社会救济法与福利政治"三十三年一月五日重庆《益世报》专论。

第八章　社工所需的社会学概念

许多人给社会工作下了定义，譬如说，社会工作是：

"协助人类从事共同生活的一种学术。"（Emory，注一）

"帮助人们解除困难的一种艺术。"（De Schweinitz，注二）

"适应个人关系的艺术。"（Queen，注三）

"调适个人间之关系及重组社群之一种技术。"（Warner, Queen, and Harper，注四）

"使人适应环境的一种学术，工作目的大部乃在企图缓和环境因素所给予人类过于严酷的影响，另一部则欲发展人类之应付力量，以适应环境之要求。"（Lee，注五）

"依照科学的标准，在人类幸福关系下，产生变更或适应社会组织及行动的工作。"（Halbert，注六）

"以科学方法发展并适应人类关系的一种途径，使个人及社会获得常态生活，并且鼓励个人及社会向前进步。"（Gillin，注七）

"各种有关的社会服务活动的统称。事业的种类虽有不同，然皆视受救助者之需要，自愿地予以扶助，因为他们对于受救助者社会关系的改进，全都格外注意，也因为他们对于科学的知识与方法，全都予以充分利用。"（Cheyney，注八）

"四种主要活动之总称：贫穷之救济或预防、疾病之治疗或预防、罪犯之处理与改进、有碍工业与经济生活之改进的条件之铲除。"（Alden，注九）

"以维持适应于当时文化思想的国民生活为目的之国家社会所为的一切事业。"（Salomon，注一〇）

"以增进社会生活之福祉为目的，而保护在一般社会制度下不能享受文化的国民的生活的社会弱者，使其生活向上安定，达于一同程度的公私设施之总称。"（生江孝之，注一一）

"救治社会疾患之烦恼者，更进而预防之，且图澈底建设之事业。"（谷山惠林，注一二）（按以上三定义乃"社会事业"之定义。）

"一种方法与技术，代表关于人类与关于人类环境之探讨。""并不如慈善事业之为一种美德，亦非一种人生哲学……由补救趋向预防方法……并不再以对付贫民之救济需要为满足……欲使个人恢复其在社区之正常地位，尽量控制各种障碍因素。"（O'Grady，注一三）

"社会团体或政府机关或双方共同对于个人家庭或社区环境改进之努力，旨在使所有之社会组织份子，如社会福利机关之受助人、捐助人及执行人等社会化，即发展人类之"我群感"，使人己福利视为一体。"（MeChenaban，注一四）

以上的种种定义都反映了若干事实，不过我们的时代和国家所要求的社会工作，却该是一种应用各种社会力量，减少妨碍社会接触的因素，进而增加此种接触的技术，其目的乃在扩展人格社会化的过程。所以我们所努力的社会工作，不仅是救助，不仅是预防，而更要促发（参见第一章）。

我们对于社会工作之所以有如此的认识，一方面固然由于社工经验之演变，一方面更因为社会学的科学研究已能工作为此种工作之理论基础。（注一五）社会工作正确路线当然要由社会工作者自己来认定，不过社会工作到今天，大部还是"试误"的结果，社会学是可以叫它减少错误的。

现代社会工作要求社会学，凭借下面九类概念，（注一六）给它在事前发生指导的效力，在事后发生验证的作用。如果社会学者未曾在这些概念上致过力，或者所下的工夫不够，则只好让社会工作者仍然照着他的"拇指律"或试误法去前进。理论固然可以作为工作的南针，但是不正确的理论，还是不遵从的好，怕会导入歧途，何况有时"不知亦能行"呢？然而社会学已能证明它所用的研究方法为什么是最好的，其结论是比社会工作者自己所能得到的，更为准确，更为通澈。社会学比社会工作更能利用观察、分析、假设、证验这一套科学方法，而不再单靠一种玄妙的领悟。社会工作者靠着他的经验，当然会"熟能生巧"地得出一些原理原则来，但是可能多走了许多冤枉路，而过分迟缓。所以我们需要在尚属驳杂的社会学体系中，找出正确的社工理论基础。

第一，"知"与"行"之关系为何？（注一七）所谓知，即思考，惟人为能思考。社会学应该指出，人之知是怎样得来的？怎样创造的？行之动力又是在哪里？然后社会工作者才能评价其"因势利导，使人自知，使人自动自助，而不强制代行"之努力。

第二，人类基本"愿欲"是什么？（注一八）人类基本愿欲是不是要求安全、要求自由或活动？社会工作原只努力于安全之获得，所以讲救助；近来更努力于自由或活动之增加，所以讲促发。社会学对于社工，在这方面有何指正或启示呢？

第三，人为的"社会进步"是否可能？（注一九）假若愿欲是不能满足的，假若社会是不能进步的，或者只是按着生长、衰退、灭亡的程序演变的，则社会工作必然劳而无功。又假若社会虽在进步，而却不需人力，则社会工作也是白费的。如果社会学证明社会现象不全是演生，而也是可以导进的，则社会工作有其重要的地位了。

第四，"个性"之发展怎样有赖于"社会化"呢？（注二〇）社会进步是不是只能表现在人格之发展上，社会学已可作正面的答复。它能为社会工作分析人格是怎样发展的，——社会是怎样把各种社会力量加在个人身上，而使其应用此种种力量（所谓社会化），以发挥其潜能，而形成其个性的。那么，社会工作便明白它所应致力的重点了。

第五，"社会制度"怎么变迁？（注二一）社会学所分析的各种可以应用的社会力量，是哪里来的呢？如果只有社会制度才能发生真正的深入的社会力量，那么，社会学应该指出各种社会制度怎样形成、怎样作用，以及怎样僵化。然后社会工作者在具体的制度当中，才能洞察哪种是合乎人类基本愿欲，而应加以创设，加以充实的；甚至深知哪种是失了原来的意义，只剩躯壳和渣滓，应该加以修正、剔除或代替的。

第六，"社区"之各种形态与内容如何？（注二二）社会学证明了，社会制度之综合的表现，便是社区。社区即是制度之纲。知道了制度之间，在社区意义上，如何有着功能的关系，如何动其一，则必影响其余，然后社会工作才能有个通盘的认识，才能大处着眼，小处下手，才能针对社区型类之差别，加以必要的调适。

第七，"计划"与"组织"之精义何在？（注二三）社会学要指出试误的方法怎样不够，个别的努力怎样只能引起重复与冲突。

于是必要分工，必要合作。社会学要说明分工合作是不是组织。所要有效地组织起来的，要怎样才算是有计划的？社会工作不局限于零星补缀。它要配合在通盘的计划里。例如民众组训，是社会工作之一部，要如何才能真正有组织，有训练，便需要社会学阐扬组织和计划的道理了。

第八，怎样分析各种"社会过程"？（注二四）就人的社会化说，有冲突、竞争，有协和、一致；就制度之演变说，有创设、配合，有脱节、改制；就社区之形成与改组说，有核心之建立，有人之分工合作，有制度之补充联锁。凡此种种过程，都是社会学已经加以分析、研究的，可以使社会工作者预先知道，必经的阶段将会是些什么，而获得更高的效率。

第九，"社会制裁"有何不同的方式？各可加以如何的运用？（注二五）社会工作就其要控制别人、要改造关系说，实在含了若干的政治性。不过，它不必用强力来达到目的；事实上，社会工作正用了强力以外的各种社会制裁的手段。社会学可能告诉社会工作者，那种制裁手段在哪种场合是最有效的。

以上九大问题，至少为了社会工作的缘故，应该是社会学的主题。我们已经看出，科学的社会学，能够相当圆满地予以答复，而为社会工作者努力的依据了。我们所倡的社会工作便是以这种社会学的认识为基础的。

注　释

（注一）Emory, E. V., "The Lens", *Los Angles Chapter*, American Association of Social Workers, May, 1928.

（注二）De Schweinitz, K., *The Art of Helping People Out of Trouble*,

Houghton Mifflin, 1925.

（注三）Queen, S. A., *Social Work in the Light of History*, J. B. Lippincott, 1922.

（注四）Warner, A. G., Queen, S. A. and Harper, E. B., *American Charities and Social Work*, T. Y. Crowell, 1930.

（注五）Lee, Porter R., *Providing Teaching Material*, National Conference of Social Work, 1920.

（注六）Halbert, L. A., *What Is "Professional Social Work?"*.

（注七）Gillin, J. L., Ditmer, C. G. and Colbert, R. J., *Social Problems*, Century, 1928.

（注八）Cheyney, A. S., The Nature And Scope of Social Work, N. Y., 1927.

（注九）英人 Percy Alden 在一九二八年巴黎所开的第一次国际社工大会，不赞成 Cheyney 女士所提之定义，而提出此一列举式的定义，——至少就英国而言。见 Klein, P., "Social Work, General Discussion", *Encyclopedia of Social Sciences*, 1934。

（注一○）Alice Salomon 著有 *Die Ausbildung zum sozialen Beruf*, Berlin, 1927; *Soziale Diagnose*, 2nd Ed., Berlin, 1927; *Leitfadender Wohlfahrtspflege*, 3rd Ed., Leipsic, 1928；认为"社会事业甚广泛，社会政策较狭隘，社会政策是使劳动地位向上的特殊政策与其他一切政策同为国家之法律设施。社会事业则超越上述范围，预防弊害于未然，或尽力于当事之诸种设施。"见马宗荣著《社会事业与社会行政》及李剑华著《非常时期之社会政策》。

（注一一）日人生江孝之著《社会事业纲要》。

（注一二）日本平凡社出版之《大百科字典》，一九三二。

（注一三）O'Grady, J., *An Introduction to Social Work*, Century, 1928.

（注一四）McClenahan, A. B., *Social Work Theory and Practice*, 1932.

（注一五）MacIver, R. M., *The Contribution of Sociology to Social Work*, Columbia, 1931. 其第五章专讨论社会工作对于社会学之贡献。

（注一六）Eubank, E. C., *The Concepts of Sociology*, D. C. Health, 1932.

（注一七）《孙文学说》；Mannheim, K., *Ideology And Utopia: An Introduction to*

    Sociology of Knowledge, N. Y., 1936。李安宅译，《知识社会学》，中华，三十三年；黄文山"知识社会学与知行学说"，《中山文化季刊》一卷二期，三十二年。

（注一八）见第五章注十八、十九、二十。

（注一九）Hambolt 和 Spencer 都倡个人放任主义，人类只能"叙述"自然法则及社会势力。美国主张放任主义的社会学家有 Sumner, W. G., *What Social Classes Owe to Each Other*, 1882，以为人类仅能在某种条件下略为干涉影响其生活的势力。Ward, L., *Dynamic Sociology*, 1883; *Pure Sociology*, 1903，主张社会现象有社会演生（Social Genesis）和社会导进（Social Telesis）两种；人类能凭借对于社会力之有意识的指导而改变社会演变之途径。Hobhouse, L. T., *Social Evolution and Political Theory*, 1911; *Social Development*, 1924，认为一切重要社会变迁，皆人类意志发展的结果。Todd, A. J., *Theories of Social Progress*, 1918，提出社会进步之标准，一为人口（其测验包括 1. 平均寿命增长，2. 个人适应性增加，3. 人生艺术改进，4. 生活标准提高），二为健康与长寿，三为财富，四为道德（其测验包括纯洁、公平、正义、大公）。

（注二〇）MacIver, *The Community*; Cooley, C. H., ch. IX: "Social Organization", Scribner's, 1909; Snedden, D., Ch. XV: "Educational Sociology", Century, 1922.

（注二一）Sumner, W. G., *Folkways*, Ginn, 1906; Burgess, D. and Mckenzie, *The City*; Smith and White, *Chicago: An Experiment in Social Science Research*, 中 Burgess 等之论文。

（注二二）见第五章备注。

（注二三）Mannheim, K., *Man and Society in an Age of Reconstruction*, 他认为自由有三种：机遇的（适应的）、发明的（控制的）和计划的。计划与组织乃所以达成真正的自由。

（注二四）Park and Burgess, *Introduction to the Science of Sociology*, 1924, 分析 Conflict、Competition、Accomodation、Assimilation; Eubank,

E. C., Ch. XIII: "Concepts Pertaining to Societary", *The Concepts of Sociology*, 1932。

（注二五）Ross, E. A., *Social Control*; Lumley, F. E., *Means of Social Control*; Keller, A. G., *Societal Evolution*.

卢家村

卢村附近图

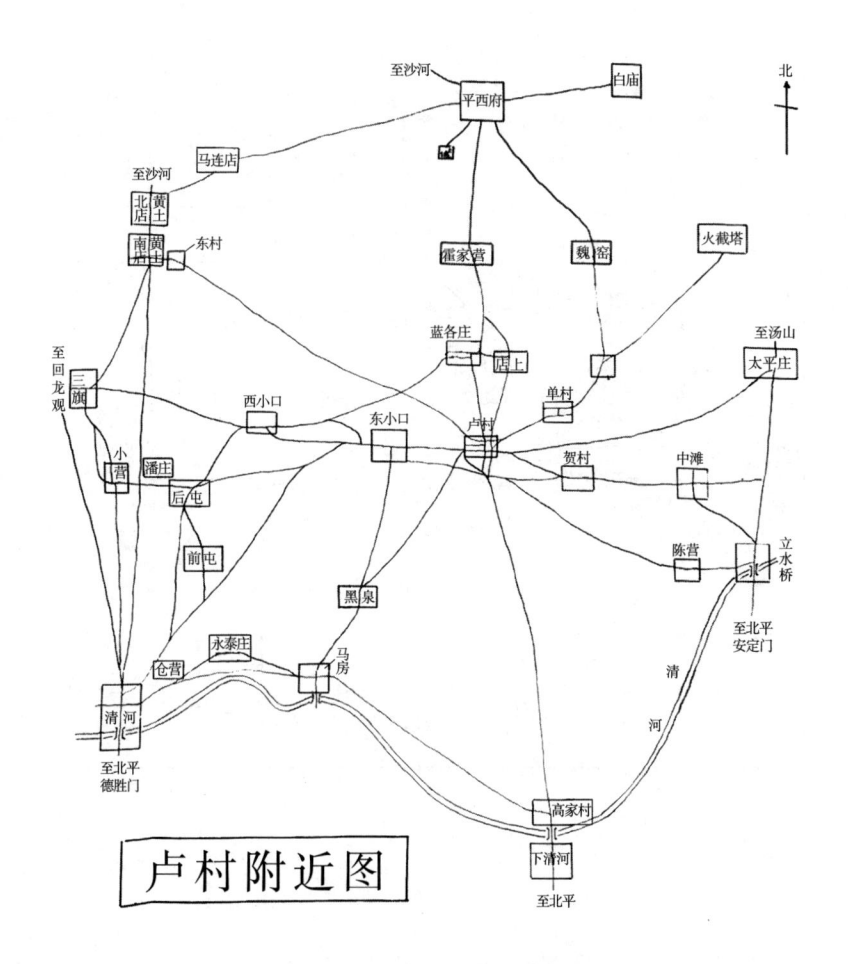

卢家村

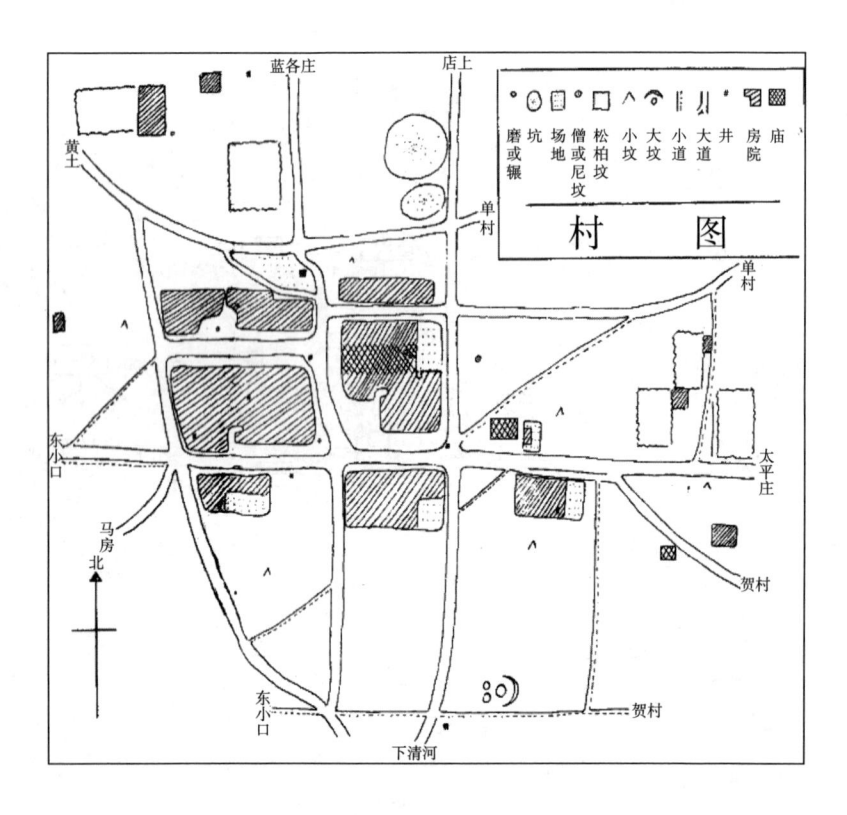

村 图

图例：
磨或碾　坑或场　僧地或尼　松柏坟　小坟　大坟　小道　大道　井　房院　庙

地名：
蓝各庄　店上　单村　单村　太平庄　贺村　贺村　下清河　东小口　东小口　马房　黄土

北

第一章　地理

从清河机场驾着福特号飞到北平城北二十里的地方，北山之南，西山之东，在昌平县界，你会找到有一个极平凡的小村，许多土房丛聚着。这里南到清河镇八里，西北到沙河镇十八里，再下去三十多里就会发现古老颓败的昌平城了。北去平西府也有八里，到戴家庄的大河却有十八里，南到清河用一半路就够了。东距通北平安定门的立水桥五里，东北到太平庄却远一里。

如果你底望远镜垂直些，这里附近一里上下的村子倒极多：西有东小口，北有蓝各庄和店上，东北有单家村，东南有贺家村，西南的黑泉马房，东南的陈营，正东的中滩，却都有四里。此地离各村如此之近，在冬天西北风中，黄土东边的陶家庄子的糖房如果糖焦胡了，气味都可来到，三旗酒味亦然，东小口的小贩叫卖声也极清晰。

你如果要知道这里离别的县有多近？向东是大兴县，远得没多大关系，向南的是沿清河一带的村子，如高家村等。西南是永泰庄，正西是安宁庄一带，西北是黄土南店、北店和东村。这都是宛平县的。

这个村子就是河北省昌平县的卢家村（简称卢村）了。（注一）

你现在也许注视着这个小地方卢村。你要知道他有多大。你可看见村中建筑物所占的面积几乎是个正方形，被人东西切了两下，南北又一下。这一边到那一边不足二百步，所以占了一顷半，加入村旁的坟地、墓庐、场房之类，也不多过两顷。

若算上耕地，就有十七顷了。

你再一看村的地势，你看见村子比一般耕地高些，你更见村北地高，而村南低，村北高地使大车道如行于山谷。村南是一望辽阔的平原，极远处却有树作围屏。西边也是较东边高。原因是西北皆山——北山和西山。

这里虽然在东西的两条河流——南边的清河、北边的沙河——之间，却没有任何沟渠。只有村北有因用土而挖成的两个小坑，雨后会存些积水，却没有什么大用。南边有块南洼子，是下了雨就有潦的危险的。

你若再看得低些，你看见这里的土壤还不很坏。土是很黏的，小孩有时可以用它作很坚固的玩具，沙土地是不多的。

这时候你也许降下机来，经验气候底冷暖。这里冷热是都带点极端的。在夏天有时旱有时潦，甚至成灾，如民十八就有过一次大旱灾。民二十二年的收成不好，也是因为潦了；然而比附近只打一二成的村子还轻的多呢。一切冰霜雨雪，比一般华北情形全无差别。到了冬天，刮起风来，虽说土性很黏，飞沙扬土，会弄黄了满天。太阳为之昏暗。在平静的天时，村底东北和西南的平原，都可发现雾气。据说头年冬天如此，第二年就要有瘟病了。

你进了村，道旁房后就会碰到许多小树。都是杨柳榆槐之类。这些树虽然全村很多，年纪都没有太老的，只有大庙前面的一棵榆树，足有百余年了。村的东部的几棵槐树，也还粗壮，若非是因为公物（庙产），也早就砍伐了。拐角李家底柳树也有五十年了。和庙后两棵大杨树年代相垺。村西北和村东的五座坟地，更栽了极多的黧黑的柏树。树虽没有栽满了卢村，到了夏天村中也是遍地绿阴的。

合村共有前后二街，前街在南，比后街为晚建，而较长。另外又有大庙前的一条南北车道。

村中除了后街以外，都是与他村接连的交通线。这村中的交通路线，在卢村这样一个小村居然有十一条，真是不少，所以交通还很方便。

然而方便的程度并不高，因为村既小而又没有和多少大村或大镇直接发生关系。每次军事所受扰乱的损失并不大，也就是因为西不邻近清河镇，东不临近立水桥或太平庄，前者通北平德胜门，后二者通安定门。

村中街道，总比住房低洼，两边有时高到二三尺，全是土道，雨后除了泥泞外，并不积水。民二十三年七月间，来本村住的军队，曾将它们铲出道路坡度。这比在村北和村西挖战壕的只做破坏工作的强得多了。战壕是民二十二年八月底陆军第二十五师为预防方振武、吉鸿昌的南侵而掘的。

地理环境是如上所述的，地理关系是怎样呢？

因为离城镇不远（北平、清河等），所以村中生活极受外界影响，村民出外学买卖的多，就是因为离北平近。又因为与清河镇不远，而清河镇货物齐完便宜，所以不北去政治中心的平西府，而以清河镇作它经济底中心。至于它和五十里以外的县政府，更是关系少了。也因为各村距离极近，甚至稍嫌拥挤，所以道路隔绝少而接触多，与外村既易冲突，也易连络。

河流对于卢村的影响不是物质的，而是文化的，南边的清河，北边的沙河，是两条界线，使卢村的风俗和许多在东西一线上的村子差不多少，而与清河之南，或沙河之北，就大不相同了。

气候是和人的卫生有关的，卢村的干枯会使瘟疫少生。卢村多少年来没有大闹瘟疫了。十几年前九月有一次"风瘟"，本村大夫每天都看数十人，其中有本村人。二十一年闹霍乱，由北边窦各庄起（小村，死七十多人），奔七里渠、郑各庄，沿沙河而走。虽然单家村死二人，而本村幸免。气候自然也规定各种植物能否在本地生长。

卢村土壤多在中等。纳三四分粮的不少。每亩价格普通总在三十元左右。地虽然能有相当生产，却已然到了它的最高限度。每方寸的土地皆已加上极大劳力，以求极大收获，但其比例愈来愈小了，没有进步，于是本家三口有地十亩，就认为幸福了。

注　释

（注一）光绪己卯（五年）重修，丙戌（十二年）刊成的，缪荃荪等修的《光绪昌平州志》，卷四，"土地纪"第三下，第五十五页云："卢家村—采访册距城五十五里，东至太平庄八里，南至清河营五里，西至黄土村八里，北至南半壁店二里，东南至贺家村二里，西南至小口村一里，东北至半壁店三里，西北至蓝各庄四里。"里数错了不少。明初新旧二志，固已不存，明隆庆时崔学履创修的和清康熙吴都梁再修的《昌平州志》也没有见到，不知记载如何。顾炎武的《昌平山水记》，和麻兆庆的《昌平外记》（光绪壬辰版）都没有记载。

第二章　发展

卢村是什么时候成立的怎样成立的，都没有人知道。

略有踪迹可寻的是村东禹王庙前立着的《重修庙记碑》。这块碑是明嘉靖三十八年（一五五九）成立的。把记文录下：

　　　　　重修圣公庙记
　　安定关外迤北二十里许名曰卢家村古刹
　　圣公圣母之庙年深日久圣像颓坏椽柱腐毁墙壁坍塌其址犹存有本村善人李学每睹拜谒雀鼠毁坏风雨曝残含泣备蔬邀请众善人等每月会集赍财置买邻地命工市木砖瓦等料展盖正殿三间两边廊庑山门彩妆圣像买香火地焕然一新命请淄流惠景在庙期钟暮鼓焚香颂礼上祝
　　皇图巩固下祈民物康宁此则坊境中第一善也诸君施赀而敬其神或曰神灵在
　　天乌能感格乎曰
　　神者伸也辟之水无处无之有诚即有
　　神矣诸君以真诚感格
　　神明之际岂不善佑乎兹将告成乃延法士洞其醮以

　　　　　　　　完功德来征予文刻而记焉
　　　　　　　　　　　　时
　　　　　　　　嘉靖己未癸酉月甲午日立

碑阴又有许多善男信女底姓名。有的姓，有的名，有的连名带姓，却看不出了。似乎总数是六十三个人。看得出姓的男子四十六人，女子十一人。"功德主"是"南正千户黄相"李学。李是大姓，占十九人（中有三女）。王苏各三人，杨、刘、侯、邢、苏、张、黄、卢各二人。吴、夏、陈、施、何、戴、魏、柳、庞、董、绳、方、白、肖（？）、周、贺各一人。共二十七姓。另外还有个徒孙宽钺。

这李学按他官衔，应掌兵千人，官也不小，必是那时的绅士了。

廿七姓比现在十七姓是多多了。即使将不同宗的也分开，现在也只有廿五姓，而况那时廿七姓中也许有不同宗的呢？而且廿七姓只是碑上未消磨了的，只是记在碑上的信男信女，当时那能将全村各家都记上呢？然而我不敢说现在是人口减少了——假如每户人口数无大差。如果这些人都是本村的，我怕其后有一个大减少而后又增加。明末清初也许使卢村受旗人底压迫而大崩溃，逃亡！等到旗人底优越安定后，人口才又增殖，虽未能恢复原有的繁盛。

除了这姓数底比较外，我不能证明那时的卢村比现在的卢村大。因为村西已达到村中老户之一（与李姓同为最老户的孙姓）底坟地。这坟地是南北人字形的。东支已然有十四个坟头。设以三十年为一代，那就是四百二十年了。虽说这十四个坟头，不一定全是一"行"下来的，有时弟弟埋在哥哥脚下，然而人字形的西边那支总可相抵吧？而且已有一部坟地被变为耕地了。如果不以碑文上没有姓孙的为证，那时村西不会有这块坟地，而四百二十年（即一五一三年前）的推测也是可信的，则卢村在那时绝不会比现在还伸向西去。

卢村北现在仍是高坡,不像有村落人家住过,因为村落人家常是住在一个平面上的。

村东也不会有住家的可能,因为普通没有人家住在大庙后的,除非这大庙是晚修的。而且村东地面也有一小块土丘。

惟有村南有遗迹的可能,因为村南是一片平坦耕地。然而村民说卢村是由后街发展到前街的。的确现在的村东端的张姓是从"胡同"里迁出来的,前街道南的房屋也是后建的,是将庄稼地变成房地的,而且胡同里的井似乎也比前街的大而老。

所以,那时的卢村不会比现在大,碑上所包括的多数姓氏,恐怕是附近外村的。这种修庙的"善举",当然不只卢村人要干,虽说庙在卢村——比如碑上的贺某恐怕就和贺家村有关。

四十五个男子姓名中,只有九个是双名。十一女子姓名中有三人是称某氏三姐或四姐,其余是某氏双名。

那时有两个姓卢的见于碑上。可见这村在重修此庙时,已是很远,因为虽然外姓已多过卢姓。然而又不至远得连姓卢的都没有了。

那时的姓氏到现在所存得只有李姓了(那时李是大姓,和现在相同,不过今日大姓的李已不是那时的李了),虽然碑上有个刘某,也许是今日刘姓的前代。可见这其间一定有了不少的外徙、内迁和绝户,而且绝户不会占大半的。则外徙的必不会少。怎会有这种迁徙呢?

虽然没有确数,除了李孙两户自认为老户,有的户说在本村有十几代了,二三百年了。其余的有说几十年的,有说三世、一世等,可见极多数都恐怕是清入关后的改变。

本村有红带子旗人姓洪，住在后街西端，到本村来十几代了。没有知道他们底祖先有何功勋，或是否曾经拿卢村作他们"跑马占圈"所占的地方。乡长曾告诉我说卢村是前经旗人跑马占圈占了的，也许就是洪家占的，因为洪家是惟一的真正旗人。然而找不出洪家如何把持卢村，除了他们总有些鄙视一般汉人，和出了几个土棍。而且洪家有的在清末（或民初）出外学机器缝衣，可见并不如何有权有势。可是洪家底祖先也许是有威权的。

真旗人虽然知不清，阎姓的汉军旗倒是可注意的：

阎姓是清初搬到卢村来的，来时的祖先是明朝的军人（不知是兵还是兵官），后来降归清为汉军旗。村北阎家底坟地就是这人底坟。这阎家现在在村中是很利害的，在那时如何却不知道。

然而清朝刚一入关时的气焰是非常高的。旗人和汉军旗底使人畏惧，是当然的。村中一般汉民底被排挤压迫是可想而知的，虽然不能确证卢村是旗人底圈地（见后经济章）。

受不了压迫而它迁是老姓不见底可信的原因。

然而怎会新姓增加？乡村间的人口本有互相的流动。旗人在相当时期以后，对汉人的压迫渐渐减少。而村中人口太少，外边人口底压力会将卢村填满的。

以上不过是一种推测，也曾想从地方志中得到些证明，然而没有成功。

第三章 人口

第一节 家庭人口

一 种族

卢村种族有二：一汉一旗。原有旗人很多，但因不能为活，多它迁了（如北平）。现在真正旗族只有一个洪姓是红带子旗人，分四家，二十四口：男十三，女十一。又有一个阎姓是汉军旗人，分四家，三十二口：男十五，女十七。其余四十七家都是汉人。

二 籍贯

卢村居民几乎都是土著，不过有四家前后搬来不久，还眷念他们底故乡（见迁入段）。又有一家住村东部，为本村人看坟，而且孩子在本村小学念书，缴本村学生应缴的学费。然而这家主是贺家村的，且是贺家村的乡长，所以不将他家列入本村人口。

三　密度

全村人口有二百五十五人，住在占地一顷半的房子内。以每方里等于 42.15 顷计，则每方里人口密度是七一六六人。如将其他非耕种地如坟地、墓庐，场地等算上，与房地共估计为两顷，则密度为五三七四。以本村人所有或租种之耕地十五顷计算，则密度是七一七。以全村总面积十七顷地计算，则密度是六三二。

四　性比例

本村二五五个有家庭的人口，男一二七，女一二八，是百分之 49.8 比 50.2。性比例就是 99.2 男比 100 女。这比例之低也许因为这次调查没有遗失女子，或因为这只是自然家庭人口的性比例，否则二十二年是例外——二十三年二月（即这次调查后之半年），男增为一二八而女落为一二七，性比例于是增为 100.8。

若将没有家庭的本村三个男子（二在本村，一在城里）算上，就有一三〇男子，性比例就增到 101.6 了。

若再将自己没有家庭而居住在本村的外村人也算上，有十个佣农和一位教员，共一四一男，性比例就变为 110.2 了。若女子数也加上外村来往的三个亲戚则为一三一人，与一四一男的性比例就会落到 107.6，与一三〇男比又得 99.2。

算上没有家庭和永住在这里的亲戚尚可。若算上佣农和教员则不合适了，因为这样会使人连他本村的记录被计算两次。

至于年龄组（一切年龄皆实际年龄）间，大概有一种趋势：男在五岁以前较女稍少（性比例是 83.3），五岁到四十五岁间男子比女子多（122.1），四十五以后男子渐渐较女子的比例低（59.0）了。二十三年二月的三段性比例是120.0、119.5和60.0。则五岁以前男多于女，原因当是计入三个刚几个月的婴儿，尚无死者。而且这半年间恰是未生一个女婴。怎会五岁以下的男少于女呢？这可以由有生育记录的六十四个母亲中研究出。（见生育次数分配表）

六十四个母亲生了一一一子，九十三女，这近似的生产性比例就是119.4。可见出生时子多于女，然而一一一子中只存七十五，即死三十六，死亡率是324.3‰。九十三女子中只存六十六，即死二十七，死亡率是290.3‰于是两性死亡率比例是100女比111.7男，所以子生得多，而死得亦多。这种高死亡率不会是中年时的，因为中年性比例应高，男死亡率不能比女的高；同时也不会是老年时的，因为这时还有母亲。所以这高死亡率是在幼时，虽然不能就说是婴儿死亡率，因为一岁以上死的当然也在内，所以婴儿死亡率是还要高些的。

而且六十四个母亲的子生产率是173.4‰，她们的女生产率是145.3‰，相差是子多28.1‰。两个死亡率：324.3‰和290.3‰，相差也是子多34.0‰，28.1‰和34.0‰，也是相差了5.9‰。这也证明子虽然生得多，而死得更多——在幼年时。于是在那时性比例低到只有83.3‰。

女到了十几岁，大概是易死的，所以性比例变为155.6。

四十岁以后男子是易死的，而且少有长寿的，例如七十岁以上的只有一个人，而女的三人。最近几年有一个活到八十二的，和一个活到八十七的寡妇，却没有如此长寿的男子。这种男子短寿当然是生理的。原因恐怕是男子活动而易劳瘁以死。

在研究生育数目时，可以发现这时的性比例很高。75比66是

113.6 比 100。这不是和前数的 99.2 相差太远吗？正是因为这统计中的男女还都是有母亲存在，自己的年龄当然不大，因之性比例也不会低了。

年龄及性分配（一）
（二十年八月）

年龄组	男		女		共	
	人数	%	人数	%	人数	%
0—4	10	7.9	12	9.4	22	8.6
5—9	15	11.8	14	10.9	29	11.4
10—14	17	13.4	8	6.3	25	9.8
15—19	11	8.7	10	7.8	21	8.2
20—24	9	7.1	11	8.6	20	7.8
25—29	9	7.1	8	6.3	17	6.7
30—34	14	11.0	12	9.4	26	10.2
35—39	7	5.5	9	7.0	16	6.3
40—44	12	9.4	5	3.9	17	6.7
45—49	5	3.9	14	10.9	19	7.4
50—54	6	4.7	7	5.5	13	5.1
55—59	4	3.2	4	3.1	8	3.1
60—64	6	4.7	8	6.3	14	5.5
65—69	1	0.8	3	2.3	4	1.6
70—74			2	1.6	2	0.8
75—79	1	0.8	1	0.8	2	0.8
总计	127	100.0	128	100.0	255	100.0

性比例（一）

年龄	男	女	性比例
4 以下	10	12	83.3
5—45	94	77	122.1
45 以上	23	39	59.0
总计	127	128	99.2

第三章　人口

人口金字塔
（廿二年八月）

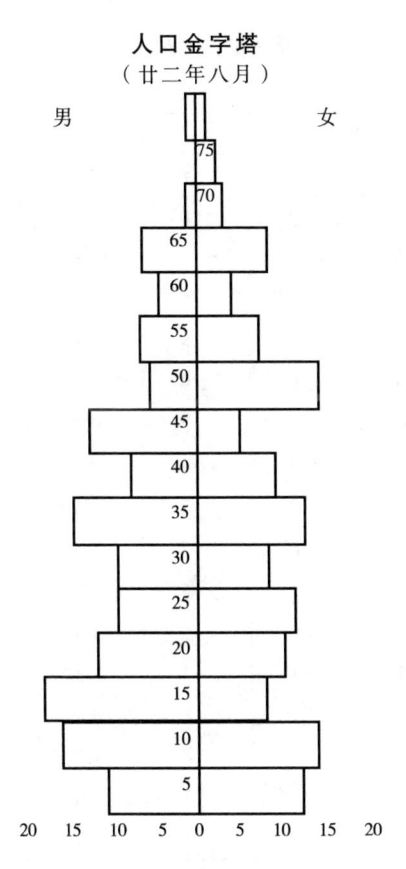

男　　　　　　　　女

两性年龄分配比较
（廿二年八月）

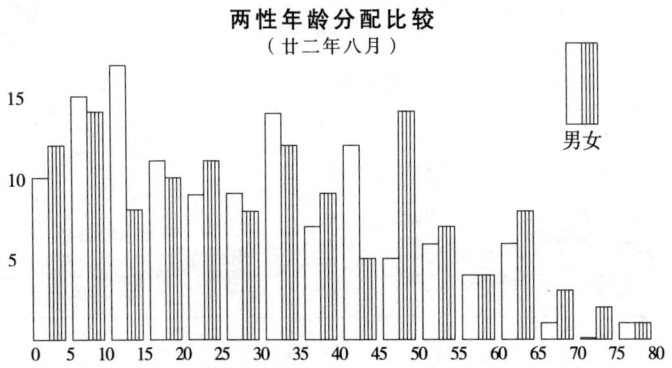

男女

年龄及性分配（二）
（二十三年二月）

年龄组	男		女		共	
	人数	%	人数	%	人数	%
0—4	12	9.4	10	7.9	22	8.6
5—9	16	12.5	15	11.8	31	12.2
10—14	14	10.9	8	6.3	22	8.6
15—19	12	9.4	8	6.3	20	7.8
20—24	9	7.0	9	7.1	18	7.1
25—29	10	7.8	12	9.4	22	8.6
30—34	12	9.4	11	8.7	23	9.0
35—39	8	6.3	7	5.5	15	5.9
40—44	11	8.6	7	5.5	18	7.1
45—49	6	4.7	15	11.8	21	8.2
50—54	5	3.9	5	3.9	10	3.9
55—59	4	3.1	3	2.3	7	2.7
60—64	6	4.7	8	6.3	14	5.5
65—69	2	1.6	6	4.7	8	3.1
70—74			2	1.6	2	0.8
75—79	1	0.8	1	0.8	2	0.8
总计	128	100.0	127	100.0	255	100.0

性比例（二）

年龄	男	女	性比例
4以下	12	10	120.0
5—45	92	77	119.5
45以上	24	40	60.0
总计	128	127	100.8

五　年龄分配

年龄分配可以分三方面去观察：

（一）男子年龄分配　男子最多的时候是十岁左右，到四十五岁以后就渐渐减少。十五以前的占 33.1%，十五至五十之间，占 52.7%，五十以后，占 14.2%。

（二）女子年龄分配　女子最多的时候是十岁以前，和将近五十岁前，过了五十岁就渐少了。却比男子的四十五后才减少的晚五年。十五以前占 26.6%，十五至五十之间占 53.9%，五十以后占 19.5%。这一套数字比上述男子底那一套，差的不少；而且证明女子年龄是向后延长的，不若男子向前集中。

（三）全家庭人口的年龄分配　人数最多时是女子最多时的十岁前，和男子很多时的三十几岁。五十以后，就渐减了。十五以前的占 29.8%，十五至五十之间占 53.3%，五十以后占 16.9%。这种分配按 Whipple 底或按许仕廉的标准，都是稳定的，但是按前者公式则十四以下的少 3%，按后者公式则五十以上的少 3%，因为卢村中年的人数多 50% 以上。

年龄分配与生产　年龄分配与经济的生产能力有关系。虽然在乡间很少人闲着——除了极幼和极老的人口以外，普通不管男女老幼多少都是生产的——却仍可拿二十岁到五十岁的人口为生产的主力。在此年龄中的，有百十六人，占全人口的 45.2%，其中男五十六（21.9%），女五十九（23.3%）。所以生产分子还不到一半，而因女子生产薄弱，于是只剩下不到四分之一的男子了。这少数男子中，还有因疾病和残废而不能生产的。

三期年龄分配

年龄	男		女		共	
	廿二年	廿三年	廿二年	廿三年	廿二年	廿三年
0—14	33.1	32.8	26.0	26.0	29.8	29.4
15—49	52.7	53.1	53.9	54.3	53.3	53.7
50—	14.2	14.1	19.5	19.7	16.9	16.9
总计	100.0		100.0		100.0	

进定退人口之年龄百分比式

年龄	前进式		稳定式		退步式	
	Whipple	许仕廉	Whipple	许仕廉	Whipple	许仕廉
14 以下	40	35	33	30	20	20
15—49	50	50	50	50	50	50
50 以上	10	15	17	20	30	30

六 婚姻状况

（一）结婚比例　有多少可婚的和多少不可婚的呢？若拿十六岁（其实男女又应不同）为可婚和不可婚底界限，则男中64.6%是可婚，而女中有71.1%是可婚的。可婚的女比男多6.5%。不可婚的男35.4%，比女28.9%却多6.5%。或说可婚的性比例是90.1，不可婚的是121.6。

可婚的有多少是已婚了呢？男的有六四人，另外有五人虽是已婚了，但不详是否是可婚期间结婚的，所以没有算入。这六四人，占可婚的 78.1%。女的有七六人（也有八人因不详，而未计入），占 83.5%。可婚的男子少（如因早死）也许是男女两百分数之差 5.4% 的原因，又一原因却应是女子少有晚结婚的，未婚的 95.2% 是在二十以前，二十五以后，也只有一个三十的老处女。而男子却直到四十岁才没有不结婚的。

结婚比例

项别性别	不可婚 16 以下		可婚 16 以上		总数	可婚的已婚数	可婚与可婚的已婚 %	不可婚的已婚数	结婚总数	结婚总数与总数 %
	人数	全人口之%	人数	全人口之%						
男	45	35.4	82	64.6	127	64⁺	78.1	2	71	55.7
女	37	28.9	91	71.1	128	76*	83.5	2	86	67.2
共	82	32.2	173	67.8	255	140	80.9	4	156	61.2

+ 另 5 人不详是否可婚
* 另 8 人不详是否可婚

不可婚的年龄也有已婚的，男女各二。是极少的。若不详的五男八女可算在可婚内，那么可婚的已婚百分数男的就增为 82.9，女的增为 92.3。共增为 87.9。

可婚未婚分配

年龄	男				女			
	已婚		未婚		已婚		未婚	
	人数	%	人数	%	人数	%	人数	%
0—14			42	74.9			34	80.9
15—29	19	26.8	10	17.9	22	25.5	7	16.7
30—44	29	40.8	4	7.2	25	29.1	1	2.4
45—59	15	21.1			25	29.1		
60—74	7	9.9			13	15.1		
75—	1	1.4			1	1.2		
总计	71	100.0	56	100.0	86	100.0	42	100.0

（二）初婚年龄　男子初婚年龄的分配，是广播的，自十岁至三十岁都有。而十五——十九岁时结婚占结婚数 56.1%。而尤以十六、十八等岁为最多，至于二十——二十四组则还不到十五——十九组的五分之二。

男子初婚年龄分配

年龄	男数	%
10—14	8	12.1
15—19	37	56.1
20—24	14	21.2
25—30	7	10.6
总计	66	100.0

不详 4 人（现皆 50 以上）

女子初婚年龄的分配和男子不同了。它比较集中，意即晚婚的不多。二十五岁以后结婚的只占 6.5%，比男子少 4.1%。可是在十五——十九组中结婚的有 63.6%，比男子多 7.5%，十五以前结婚的 13.0%，也比男子 0.9%。可见女子比男子多有早婚的趋势。由二十——二十四组的男 21.2% 比女 16.9% 多 4.3%，也可证明男子有晚婚趋势。

结婚最多年龄男是十六和十八，女也是这样。不过校正过的数学中数是男 18.5 岁，女 18.2 岁。则男女初婚年龄多少是男晚于女，若只以十五——十九组来论，则较正数学中数是男 17.2，女 16.7，更是男晚于女。夫幼于妻的也不到半数。

女子初婚年龄分配

年龄	女数	%
13—14	10	13.0
15—19	49	63.6
20—24	13	16.9
25—29	4	5.2
30—35	1	1.3
总计	77	100.0

不详 5 人（现皆 45 以上）

（三）夫妻年龄　六十五对夫妻中有三十对（即46.0%）是夫长于妻的，幼于妻的是43.1%。但除去五对（应不止此数，夫妻相差八岁以上都可疑）续弦外，以二十五对来和夫幼于妻的二十七对（即二十八对中除去一对夫小三岁的续弦）比，是48.1比51.9。而且同年岁的，有多一半（四对）是夫幼于妻的。所以夫幼于妻又较多，而且相差只在三岁以内；这与有时夫长妻二十三岁的大不相同。不过这大二十三岁的个案并非卢村土著，而是二十一年来的租户。

夫妻年龄比较

相差	岁数	人数		%
夫幼于妻	1—3	28		43.1
夫妻相等	0	7		10.9
夫长于妻	1—3	12	40.0	46.0
	4—6	9	30.0	
	7—9	3	10.0	
	10—12	5	16.7	
	23	1	3.3	
总计		65		100.0

夫易小于妻，和早婚有关；上面初婚年龄段中，虽然知道男子结婚比女子平均要晚些，然而这只是一个平均数，实际上，夫幼于妻的如上所论，占了一多半。

在表中可以看出一种趋势：十五以前是没有不夫幼于妻的，这大概是为妻底功用在这时期只是经济的，而非生物的。以后五岁中有夫长于妻的了，然而这时夫长于妻的也只有夫幼于妻的一半（55%）而已。

惟有二十岁以后结婚的男子才有两倍半（10比4）的夫长于妻。

二十五岁以后的男子才绝对不娶比自己大的女子了。这大概是因为（一）女子青春易逝，而男子不愿娶老妻。（二）女子难于晚聘，也都极力早嫁，于是男子也无处找老处女了。但调查时全村有一个三十未嫁的老女，调查时，家长说不必写在调查表上，因为她已订了人家了，意思就是女子很晚才嫁出，不是光荣的事。以后不久，在年前嫁了。

二十五岁以后结婚的男子虽然不能说都准是续弦，然而全数在二十一个年龄间只占 12.9%，总算很少的了。

还有一个可注意的现象是：男子结婚愈晚，则夫妻相差年龄，也愈大，这个趋势，或者就是因为女子结婚年龄是乏伸缩性的，到了十五岁二十岁之间，必须嫁了，夫底年龄显得无关紧要。可是作续弦的女子多半是在二三十岁之间。

夫妻年龄比较（一）
（以夫之结婚年龄为准）

年龄	夫幼于妻	夫妻相等	夫长于妻					总计	
	1—3	0	1—3	4—6	7—9	10—12	23		
10—14	4	2						6	9.4
15—19	20	3	9	2				34	53.1
20—24	4	2	3	6	1			16	25.0
25—29					1	2		3	
30—34						2		2	
35—39					1	1		2	12.5
40—44									
45							1	1	
总计	28	7	12	8+	3	5	1	64+	100.0
			41.4	27.6	10.3	17.3	34		
	43.8	10.9	45.3					100.0	

+ 应为 9（总数应为 65），因一对不详结婚年龄

女子结婚年龄底无多大伸缩性，也可以从此较表（二）看出。十五——十九组的四十四女子中，嫁与长于己二十三岁乃至幼于己三岁的都有，可见夫底年龄影响不大，虽然与夫年龄差得愈大的，人数愈少。

夫妻年龄比较（二）

（以妻之结婚年龄为准）

年龄	妻长于夫 1—3	夫妻相等 0	妻幼于夫					总计	
			1—3	4—6	7—9	10—12	23		
10—14	1	2	3	1				7	10.9
15—19	21	3	7	7	2	3	1	44	68.7
20—24	4	2	2			1		9	14.1
25—29	2				1			3	4.7
30—34									
35						1		1	1.6
总计	28	7	12	8	3	5	1	64	100.0
			41.4	27.6	10.3	17.3	3.4		
	43.8	10.9	45.3					100.0	

妻长于夫与妻幼于夫底比例，虽然是43.8比45.3，如果不算入六个续弦，则如上述一样，变为52.9比47.1。十五——十九组中，妻长的二十一对，妻幼的二十对。如果将前者中的一对和后者中的两对续弦不计，则是20比18、52.6比47.4。

但是十——十四组中妻长的只有一对，而妻幼的却有四对。这种幼年结婚，大概全无经济的原因，年龄太小自然不能若何操作，于是妻就恢复常态，而幼于夫了。

这种经济原因底影响，甚至达到二十以后嫁来的女子，二十——二十四组中妻长于夫的四对，而妻幼于夫的三对，若不计续弦，只有二对。二十五——二十九组中，妻长的二对，而妻幼的只有一对，而这一对还是续弦。三十五的那一对虽是妻幼，也是续弦。

（四）续弦及再嫁　六十五对结婚中，有七个续弦，是10.8%。男子多是在二十岁至四十岁之间续弦，四十以后就少了。女子多是在二三十岁间作人家的后妻，而二十以前又比三十以后为多。所以续弦的夫妻相差的年龄常在十岁左右。

人口调查时，没有再嫁过的女子，虽然以前有过。不过在调查后五月，村中有一个四十一岁的鳏夫娶了一个三十多岁的外村寡妇。调查后八个月又有一个三十七岁的男子娶一个三十一岁的本村寡妇。

（五）鳏寡　寡妇与已婚女子比起来有四分之一。若与同年结婚女子比起来，则为三分之一，而且寡妇的比例是与年龄俱增的。然而自三十到五十，其间虽然增加，而到五十以后的五年忽然大跌。然后才又上升。四五—四九的大量寡妇数，也许是因为这时的男子五十来岁，容易死亡。五十以后十年间的降低，或因五十以后的女子死亡更快，以致寡妇显得少了。否则这次骤落碰巧是例外。

寡妇

年龄	寡妇数		与同岁结婚女子百分比		
	人数	%	同岁结婚人数	%	与已婚女子（86）总百分比
30—39	2	9.6	20	10.0	
40—49	6	28.5	19	21.6	
50—59	2	9.6	11	18.2	
60—69	8	38.0	11	70.0	
70—79	3	14.3	3	100.0	
总计	21	100.0	64	32.8	24.4

虽然没详细调查从何年龄起守寡的才多,但已知有十四岁结婚后没到十七(夫十五死)就守寡了的,到二十三年再嫁时,已三十九了。又有一个到五十九才守寡,夫比她大三岁,二十二年冬死夫。

结婚早晚与守寡没有发现什么关系,十四岁、十八岁,或二十岁结婚的都有三个寡妇,其余的寡妇分布于各结婚年龄。

鳏男因有续弦而少了,只有六人,最幼是三十三,最老是六十三岁,即使将六个续弦算上,也只十二个死了第一个妻的人,(同岁已婚的男子底13.0%,总已婚男子的8.5%。)这十二之数比没有第一个夫的二十一人全已婚女子的24.4%,实数少十五,百分数少15.9。

六鳏男比二十一寡妇少约三倍半。鳏男底较少于寡妇乃因(一)男多续娶,而女少改嫁。(二)男子早死,而妇女寿长。

七 亲子状况

(一)一般情形 男子在四十以后就没有父母双全的了。二十以前也没有父母双亡的。

亲子

年龄	子				女			
	有父母	无父母	无父	无母	有父母	无父母	无父	无母
0—9	24			1	25		1	
10—19	22		2	3	14			
20—29	11	3	4		1			
30—39	7	5	8		1			
40—49		11	4	1				
50—59		10						
60—69		7						
70—79		1						
总计	64	37	18	5	41		1	
	51.6	29.9	14.5	4.0	97.9		2.1	
	124				42			

父母双全的人数与年龄成反比例,与父母双亡的人数与年龄成正比例相同。父亡母存的人数与年龄在三十五以前成正比例,三十五以后忽成反比例。这是因为三十五岁以后母存的也少了,于是有许多都计入在父母双亡之内了。

无父的有十八人,而无母的只有五人,原因是寡妇因夫常早死和极少改嫁而多,同时鳏男因男多早死而又多续弦而少。

父母存在与年龄

年龄	男子全数	有父母数	百分比
0—4	10	9	96
5—9	15	15	
10—14	17	13	79
15—19	11	9	
20—24	9	6	61
25—29	9	5	
30—34	14	4	33
35—39	7	3	

父亡母存与年龄

年龄	男子全数	父亡母存数	百分比
10—14	17	1	6
15—19	11	1	9
20—24	9	2	22
25—29	9	2	21
30—34	14	6	43
35—39	7	2	29
40—44	12	3	25
45—49	5	1	20

父母双亡与年龄

年龄	男子全数	无父母数	百分比
20—24	9	1	11
25—29	9	2	22
30—34	14	3	21
35—39	7	2	29
40—44	12	8	67
45—49	5	3	60
50—54	6	6	100
55—59	4	4	100
60—64	6	6	100
65—69	1	1	100
70—74			
75—79	1	1	100

女子与男子情形完全不同了。除了一个没有父亲以外，都是父母双全。这是因为女子出嫁早，在父母没有死以前，都已嫁出去了。

（二）孤儿女　若以初婚年龄来定儿童是否孤了，则子女在十八岁以前没有亲生父母就可算孤儿或孤女了，十八岁以前的男孩有四十九，女孩有四十一。四十九个男中四个无母，二个无父，共六个孤儿，占 12.2%。寡妇虽多于鳏男，孤儿却是无母多于无父，多二倍。父母全无的孤儿却没有。

孤女只有一个无父的五岁的女孩，孤女这样的少，只占十八岁以前的四十一女孩的 2.4%。比起孤儿的占十八岁以前男儿的 12.2%，少五倍，这也许受生子多于生女的影响，也许孤女多嫁出了。

八 生产

没有作了生产和死亡的登记,则二者的比率底研究是不会准确的。可是也可从它方面得到大概的情形。

八十六个已婚妇女中,有详细生育记录的有七十六人,即已婚女底88.4%。不过七十六人中又有十二人没有生育过。所以有记录的生育过的母数有六四人,占74.4%。可以代表一般情形。

生育力

年龄	母数	生数	每母平均生数	存数	每母平均存数
20—29	13	17	1.3	15	1.2
30—39	15	45	3.0	32	2.1
40—49	17	61	3.6	40	2.4
50—59	10	49	4.9	37	3.7
60—69	8	28	3.5	16	2.0
70—79	1	4	4.0	1	1.0
总计	64	204	3.2	141	2.2

生数不详之母

年龄	母数	存男	存女	平均每母存数
20—29	2		2	1.0
30—39	3	2	2	1.3
40—49				
50—59	1	2	2	4.0
60—69	2	2	3	2.5
70—79	2	4	3	3.5
总计	10	10	12	2.2

一个母亲可以生育多少子女呢？最少的当然是不生的了，最多有十二个的。六四个母亲总共生了二〇四个子女。平均每母生 3.2 子女。然而存活的只有一四一，即每母平均只存 2.2。所以有三分之一的损失。生二〇四，存一四一，即死六三。死亡率就是 308.8‰。这比男子 324.3‰小，比女的 290.3 大。

生育与无生比较

年龄	生育妻数	无生妻数	已婚数
15—19		4	4
20—29	15	3	18
30—39	18	2	20
40—49	17	2	19
50—59	11		11
60—69	10	1	11
70—79	3		3
总计	74	12	86
	86.0	14.0	100.0

十个生育数不详的母亲所存活的二十二子，每母平均正是与上面所得相同的 2.2。

无生育的已婚女底无生育，不外两因：一因夫之早死，例如有一个是十四岁起就守寡的；一因生理上尚未生育；至于根本上不能生育的还不能证明存在，只有一个六十三岁的寡妇从来没有生过子女，不过她的丈夫是否在她五十以前死的，没有调查出。

虽然平均一母可生三人，而存二人，但最多的却是一母生一子或一女的，共十八人（占六十四母底 28.1%）。次多的应是一母有两个孩子的了，实际上却不然，只有十一母是有两个孩子，只占 17.2%。次多数实际上是一母三个孩子的，占 18.7%，生两子女与生三子女的母数，实际上几乎相同。

子女合起来看，虽然生育次数与母数成反比例底整齐次序被生育两次的母数稍微破坏了，将子女分开来看，却极整齐。

生过一个男孩的占全生过男孩底 41.8%，生过两个的占 36.4%。这就是生过两个以下的占 78.2%，生过更多的仅约五分之一而已。

生过一个女孩的百分数更大了，几乎占五十个生过女孩的一半（46%）可是生过两次以内的不到五分之四。

可注意的是生子多于生女的现象。只生一个子或女的，由百分数看来，是生女的多于生男的 4.2%。但所生女孩实数反而少了。这是一。生育两次子的比两次女的多——实数上，百分数上都多。所生女孩自然也就少了，这是二。子有生六个，甚至于生九个的，虽然只占 3.6%。但实数的影响不小，占全子数的 13.5%。生女的却顶多生四个。这是三。有这三点，女少于子，性比例变为 119.4。这比总性比例多 20。因为总性比例中也计入了比老年男子多得很多的老年妇女。这 119.4 近乎生产性比例。

生育次数同存活数有很清楚的相关：

生育只一次的，存活数占生育数 94.4%。生一千只死五十六人。以下就加速度地降低，以至 47.2%，生一千死五二八人。

生育过了五次，存活数的百分数，忽然增高，随即起伏，最后达到最低的 41.7%。每千人死五八三人。

其实这种起伏，并不是一般的。生育五次以上的共有十四人。占全数底 21.9%。比生育四次以内的 78.1%，差多了，于是似乎不能有多大重要，不过从生育数和存活数来看，则此起伏也不可忽视。这十四母生育了八十六孩子，占二〇四的 42.2%，每母平均生育 6.1%。这十四母存活了五九孩子，占一四一底 41.8%。每母平

生育次数分配

每母生育次数	母 实数	母 %	子 生育 实数	子 生育 %	子 存活 实数	子 存活 %	子 存活与生数 %	母 实数	母 %	女 生育 实数	女 生育 %	女 存活 实数	女 存活 %	女 存活与生数 %	共 母 实数	共 母 %	共 生育 实数	共 生育 %	共 存活 实数	共 存活 %	共 存活与生数 %
1	23	41.8	23	20.7	18	24.0	78.3	23	46.0	23	24.7	18	27.3	78.3	18	28.1	18	8.8	17	12.1	94.4
2	20	36.4	40	36.0	26	34.7	65.0	15	30.0	30	32.3	24	36.4	80.0	11	17.2	22	10.8	19	13.5	86.4
3	7	12.7	21	19.0	13	17.3	61.9	8	16.0	24	25.8	10	15.1	41.7	12	18.7	42	20.6	29	20.6	69.0
4	3	5.5	12	10.8	9	12.0	75.0	4	8.0	16	17.2	14	21.2	87.5	9	14.1	36	17.6	17	12.0	47.2
5															6	9.4	30	14.7	24	17.0	80.0
6	1	1.8	6	5.4	5	6.7	83.3								5	7.8	30	14.7	18	12.8	60.0
7															2	3.1	14	6.9	12	8.5	85.7
9	1		9		4																
12															1	1.6	12	5.9	5	3.5	41.7
总计	55	100.0	111	100.0	75	100.0	67.6	50	100.0	93	100.0	66	100.0	71.0	64	100.0	204	100.0	141	100.0	69.2

均存活4.2%，其生存数与生育数底比例是68.6%，与全体计算得的69.2%，可说相等。由此看来，母数虽少，而影响于人口实大。影响了生育数或存活数底五分之二。

如果认生了十二个孩子的母亲（也就是生了七个以上的孩子的母亲）为例外，而不计入，则生五次，六次，乃至七次的十三母，占六十三母底20.6%。则生育的七四孩子，只占总数一九二的38.5%。存活的五十四孩子，只占总数一三六底39.7%。这存活的百分数多于生育的百分数，和上述少于的正相反；存活数占生育数底73.0%，这比总比例69.2%也大了不少，似乎生育得多，则存活底机会也多了。这是一个问题。有婆媳二人，都生过四个孩子，婆一子三女，媳三子一女，现在这一家却只存了这两个可怜的寡妇，是绝户了。她们对于存活数有相当的影响。

生育中的性分配如何呢？六十四个母亲中，有五十五个生过子的，就是说有九个（14.1%）没有生过女的，有五十个生过女的，就是说有十四个（21.9%）没有生过子的。或说这二十三个只生一性的母亲中有60.9%生男，39.1%生女，或说一百生子的母亲有64.3%生女的母亲，就是一百生女的母亲有155.6生子的母亲。也可见生子多于生女。

但生男多于生女的性形是怎样的呢？

生的都是子的母数比生的都是女的母数多一倍半（155.6比100），而所生子比所生女几多两倍半（230比100）。只生一性的虽然是不多于女，但两性都生的母亲却是生女多于生子。生子多于生女的母亲有20.3%，而生女多于生子的却占25%，相差4.7%。然而所生子和女比起来，却只是31.4%比33.8%，少2.4%。

这生育比较按所生数可以顺序排下去，则是女多于子，子多于女，子女各半，皆子，最少的是皆女。若按母数则是：女多于子，皆子，子多于女，子女各半，最少的还是皆女。

子女生育比较

每母生数		母数		生数		共生		
		实数	%	子	女	实数		%
皆子	1 2 3	7 5 2	21.9	7 10 6		7 10 6	23	11.3
子多于女	2∶1 3∶1 4∶2 6∶1 9∶2	5 3 3 1 1	20.3	10 9 12 6 9	5 3 6 1 3	15 12 18 7 12	64	31.4
子女各半	1∶1 2∶2 3∶3	6 5 1	18.7	6 10 3	6 10 3	12 20 6	38	18.6
皆女	1 2	8 1	14.1		8 2	8 2	10	4.9
女多于子	2∶1 3∶1 3∶2 4∶1 4∶2 4∶3	6 2 4 2 1 1	25.0	6 2 8 2 2 3	12 6 12 8 4 4	18 8 20 10 6 7	69	33.8
总计		64	100.0	111	93	204		100.0

最重要的一个关于生育力的问题，是生育年限问题，如果生育年限长，所生的自然也当多。

生育年限

现年	生最近子年龄							总计	
	16—19	20—24	25—29	30—34	35—39	40—41	47		
20—29	4	7	3					14	20.0
30—39		1	7	9	1			18	25.7
40—49		1	3	6	3	3		16	22.9
50—59		1	1	2	6	1		11	15.7
60—69		3		3	2			8	11.4
70—79			1			1	1	3	4.3
总计	4	13	15	20	12	5	1	70	100.0
	5.7	18.6	21.4	28.6	17.1	7.2	1.4	100.0	

这里所调查的七十人中，并不一定全是母亲最近或最后所生的子女，因为有的最近所生的女儿已然到了成年，嫁出了，而且这种嫁出了的最近生的女儿是母亲几岁生的，没有调查，不过这生育年限底统计不会因缺少出嫁了的最后生的"老姑娘"而失其意义，因为最近或最后所生的也有男儿，男儿的生育早晚当然应和女儿一样。

最低的生育年龄是十六岁，只有一个人，她是这一岁结婚的，同年就生了一个女儿，丈夫大四岁。再大就是一个十八岁生了一个男儿的，是十五结的婚，夫长五岁。

最老的生育年龄是四七岁，这母亲在这个岁数上生了一个男孩。

生育最多的是在三十岁至三十五岁之间，现在的此年龄组间的母亲固是如此（七十人口占28.6%）就是看以前生育最多的年龄组，也是三十岁到四十岁的，占25.7%。

自十六岁至四十七岁，三十一年间，是可能生育的，如以整数而论，则十六向下退到十五，四十七向上进到五十，则可能生育的也只在三十五年间，再小或再老都不能生了。

关于生产率的问题，因无逐年登记，只可推算。六十四个有详录的母亲生产过二〇四个子女，全村七十四个母亲应当生产二三六个，既然只有三十一年间是能生产的，则二三六被三一除，得 7.6，就是每年生产的，除去每年死亡 2.4（幼儿死亡见下节），净存 5.2。这 5.2 比现在净存的孩子数十一还少，虽然比两岁的（即前一年的一岁的）三人多。

以全村二五五人计，则每年每千人生产率是三十。以全村七十四母计，则每年每千母生产率是一〇三。

九 死亡

五十五个母亲生子一一一人，死三六人，死亡率是 324.3‰，五十个母亲生女九三人，死二七人，死亡率是 290.3‰。可见子较女易死。

六十四个母亲共生子女二〇四人，死六三人，死亡率是 308.8‰。真正的婴儿死亡率应该还高些。

二十二年一年中死了成人（三十岁以后的）五人（三男二女），成年死亡率在全村二五五人口中是 19.6‰。二十一年中死了成人四人（男女各半），成年死亡率是 15.7‰。

八六已婚女中，生育过的有七四人。既然六十四母死六三子女，则七四母应死七三。这七三子女应是在三一年间死的，即应每年死 2.4。这幼儿死亡率是 9.4‰。

所以二十二年的总死亡是 7.4（5 加 2.4），死亡率即 29.0‰。实际总死亡率也许稍高，因为上述幼儿死亡中或遗漏些婴儿死亡。所以 30‰ 的生产率和 29‰ 的死亡率几乎相抵，人口因而是稳定的，不退步，也不进步。

十　残疾

全村有二瞎子，皆寡妇，一年六十三，一年七四。有一四四岁男子，双目只露微光。

有哑妇一人，年四六，夫已在北平安家多年了。

有幼时受伤的瘸男子，年四十一。

有"喘儿"（即肺痨）多人，二十二年阴历九月初一到十二月初三，共死了二男一女，现在最利害的还有三男一女。

以上十来个人，除哑巴和程度不深的瘸子以外，已经不能作什么了。

缠足妇女底人数，与年龄成正比例：二十四岁以下已然没有缠足的了——即本村未嫁女，无缠足的。所有缠足的共十三人，占二十四及以后女子七十八人的 16.7%，七十八人中有十四人是旗家妇女（媳非皆旗女），于是缠足女占二十四岁及以后的汉女 20.3%，缠足女子占全村女子 10.2%；全村女子除去二十八旗家女，缠足女子数占汉女底 13%。

有辫子的男子共六人，分散于四家，其中一旗家有父子三人有辫，其余三家皆汉人，且有十一岁子有辫，余二人则一年四十九，一年五十九。他们在村中只有低级地位，留辫原因未闻即为表示不忘满清。

十一　职业分配

除四家外，有五十一家或是种自己底地，或是租人家底地，或是典人家底地以为生，所以有 92.7% 家以农为业。

那不业农的四家，一家靠女家主作活计，一家靠男子出外为佣，一家靠一个儿子出外经商，又一家靠三个儿子出外经商和为工。

五十一个农家有二十二家有正式副业，副业有村外学和村内学的两种，在村内也有不学而能的。

村外学的副业现在还能作的，占全数21.1%，远不及村内学的和不学的占78.9%。原因村内学的或不用学的副业成本轻，切实用，而且工作简单。

搭棚是村中的主要副业，人数占总数26.9%，占尚在工作的人数的36.8%。而在常年工作中，占70%。

村内副业

年龄	村外学		村内学或不学		总计	
	已歇	还作	常年	农闲		
14—19				2	2	7.7
20—29			2		2	7.7
30—39	1	2	2		5	19.2
40—49	4	1	4	2	11	42.4
50—59		1	1	1	3	11.5
60—64	2		1		3	11.5
总计	7	4	10	5	26	100.0
		21.1	52.6	26.3		
	26.9		73.1		100.0	

有副业的以四五十岁之间的为最多，占42.4%。其前的十年较其后的十年为更少。

因为家庭是经济活动的基础，有两种副业是各兄弟二人，有两种是各父子二人，所以很可看出，同行常有血统关系的痕迹。

在外男口

年龄	初出年龄		初婚年龄与结婚年龄差				在外年数		初出年龄不明	在外职业		在外地点		总计	
	13—17	19—24	未婚	婚前	同年	婚后	10以前	14—26		铺户	仆役	北平	它处		
14	1		1				1			1		1		1	14.3
15—19	3	1	2	1			3			3		2	1	3	
20—24	4	1	1	2		2	5		1	6		5	1	6	64.2
25—29	4	1	1	2	2	2	4	1	1	5	1	4	2	6	
30—34	2	3		2	1	2	3	2	1	5	1	5	1	6	
35—39	1	1			1	2		2	1	2	1	3		3	21.4
41	1							1	1	2		1	1	2	
50									1	1		1		1	
总计	16	6	5	7	4	6	16	6	6	25	3	22	6	28	100.0
	72.7	27.3	12.7	31.8	18.2	27.3	72.7	27.3		89.3	10.7	78.6	21.4		
	100.0		100.0				100.0			100.0		100.0			

在外的家庭人口二十七男子，其中五人（二十七底 18.5%）是由三个不务农的家出去的。其余二十二人（81.5%）都出自农家。

在北平佣工的也有女的，就是那本村唯一在外女口，她已是一个六十多岁的寡妇了。

男子却没有五十岁以上还在外的。在外男口以二十至三十五岁之间的为最多，占 63%。这年龄比本村的副业最高年龄轻十多岁。可见人口精华总是被城市吸收去了。

十二　迁出

以上二十七男及一女，虽在外工作可以赚钱回来，不过已然将最宝贵的时代换在城市里了，村中只剩下在外奋斗失败了的，告老还乡的，不配外出的，和没有机会外出的分子。

在外男口占同年龄的男口 30.1%，而占同年龄男女总数 16.3%。

年龄	Ⅰ在外男数	Ⅱ男口数	Ⅲ男女数	Ⅰ：Ⅱ%	Ⅰ：Ⅲ%
10—24	10	37	65	27.0	15.4
25—39	15	30	58	50.0	25.9
40—54	3	23	49	13.0	6.1
总计	28	90	172	30.1	16.3

在外男子数量多，质也好。在外男子只有四分之一不识字，而识字者占全村同年龄识字者 45.7%（见教育章）。

以上的在外人口将来大概没有什么不回来的，因为村中因出外工作而永远迁出的情形不多，以下是迁出后还有断绝消息的家庭。

村中有两家的长兄都将自己底家搬到村东南的贺家村去了。原因大概是此村不如贺家村容易生活。其一是洪家的五子之中的长子，按理不应离开老家，也不应离开多年在自己势力之下（洪家是旗人）的村子。然而旧日的权威、古来的遗规，终敌不过经济的压迫！

又有一家是本村傅家底本家，曾开小铺，男家主已死，女已嫁西三旗，子出外为"跟门子"，女家主也出外为佣。房子典给棚铺了。所以虽然迁出，与本村仍有关系。

又有一家是招来的女婿，生了一个孙女，现在这十五岁的孙女和她六十四岁的寡祖母在一起过活，而她这父母却自己搬到平西府去住了，不过这一家的地亩，那老寡妇固然说是自己底，也在村会中交青钱，她这住在平西府的女婿也说是自己底，所以他同卢村的关系仍是藕断丝连。甚至卢村合作社他也加入了，不过我未算他和他的妻为本村人口。

二十一年迁出了一家开棚铺的，村中搭棚的差不多都是他底徒弟。他底儿子与儿媳常打架，打得死去活来，村中人不安，他们受不住舆论的压迫，就搬到单家村去了，最近老人已死，小夫妻打得更利害，听说在那个村子又不能站着脚了。村中舆论是乡村迁徙一个很可注意的因子。

还有一种人虽然村子里还有家，但永不回来了：有一个可怜的哑妇，她底丈夫已然抛弃她多年而到北平另组家庭了。这哑妇现在寄托在夫弟家里。又有一个人，许多年前外出了，至今没有音信给他底家中老母和三弟，他失踪了。

还有一种迁出是婚姻的。二十二年有两个女子，先后在年底嫁出去了：年十三的嫁到五里外的后屯，年三十的嫁到八里外的平西府。

以前村中有一人过继给黄土，也是迁出底一类型。

十三 迁入

迁入的人家都是经济力薄弱的：

民国九年搬来一家三口，是从深州来的，大概是受不了那里人口拥挤底压迫，才到本村租地种，租了三十二亩，二十三年潦得他们很苦。三十七岁的儿子从十二岁就在北平佣工，全家的北来，也多少受他儿子底影响。到这里一无长物，老两口租三间东房，住两间。

又两家是定兴县来的：一赵、一刘，赵姓三人（主、子，和族侄）。刘姓五人：主、妇、子、弟、侄，此两姓曾同至德胜门外租地种，在二十一年才搬来本村，住村北，有房三间，居其二，租地一百十亩。赵有带来的黄牛一条，离定兴北来，就是这牛驾车来的。刘则已十多年没有回定兴了，到过丰润，到过滦县，他们出来，并非因为灾荒，只是不易生活。

以上三家都是远来的，都是租地。有一家看坟的，也是第一代迁入者，来自西北的白树洼。又有一家，是来自清河以南的白庙的，夫为本村前乡副佣，二十二年夏死，妻借村中场房（妻舅家的）二间住。妻现年四十八以做活谋生，子年十七，初无所事，又笨，但不久即出外找得一事做。

整家搬来的以外，又有娶来的女子，二十二年有两人，都是年底下娶来的，一个是三十多岁的再醮妇，一个是十六岁的新妇。

由外村过继来的和招来的女婿共三人，也应计入迁入人口。

第二节 非家庭人口

一个村子除了有家庭的人口以外，还有许多无家庭的，和家庭不在这里的人口。

一　家庭内人口

（一）做活的　二十三年全村做长活的有十四人（比二十二年少一人），分配在十家——用三人的一家，用二人的两家。另外秋忙中临时雇的也不少。

做活的有本村的和外村的两种，本村的又有有家的和无家的，外村来的占多数（十四人中之九），有的与地主全无关系，有的是亲戚，这外村来的极多的昌平人，而最多的是昌平七区人，宛平五区和清河以南的也有。

（二）住闲的　乡长家住有嫁出去了的寡姐和妻姐。她们住了许多年了。二十二年底因为黄土东村本家的妻妾不和，又将这家的妻和孩子接来住过年。李家媳有妹，寡无子，不愿回娘家，反常到姐姐处来住。陈家有弟，是北平饭馆行（现在南苑），年四十余，孑然一身，回乡时就住在陈家。

二　家庭外人口

卢村以前有私塾，民十七以后，改为小学，不论塾师和教员，都不带家眷来，以前私塾教员有的是外县人，改学校后，却都是本县人。

有一个"光棍"，也不属任何家庭，他虽是阎族，却一个人白住人家的房子，成为"住房的"，他须管管这人家对外的事，有如仆役，而地位却多少与本家平等。

有一家看坟的也有一个住房的，他是外村人。

第四章　家庭

第一节　组织

一　纵的组织

家庭是一种有连续性的组织，在中国它尤是一个继往开来的单元，卢村人当然也注意他们每家已往的历史，但他们没有一家有家谱的，例如最古的李家和孙家固然坟地已有许多平为耕地，连已往的家族传说都极少了，有的人家知也知不远，例如汉军旗阎家底祖先是一个明兵官，清入关后，降而为汉军旗，且搬入卢村住，此人尚有坟在村北，坟地势很好，大概家道不曾太坏。清末家道中落有"大爷"（大排行"八爷"）名成章，进城教书，再到总理衙门抄写，以后作了安徽道，又回京作左都御史，就大富起来了，光绪二十六年闹洋人始丢官。在北京护国寺街筑了一所宅子，门框上有"成宅"门牌——是模仿旗人以名为姓。但民国后又在那一边门框上挂了阎宅的牌子。表示自己不是旗人，到现在成章家还盛，上下五十口，常放债，对亲友有时也不要利息，房租及利钱年可剩二三千元。

成章有弟为成勋（即阎貌称十爷），作过吉林副都统，后署吉林将军，得数十万，称病归北京，在阜城门内柳家井筑宅。至光绪二十六年殉难，其后已衰。与兄同有坟地在本村东，坟地中有两堆石灰，是三十元买的，预备修葺，至今未动，就是因为穷了。

现在阎家在村中还有人，且称雄于村。

以此阎姓为例，可以看出一种家庭与兴衰底历程，和一种富贵离乡底历程。

乡长姓张，是黄土东村外迁人口底第二代，他父亲很早就离开老家，到北平谋生，住安定门内国子监，后来搬入卢村，他这独子（有姐）就生于此，他已五十五岁了。他虽然已恢复了同黄土本家哥哥底来往，关于老家所知很少，虽然他有时向人夸耀黄土老家是远近知名的大门张家，并说黄土有名的秧歌是他祖父教作活的排的，东小口村的秧歌如何也是从黄土来的。有时也向人提起自己底名字如何犯了祖宗某人底讳。也常提自己父辈八人，本辈八人，其中现余前院（一家分为两院自立门户）一人，且无子（然有侄辈）。后院一人，就是他自己了。他父兄弟二人，现在只有他一个单传，而他又只有一子，现在他子又只有一女。所以他觉到他自己在家族绵延上，占极重要的地位。

可拿几种具体事实表现这家族观念，虽不清晰，却是很深的。

（一）堂号

乡间书香之家，总是有一个堂号的，乡长张家就叫百忍堂。最奇怪的就是这个堂号太普通了，几乎凡是姓张的都叫百忍堂，因为唐朝有个"张百忍"，是一个大家族底家主，他家庭之大全是因为他底忍，忍，忍，而不解组。现在这张家之与黄土本家分家，一定因为不能忍了，张底思想也以为"人不应忍。乡村的事不好办，就是因为坏人出头，而有钱人只是忍，因为有钱人都不好惹事"。且现在全家老小只五口，也无所用其忍。可见一种有意义的东西，已变成死的了。

有的家庭没有堂号，但他当说"我是老张家的"或"我是老李家的"时，活跃地可以从他脸上表现出"家庭自尊"来。

（二）世代

堂号乃是表示家庭繁盛的，理应一家数十口，甚且五世同堂。事实上卢村只有一家是三代半，最多了。

世代

家数	代数						
	1.0	1.5	2.0	2.5	3.0	3.5	总计
实数	2	27	6	18	1	1	55
%	3.6	49.1	11.0	32.7	1.8	1.8	100.0

这三代半的一家，行数是三行半，而非村中最多的五行。再过几个月，这三代半的家庭会变为四代，因为第一代的老寡母本年虽是七十四岁了，还不致于死，而其十四岁的重孙，已定在本年结婚了。

次数最多的世代是一代半，几占一半。两代半以上和一代半以下，都是最少的。所谓一代半就是父母（或双全或鳏或寡）和未婚的子女（或子或女）。

（三）婚生丧祭

结婚，生子，丧葬，祭祀，是一个历程，同时也在其中表示许多追怀既往的意味。关于婚丧祭，《昌平州志风土记》第九，都有小段记述，情形不皆合于卢村，且甚简略。

一、结婚　卢村男女结婚原则是凭媒妁之言，不过没有专以作媒为职业的人。比如甲看乙家孩子好，甲就说："我给你这孩子提个亲吧。"于是甲就变作一个媒人了。二十二年一个续娶，还有所谓媒人。不过这媒人底效用不是那样严重，因为男女双方皆已相知。

有一两年以前定婚的，有定婚没有几天就娶的。男家不用什么财礼，只给新娘作几身衣服就够了，而且新娘将来还带回婆家。只有女家得花钱陪嫁。嫁妆各有好坏，普通总有一座钟，五大件瓷器：一个掸瓶，一对带盖坛子，一对大瓶。五小件瓷器，是帽架之类。以外两个箱子，箱子里是衣服。这是与沙河以北的男家须有大财礼的风俗不同的。女家陪嫁多少也不一定，比如李姓聘三姑娘时，陪嫁地二十亩，每亩值三十余元，到婆家后即可卖去，再转买近地，另有物件值百余元。这七八百元的陪嫁大概不少了。这自然也是因为这家没有儿子，而这三姑娘也是最末一个出嫁了的女儿。现在老夫妇还有四十四亩地。

然而男家多少也总要花些钱，如请客、收拾新房等。男的结一次婚，至少总要一二百元，所以穷人总是晚娶。一方面固然是因为没有人愿嫁穷人，一方面也因为穷人娶妻养不起。这可由下表证明：全村家庭人口中，二十岁以后还未结婚的人中，男子都是家里没有地的，而且约有一半（44%）是连租的地都没有的，村中非家庭人口二男子都已中年，只有一人今年娶了本村一个寡妇。出外开饭馆的那个"光棍"，早年丧妻，至今也娶不起。

未婚与家庭财产

年龄	地亩	
	租地	典地
20	11	
21		
25	6	15
25		
30		
31	伙租 110	
33		
34	4	
37	32	

女子至二十岁以后未嫁的,只有一个二十一岁的和一个三十一岁的。前者家里自有十五亩地,后者家里自有六十四亩地。可见她们晚嫁绝不是因为经济的原故。

结婚几乎全在冬天农闲的时候。余曾在这时参加四个婚礼:一个非本村者,而是风俗与本村相同,而离本村东四里的中滩村;一个是三十一岁的老处女出嫁;一个是十四岁的男孩子娶大两岁的妻;一个是娶寡妇。

中滩教员婚礼虽是续弦,除了因穷未大铺张外,一切礼仪没有什么异样,这次观察既久且详,所以关于婚礼的描写,以它为主,而以其余的婚礼为辅。

教员于民十九年续妻死后,有人为他提亲(成为媒人),他在某处午时约女家,相看将来的新娘,媒人后问教员如何,他答不出坏来,遂又批八字也相合而不相克。就以一小珍物为记,定了亲了。后隔三年(一般情形不会如此远),因为穷,不娶,未婚妻已二十九,他也三十六了。友催劝,乃娶。于是和女家"通信",

定结婚日期。通信总是在娶底前一个月（有一家娶寡妇，只是前五天）。通信时礼物是鹅龙酒醢之类。鹅由男家送女家后，养些日子就卖了，龙就是龙凤饼。遂定为癸酉年十一月初十（二十二年十二月二十六日）。这结婚的日子习俗上应是黄道吉日，即黄历上注有"除""危""定""执"等字的日子，而绝不宜于黑道日子，即注有"建""满""平""收"等字的日子。也不尽然，这一天就是一个"满"日。一月以后，村中娶寡妇那次也是"收"日。不过那十四岁孩子的婚日是"成"日，却是吉日。然不论黑黄，这日在宪书上总必是一长行的"宜此宜彼"。

通信就是"放小定"，以镯子、戒子，或坠子为礼。

婚书在民十九年曾由政府发给各乡长，叫他们代卖，三元一张，但卢村从来没有人买过。

结婚先一日过嫁妆，也就有亲友来。到结婚那天，许多乡邻来帮忙，帮忙的任自己多忙，如被请，就须去，不过关系好的不请就到，关系恶的，请也常迟来。这与办丧事情形相同。早晨九十点钟以后，客人就渐来，都带来"份子"，老亲旧友按以前两家来往底成例送这礼。以前是四吊，现在还是四吊。份子虽有大小，都可吃一顿面席。结果有许多是份子很小，而所吃较份子多几倍。客人来了，当然以让到家里来为原则，但教员这次结婚却将高贵一点的男客让到庙中学校教员寝室去。客都有人招待。

结婚日门口左右贴喜字，并放两个草捆，上也贴喜字，门框上横披常写"螽斯衍庆"之类的话，左右也贴有喜对。

近午了，家里院中（如稍富有，必搭喜棚）排着八仙桌，每桌六人。女客先入席，她们吃完了，才请过男客来。桌上先摆八碟成两行，为豆酱、泡菜、肉冻等菜。客到齐即由招待员及新郎或其家人让坐，一桌上的客不必相识，老者（男家亲戚）或职高者（如区长）上座，余座也按年龄或职位被让座。人坐定，由临时厨房（或自己家中，或庙中）上菜，四个五寸碟，四个三寸碟，依次而来，菜是溜黄菜、炸丸子之类，菜上齐，就上面卤，面在厨房煮，用大笊篱由锅内捞起，倒入院中桌上的大绿瓦盆内，客人有自己盛的，有人替盛的。面系手做，粗细不匀，甚黑。而吃者似觉很香甜。五寸口碗盛两三次。

还有酒，招待员和新郎都到各桌让酒，让时以小锡壶将桌上每人白小瓷杯倒满，然后向桌作一大揖，口说："委屈，委屈！"在让第二遍酒时，让酒者说："升，升！"客即喝干，杯乃又满，客须起立受酒。

喝酒时猜拳。客人间可相猜，招待也有时拿着酒到各桌去猜，输者喝一杯，每人三拳。为使新郎参加，招待与客猜拳，如输则使新郎替喝酒。

席后，即候喜轿。也将天地桌（长方，样式很不整齐）由院中窗前抬至洞房外间，桌向东北，意即行礼者向西南，方向因为结婚时辰而异，桌上有柳条斗一，中有粮食，口覆红纸，可插带架纸牌位。牌位上端，横列三神像。中为玉皇大帝。下竖立有字，是"诚请诸天大圣"。牌位前左插称勾，右插天秤。斗左有红颈瓷瓶，用红布包裹，内有五谷杂粮，埋着戒指之类（名宝瓶）。斗之前左方有碟一个，中放苹果一枚。正前方之中有小升，内有小米，上覆红纸，有四圆孔，备插香，斗之左右各有酒壶一支，是后来喜轿在大门外落下时，由轿抽出的，酒壶之左右，有蜡台各一支，上插红蜡，洋火放在台上，备燃点。

喜轿满绣金红花彩，轿顶也有红绿彩绸，八人抬，先到男家，由新郎坐在里面，抬着在村中绕一圈，以逐邪魔，然后空轿到女家去，迎亲和迎亲太太也去了。女家门口先摆有（也有没有的）干草捆，上贴红纸块，在门口左右竖立。八名吹鼓手，（二吹号筒，四打大鼓，一敲锣，一吹笙）导轿进村，进村即吹打，直进女家。但轿子到门口即须停下，放在红毡上，抽去轿杆，拿去轿顶，四人抬入新娘上轿屋前，新娘装扮已好，即进轿，这有新娘的轿就叫"宝轿"了。然后抬出大门，装上轿杆和轿顶，由吹鼓手在前，吹打出村，新娘自此直到在男家拜天地之前，是不见人的了。宝轿不走回头路，所以向男家抬时，往往要绕很大弯子。

一路上遇见庙，遇见井，都有专人贴上一二方寸的小红方纸块，上斜写"喜"字。通常以口津贴之，贴后，还用手拉起红毡，表示将庙或井盖上了，以避邪魔。

宝轿动身之前，迎亲的和送亲的，先走了，普通是坐人力车，也有坐自己的或邻居的大车的。送亲的礼应四个男送亲的，一个女送亲太太，迎亲的也是四个男迎亲的，一个女迎亲太太，但有时不全，送亲迎亲各只二人。

送亲迎亲的到村口，就下车押轿慢慢进村，入村后，吹鼓手又不断地吹打了。

这时新郎就出大门迎至一丈之远，在此有人点"二踢脚"炮，间断地放几个。轿离门不及二丈时，挂在门旁的一串小鞭也点着。这时和出女家时一样，观者如堵。

轿近门时，新郎已回院进室了。

放鞭时，门前铺红毡，毡是宣化年间的，已破旧缝补了，轿来，就放其上，将轿杆抽去。当轿还未放在毡上之前，吹鼓手就一直入内大吹大打，叫做"响房"。少顷复出，就将大鼓放在大门旁的架子上，声不辍，轿停下，就有人从轿抽出两酒壶及一弓一箭拿到天地桌上去。

这时迎亲的将大门掩闭后再开，与门外送亲相对作揖，请入院，轿也随进。喜轿由四人把角，用红绳拉着进来，慢慢抬到正房。房门外，正中道上，有刚端过来的搪瓷脸盆，中盛尚在冒烟的十数个玉黍棒。抬轿的将轿从盆上抬过，烟熏轿底。轿到房门，即将轿堵住门口，轿前部放在门坎上，后部就用长条凳放倒垫平。房内将轿帘打起堵住轿顶与门上框之间。新娘由轿出。出轿时，新郎就向轿射箭。轿夫在外等些时，即请房内将门关上，而将轿倒抬出大门。

这时室内有新郎新妇、两家家长、媒人等。其他闲人是不许进去的，怕犯克，比如这次就忌属虎的。

新人向天地桌行礼，然后给长辈及其他亲戚行礼。婚礼后，新娘即入洞房坐坑沿上，新郎友人来看新娘，向之行鞠躬礼。

新娘穿的和以前不同了，以前旗人都穿汉装裙子，最近汉人都穿起满装，普通穿红旗袍、花鞋，头上有花饰（红绒花之类）。新郎则只是新蓝布长鞋罩着一个光亮棉袍。这许是因为他是续弦，普通新郎穿上马褂。

房内是两明一暗，暗间是洞房，外面两间则作待客、记账、拜天地之用。外面三面挂满了亲友送的帐子，多一半都是红花丝葛的，上有"天作之合"或"诗咏关雎"等金字。墙糊得雪白，"皂君之位"也是新写的。佛龛打扫得很干净。

新娘入洞房了，远道客人就都走了。但晚间也有亲朋闹房，俗谓"三天不分大小"，就说此时不分长幼。

结婚后有"回门"，有当日回门的，有两天以至三天的。回门就是回娘家。新郎同去拜见女家人，然后回男家。回门日男家置酒席送到女家去，名"回席"。回门所乘车，有大车、人力车，乃至新郎骑自行车的都可。结婚后九日，女家亲戚来看新娘，且送礼（饽饽匣），以便日后来往，谓之"单九"，以后新郎及新娘去女家道谢，谓之"谢礼"。有单九次日就行谢礼的。又有"双九"，在结婚后十八日，与单九意义同，亲戚多时，可互商，你去单九，我去双九。

这其间还有许多小事：如三天倒宝瓶，取出戒指。而且三天"开箱"，开箱时须请客吃席。

以后新娘回娘家住一个月，名"住对月"。如是续弦，还要到续娘家（即前妻娘家）去住几天，新郎却不必同去。

寡妇再嫁的婚礼简单些，也不被人十分尊重，无甚神秘。卢村几个月之间，有两个娶寡妇的，一个娶外村的，一个娶本村的。

娶寡妇没有批八字的。普通不坐轿，只用大车一拉，（但此二人都用轿娶）出村时抱一抱树，到婆家村再抱也可以。据村人说，所抱树没有不死的。又有人说：寡妇嫁时，须抱柳枝，抱扁担，进村时被打一竹竿，打时说"一竹竿到头"。寡妇上车都在门外大街上，下车也在门外。寡妇也不应擦粉。村中以前有二人，妻皆寡妇，大门下轿时，都曾有年青媳妇为之擦满脸红粉，后都死，于是村民说是擦粉擦的。寡妇嫁到新家，非到睡时是不准坐炕的，只准坐板凳。寡妇有夜间娶的，白天就可回门。

与寡妇结婚最麻烦的是和寡妇前夫底本家交涉，这交涉差不多全以经济为背景。那一个（二十二年时四十一岁）娶外村的寡妇的，是娶中滩村嫁给黄土北店的约三十岁的女子，她前婆家有夫兄，这人非要她以前陪嫁不可，说这应是他家的，于是请了媒人（本村甲长）往返磋商，这寡妇拿出几件首饰给前夫家，而这首饰的一部又被那媒人从中吞吃了。

那一个娶本村寡妇的是二十三年四月的事，他三十二了，寡妇三十九了，是十七岁时死了十五岁的丈夫的，这是妻大于夫，与上面一例不同，以前村中也只有大两岁的。他本是这寡妇的"住房的"，后来与这寡妇通奸一二年，二十二年曾生一子，抱到蓝各庄去，无奶饿死。最近二人结婚。这寡妇虽无婆家亲戚，却有过继儿子，且已有媳。如果这寡妇有自己生的儿子，她可以将产业交给她的新夫，全无问题。但对继儿子却不能如此，因为过继儿子所图就是承继权。所以将前夫财产除还了账和自己拿走七十元以外，全给这过继儿子，同时住房的也正式用轿娶此寡妇，以免日后麻烦。结婚地点是蓝各庄，这寡妇陪嫁就是那七十元。过了几天才回村来，但不能仍回原家，因为此时已与过继儿子脱离关系了。于是借住于他所佣的雇主底场房。

村中对于这大家认为不道德的结合，仍有人出来帮忙，说合成事，因为如果不正式成亲，以后那过继儿子也许会和这住房的（好喝酒）打起来，出人命就是全村的事了。

二、生子　生子礼节比较少。出生前一月，请产婆来"知经"，意思是要产婆经心，不随便外去。产后一二三日产婆都每日吃一顿，还要钱。十二日后和一月后，都吃一顿，也要钱。亲友来看出生子的，都向一个水盆扔钱，多少不拘，至多数十枚。此钱也都归产婆。

满月是一个热闹的日子，尤其是头生子。男孩满月实不足一天，到那天要请客吃席，客也送礼，多半送份子。

每年到生日那天，都没有什么大举动，只是饭食比较好点。

三、丧葬　丧葬情形，余参加二次，一乡副，一青夫。青夫穷，更足代表一般情形，所以叙述以其为主：

人死后，皆停尸于横竖编排的秫秸上，少有停于门板上者，因为据说停在门板上的死尸，常有动静。人死须"报庙"，就是将死人魂寄在庙里去，棺材有早备的，有临时买的。将尸放在棺材内谓之入殓。入殓时，棺底撒钱、银元或铜子，死人口中含钱，两手掌向下。因为向上是向人要钱，而向下是给人家钱，所以积债累累的常说："我那天熬到手背向上啊！"手指也要按死的时辰捏着指节。这时辰是要阴阳来看的，殃榜也由他开。

稍富有的也有发讣文的，如乡长底母亲死时，就发了一张单页的讣文。

入殓了就将灵停起来，穷人没有灵堂就停在院中。灵架起，头南脚北，上覆席，前放长桌，上有烧纸及香等。

第三天接三，第五天或第六天伴宿（普通只第六天，又名"作夜"），伴宿有灵堂，第七天发引（出殡）。穷人多"四接三，五出殡"，即第四天接三带作夜，次日出殡，坐夜只吃小米，出殡那天以后才吃大米。

接三亲友送礼（点心匣），伴宿日也送份子，普通八吊乃至二角，少有四吊者。送礼即可去吃一顿。

接三日，亲友来吊，将烧纸（压有许多制钱形的白纸）放在灵前桌上，吊者或哭或否，死者妻是时侍于灵底左角，即向吊者叩一头，吊者来，男女分让二室，妻或子为客倒茶，因哭衰，声哑。妻或子都全身白服，鞋也蒙白布，家中妇都将白布编成花瓣，或折成布条，缠头上。孝衣在中滩等处也可租。

下午吹鼓手来，在外院奏乐。吹鼓手四人，便衣，一吹唢呐，一吹笙，带打鼓，一吹笛，另一人拉胡琴（？）。四人靠桌坐，奏乐约一小时。

夜有道士四人来，在堂屋念经，他们是火君道（未真出家），也穿偏衫道服，戴像画中济颠僧帽，但不一律，有一年约二十的道士，左手拿一有节的黑红油亮长约二尺木棍，棍上部有一枝，枝间挂一铜锣，小道士即右手拿锤，以快点敲之，四道士按点闭目念经，听不出字来，有的咧嘴挤眼，时时换气，极丑。约念一小时，又到里间（即死者寝室）念少时。

经念完，亲友就分将灵桌上的香点起，握在手中，由内院出了大门，走向庙去，而香火焰甚亮。

走出来时，许多人护卫着妻和孝子，大家安慰小孩不要怕，也劝妻少哭。孝子和妻的后面是纸扎，有钱人接三用的纸扎是车、骡、杠舆（两纸人搭着的二箱）、顶马（一人骑着）、跟骡（一人骑着）等。穷人用纸黑驴，这驴先是放在灵旁的。一队人，慢慢来到庙头。庙前土台上已有许多人围看，而且有一个卖吃食的，趁时可卖些钱。

到庙前，孝子入庙，将死者魂从庙中请出。

少时，纸驴已放在一只放在庙前街心的长板凳上。将驴点着，也就将板凳拿开。驴烧着了，死者魂也就走了，卢村的魂都东到高丽营去，不知如何不到西天去？这时家族向火大哭，死者的兄只连哭"我底兄弟啊！"哭时连连鞠躬。死者妻及其他女眷，都跪在那一边向火哭，哭成一片。火熄后，哭声仍不止，四面这时都围满了人。旁亲者有嚷"别哭了！家里哭去吧！"哭声也就渐止。惟死者妻哭仍哀，有声有调，似是训练有素。所哭字不清楚，惟闻"我底亲人啊！我还同谁说知心话……啊！"。哭久，由许多女人搀扶才起，又哭些时，才被拥回家。吊客都散，接三礼也完了。

接三礼本应有焰口，但穷人免了。请道士也不如请和尚体面，因请道士一二元即可。这种穷接三又叫"干跺脚三"或"跺脚接三"。意思是穷家主要人物死了，只有跺脚而已。

这样第四天接三，是带作夜的，应有吹鼓手吹打，但这次接三，因吹鼓手忙，未能来，也就算了。

接三是哀事，却有客人张罗赌钱，这次因为恰有一家也在办喜事，赌徒们就聚在那里去了。

第五天出殡了。村中原有官杠，穷人们多用它，但现只剩一大杠和一小横棍了，所以杠须向外村如单家村、贺家村去借。官杠没有棺罩等设备，只有两块红。富有者也少有用罩的。普通是十六人的杠，但须十八人以便替换。抬杠的都是本村人，本村家家有去抬杠的义务，有一人是"打香尺"的，就是杠头。杠头在村中大喊："抬杠！抬杠！"人都来了，大家围上棺材，打香尺的先将尺向棺一引，"亲丁"（属性不忌，但须非生人）就在这一指时摔丧盆。丧盆是灰瓦盆或浅瓦碟，里面盛烧纸灰。丧盆一摔，要抬起棺材的亲友，就嗡地将它抬起外走。出小口门时，作指挥的香尺最重要，抬杠的主力（叫主杠）这时非真有力量不可，因为全重压在他底身上了。有时棺重抬不起来，大家就说死者离不开家，心里还有未了的事。

出殡时，也有吹鼓手，现在他们有笙管笛箫，以前只和尚有之，一路上孝子在前打着幡儿，亲友互换地将杠抬向坟地，坟地挖坑，有人帮忙固可不花钱；若雇人则连挖带埋须三人，价二元。这坟地所在与迷信很有关系。没有结过婚的不准埋在坟地，年岁青，妻还未死，也不能入正穴，都只可埋在一边。所以每坟头应是两人底棺材，即夫妇同穴。如果有一后死，即将前死一人底坟掘开埋入。葬法有二：一是人字葬，一是一字葬。一字葬是不管辈分，按死的早晚，一直埋下去，结果自己的儿子不必定在自己的脚下。人字葬比较普通，就是以父坟为准，大子向左前，二子向右前，三子又在大子之左前，四子又在二子之右前，结果成规足形，两规足间是明堂。

坟既埋好，孝子的幡就插在坟顶上。

出殡后就"净宅"。出殡后三天，又有"圆坟"，就是用土将坟四周围培圆了。圆坟时一家都去，有黑夜去的，绕坟三圈，一边叫着门，然后将一个烧饼埋在坟旁，而将孝幡底光杆（名叫"舍饭幌子"）拔烧了。

以后三十五天为"五七"，在坟头上烧纸糊的伞，多半由姑奶奶等亲戚烧。

六十天烧纸扎的"船桥"，上写"西方大路"；上面又有小龛，写着死者的名字；上面又有纸扎的花脸鬼，拿着一种叉，似名"开路"。

出生小孩死，当天埋了。没有主的人死了，也当天埋，不过有一个匣子或席卷，掩一掩身体，埋在乱葬岗子而已。

丧礼之中，丧服占一重要位置。子女为父母穿孝，名为三年，但实不到。且出嫁女为父母穿孝，普通的是六十天。

媳却与夫穿同样的孝，妻为夫穿孝如为父。

穿孝最显着的记号是白鞋，就是鞋上蒙白布，穿到破了为止，有重孝在身的，只能穿素布衣服，没有艳色的衣服。

亲友也须有表示，所以出殡那天，丧家给每一送丧的亲友一条白布（孝带），缠于腰带，以后就不还丧家了。

四、祭祀　卢村虽有大坟地五处，但无家祠，正如无家谱。村民大概都祭于家（无"家祖堂"）或上坟。祭祀时节有以下各日：清明——凡上坟家中去一人或多人。上坟是祭鬼，磕四头。清时节到坟地去，将坟头草刮去，向上培土，拍之使平滑，也有向上扬两锹就完的。意义和阳世人修理房屋同，坟头又有烧纸。祭者哭。七月十五日——这是鬼节，也上坟，有专名，叫"七月十五嚎葬（？）"。所哭的都是死了不久的人，故声大。八月十五——也上坟。十月初一——这天烧寒衣，所谓寒衣都是纸剪小衣、小袄，少有裤子等，大不过三二寸，拿到坟地里烧，也烧纸。十二月三十——白天上坟供馒首和肉，夜间在家里供煮饽饽（饺子），炕上或桌上都可供，供处有"纸包袱"，中包烧纸，上写一对祖上夫妇，男写姓名，女写某门某氏，下写谁供的。祖先祭的多，就多写纸包袱。到九十点钟，将纸包袱拿到大门外街上烧了，一个一个烧，次序无定，上供和上坟一样叩四头。供家祖堂就不重纸包袱了。乡长底黄土村本家有家祖堂。

也有腊月二十七就命妇女到坟地烧纸的。

乡长底母亲是二十一年死的，有遗像，年三十晚上拿出供上，乡长就大哭一次，以后供一正月，初几日供酒饭，以后只供水果。

二　横的组织

（一）家庭大小

一、自然家庭　行系　所谓行系，指家庭中现存的家主及其父母、祖父母、子女、孙子女之间的直的关系。凡属家主的这样直接亲属,都属同行;家主底非直系亲属,就属异行。一行一行地看,固然行是直的分析,但我们要看一行一行的关系,却是横的分析了。

行系

家数	行数						总计
	1.0	1.5	2.0	2.5	3.5	5.0	
实数	43	4	5	1	1	1	55
%	78.2	7.3	9.1	1.8	1.8	1.8	100.0

一行的占 78.2%。就是说家主没有兄弟同居的为最普通,至于两行的反比一行半的多,恐怕是因为所谓二行的,在统计中所包括的稍为复杂。

合起行代两方面看,则知卢村一般家庭并不大,只有一行合一代半。就是一对无兄弟同住的夫妇,和他们的未婚子女同住的家为最多。

每家人数　没有寡妇或鳏男孑然一身的家庭。每家至少二人,多至十七人。尤以三人的为最多。占 23.6%。六口以上的才七家,占 12.7% 而已。三口最多,与一代半而一行系的情形相合,就是一家有夫妇两口和一子或女的最多。但也有一母两子,或一母一子一媳等情形。

每家人口

每家口数	家数	总口数
2	8	16
3	13	39
4	11	44
5	10	50

续表

每家口数	家数	总口数
6	6	36
7	2	14
8	2	16
9	1	9
14	1	14
17	1	17
总计	55	255

每家平均人数很低，只4.6强。其实趋势恐怕比这个数目还低，因为分家风气底盛行，八九口乃至十几口的家，将来是否仍能多见，就是问题。而且如果现在晚婚因经济破产而较诸往年多的印象是正确的，则大家庭更是渐趋消灭了。

二、经济家庭　自然家庭因为出生、死亡、迁移等因子而很不稳固了，经济家庭底大小更是难定。

自然家庭二五五人，再加上十个外村来的佣工和三个亲戚，共二六八人。家数没有改变。所以经济家庭平均4.9弱。

那个十七口的一家，雇工三个，所以经济家庭变为二十口。那个十四口的一家，雇工二个，于是也变为十六口。有一家本只五口，然而加上两个亲戚和三个长工，变为十口了。

（二）家庭关系

一、夫妇关系　卢村现无"悍妇"，总是夫高于妻而压制之，妻默不声。有一家妻曾常与夫吵嘴打架，结果不容于村而它迁了。又有一人，现为乡副，年轻时，曾在北京纳妾，妻亦听之。年青夫妇却也显不出来什么不平等，除了吃饭的时候，夫有时可与长辈先吃，而媳只能吃残肴剩食。这时夫妇都不能管家里的事，只是被家长管着，相互间倒也没有什么冲突。但到主持家务时期，夫变为家主，妻就几乎样样服从了。虽然关于亲戚往来，家内琐事，妻常作主，对于整个家庭对外交，有许多妻全不知，有的知而不能参加意见。

不过除了礼俗上夫妇不准平等的几件事，如婚丧等礼节以外，在作事上，看重妻的也有。

以上指一般夫妻关系，我们可以找几个问题看。

年龄差　年龄相差或大或小，无甚关系。不过有的相差太远，心理上的阶段不同，则夫妻间也往往发生问题。例如十四五岁的男孩子，娶了十八九岁的女孩子，则这个男孩子往往不为女孩子所喜，而且他也必时受妻的指导，而自觉卑下，也或觉不服。但此皆暂时现象，日后成年，夫仍会来到指导的地位。续弦夫妇间，年岁也往往相差太远，心理上自然容易发生冲突，不过这种关系，都不极为明显。

同姓婚　卢村同姓婚的有六对夫妻，在六家中——在夫妻总数六十五对中，占 9.2%，在五十五家中，占 10.9%，陈陈氏、刘刘氏各一，四个李李氏。都是外村的。

地域距离　夫妻二人底生产地距离没有很远的，于是文化上的差别比较很小。好，自然免去许多冲突；坏，却少有进步的机会。

结婚特式　卢村村子虽小，而有着多量的特殊情形，所以在正常的婚姻以外，又有许多结婚特式：

1. 童养媳　村中有一家看庙的（称"老道"）已两代童养媳了，老道妻和其媳都是。这一家童养媳没有受过气，或因婆婆性情好或因家中人口少，女家将女儿从小就送就男家，说明白就可以了，不必有什么礼物，因为给人作童养媳的差不多都是穷的，到了结婚年龄，也有婚礼，不过总是极简单。

2. 养老女婿　招养老女婿的手续是这样的：先将女婿认为儿子，然后将自己女送到本家或亲家去，再将女儿娶进来为媳。婚礼与普通相同。现在有两个是被招为养老女婿的，父辈的有三人，祖父辈的一人。以前未考。

前乡副之媳，招西二旗瓦匠潘老黏来村为夫，既为招赘，就应姓妻姓，但后复姓潘。生子年十四即为之娶妻，一二年媳寡，又抱养子。情形复杂。

一李家，有三弟兄，父被老道底本家招为婿，应姓陈，但后复姓李，开茶馆。

有一刘姓，母瞎，母本姓李，后招村西南白沟河的刘某为夫，现夫已死，家不姓李而姓刘。

村中木匠底祖父姓李，抱一养女，后又招了一个流落到本村的山东人为女婿，遂生木匠，木匠随父姓刘。

一个七十七岁的傅某，在他五十二岁的时候，为他十五岁的女儿招了一个二十三岁的女婿。你问这现在已四十岁的女儿姓什么，她说姓"傅傅氏"，意即夫已姓傅。但其夫向外人说自己姓王，大概是在他的岳父死后，就回复姓王了。

更有一人，名为招的女婿，实际已是娶妻了。岳家姓刘，尚有岳母一人。他仍姓他原来的郝姓，而且将妻带到老家平西府去住，岳家底地产却仍在本村，岳母说是她底，他说是他底。而女婿所生女儿，住在岳母家，也仍称这外孙女为郝氏。

招女婿最大功用在死后可有同儿子一样的人养生送死。其实等到死后，这儿子底功用差不多完全失了，所以又复了原姓。男子终是男子，姓是不易改的，改一下姓他能和养子一样得到许多遗产。"不过往往能比养子保守或发展这遗产"，有几个村民作这样的结论。

3. 坐山招夫　坐山招夫，也是招赘的一种，不过这是女子自主的，招来的夫，没有为人子的义务，只是来妻家住而已。卢村一个坟地现住一家（但隶属贺家村），那女家主本贺家村人，嫁于陈营某，且生一子，夫死，承继夫的产业，遂又招"北方"人一穷佣任九为夫，自己三十余岁，后夫已五十三岁。后夫又生二子，后夫现为贺家村乡长。

4. 续弦　男子续娶有两个原因：一个是前妻死了，一个是前妻"休"了。这一代，只有现已六十二岁的村中"财务专员"曾离婚，而在二十四岁续娶了一个小两岁的妻。因前妻死而续娶的有六人，往往夫妻年龄相差太远，于二人心理有相当关系。

5. 改嫁　娶寡妇，村民认为倒霉，但夫妻本人则不如是想。改嫁多半是夫大于妻十来岁，但也有一人，夫小于妻六岁。

6. 妾　现任乡副兼甲长，第一妻早死，续娶，现已有二女。曾独身在北京一个大药铺站柜，年进千余元，有了钱，又不常回家，就在外胡为，每日花二三元。于是朋友鼓动他纳妾。结果以二百元买一比自己大四岁的寡妇为妾，租房立家。这时他二十三岁，续娶已一年。妾永清县人，先嫁王姓，生一子，夫死，被拐卖于东省，价千元。买后为她子娶媳，又曾抱一女。妾也曾来本村。同居十二年后，妾趁夫回乡机会逃跑，夫后在法院起诉。距今二十年，今年忽在清河相遇，夫大骂之，但很怕她找到村里来。

二、亲子关系　亲子女　一般而论，亲权当然很大，父亲叫儿子去作什么，儿子总是得去作的。而且因为家族观念深，儿子也总是维护父亲。例如有一个人和弟弟打架，儿子都奋勇打他们这叔叔。

那"红带子"家有一个人，年青时在北京做机器裁缝，每天赚二三十吊，就将房门一锁，出去玩去了。老了回乡，就不叫两个儿子入学，只自己教些旧书，也不叫他们学徒去，只叫他们赶脚。他说："不应使儿子有学问或有本事。我在外多年，没有一个钱剩回家，何如叫儿子赶脚，倒可多得现钱给我花。"二子都很孝顺，每次赶脚回来，必给父亲带点可口食物、一包好茶。父亲却常出去打麻将或其他赌法。有人问二子说："父亲不好，为什么还供给他？"则答："只要愇（音贪）良心过得去。"

父子总吵架的还没有，不过有一家，两个儿子都已分家，老两口独自过活。

从礼节方面看，父子关系稍是死板板的，因为子对父不随便说话，不随便坐卧斜倚。

母子间的关系就活泼多了，许多爱的成分表示出来，甚至很显明的溺爱。有一个三十多了的绱鞋的，好赌钱，母亲劝不听，有时半夜里输了回来，大发脾气，母亲仍问他要吃什么不。

母子间关系密切也可由母子间说话比父子说话多来证明。母亲对于家外的事，有许多不是从夫，而是从子得知的。

有继母的儿子现有两家，关系完全不是如本地儿歌中（如"小白菜"）所表现的那样恶劣，虽然有一个继母自己也生两子。

对于小孩，父母当然爱护，也没有什么重男轻女的明显事实。送女孩入学念书是今年才有的，这也许可以算是以前轻女底一个例子。爱虽真爱，却不适当：例如给孩子零钱买吃食，舍不得叫孩子早上学，怕年小挨打，和邻儿打架偏袒等等。至于孩子们底不洁和其它许多坏习惯，父母简直不管。这是因为父母只是直觉的以为孩子可爱，理性的以为孩子对自己有一个接续香烟的功用——这当然不包括女孩——完全没有替子女想过。

过继子女　家族观念深，以为无后是最不应当的，虽然没有因为无子而纳妾的，却有不少招赘或过继儿子的。

过继或抱养人家底儿子作自己底承继人，是宗法观念的结果，但事实上，许多承继子，都过活得很不好。一个到现在还留着小辫的六十岁的人，租地十五亩，典地六亩。他父亲就是从太平庄抱来的。那个潘寡妇也抱了一个儿子，而且已有媳了。也有一个早已死了的卖烧饼的，抱了一个七里渠的孩子，后来自己又生了一个。结果抱养子走了，这抱养子现已有子。

过继儿子都是自幼抱来。有的抱亲戚底男孩，有的抱朋友底。木匠底父亲（养老女婿）底伯岳，就是抱立水桥的内侄为子。

有一个人在三十岁抱了一子，后在四十五岁续娶，生子，于是将所抱子转送本家为子。

也有抱女孩的，木匠的父亲底岳父，就是抱的女儿，后来嫁给这木匠底父亲，所以这个岳父只找了两个与自己不相干的男女，使他们结了婚，而又作了他们名义上的父或岳父。这曲折全由宗族观念而来。

过继子女不是容易的事，因为假如有许多本家，他们会出来阻挠，希冀以后有一个机会多得些财产。现在那家两代寡妇的李绝户，就是这个情形。

有几个村民说：观察起来，抱养的儿子不如招来的女婿过得好，如果这印象是对的，则其心理上社会上的原因，是值得研究的。比如说抱来的儿子，多半是人家不喜欢的，女婿则必招好的。也许家庭将来的好坏，就在他们这差别上。

三、兄弟关系　一系的家庭多，表示兄弟关系不很密切。但兄弟们全是排行着他们底名字，有时支派很远，出了五服，名字还有一字相同。如启鹏，启祥，启才；兆英，兆海；德厚，德存德源，德来；永斌，永旺；广仁、广义、广礼；德有，德禄；德廉，德明，德才，德智；兆成，兆祥；世明，世荣，世华，世富；文复，文秀，文起，文元，文华；德禄，德全；英才，英华，英芳，英贤，英慧；世春，世秋；文元，文才，文禄；纪永，纪安，纪兴；振续，振声，振华，振徽，振风，振周，振庄。这都是"大名"（或叫学名），"小名"则有的排着，有的则否。这是与女孩不同的，女孩多半只有小名。不过因为今年也有女孩上学的，所以增了许多大名。

由分家，弟兄打架和其它小的争吵，都可以看出兄弟往往不和睦，不是明争，就是暗斗。

那家汉军旗，老兄弟三人，很早就分了家，大哥和三弟常因细事吵架，有一次老三底狗跑到老大家里去，老大底儿子将狗打晕了，适被老三看见，于是两人各率其子混打一场。结果老三因人多而将老大及其子打败，成了官司。就因这点小事，花了许多钱。

老大有二子，也不和，兄说弟太鄙吝小气，弟说兄诈伪，于是兄弟见面不说话，虽然都在乡公所一同办事。

分家后，常是互不往来，是想得到的。有的名未分家，心已分了。一李家，兄弟三人，因为有母，没有分家，外看极是和睦，但三弟要续娶时，全家都帮忙，然暗地百计将三弟平日在外所积拿出花用。

兄弟关系很好的也有例子。前述葬礼提到的那个死了的青夫。他底哥哥就在他死后，多少负起他底寡妻和孤子底责任，虽然他们二人已分了家。

一般言之，除了在重要关头，如经济的问题，兄弟之间总保持着不好不坏的关系。他们在礼节中也仍按自己底地位行事。例如上述青夫死了，他的光棍本家哥哥就由南苑赶回照料，又如上述过继了两次的那个人，听说他第一次过继给的那家弟弟结婚，也赶紧由北平珐琅店告假回家参加，因为名义上他是本家哥哥。

四、家庭妇女关系　家庭妇女活动范围甚小，除了到了相当年龄后可以串串门子之外，只是因处在小小的家院，农闲时藏在屋里做做活计，农忙时，才到场院去，也下地工作。于是家庭妇女终日相处，这里面除有血统关系的母女、姊妹之外，还有婆媳，有妯娌，有姑娘。而尤以后数者关系为复杂，因为她们以前的背景不同。

复杂固是复杂，在卢村还没有多少冲突事件发生。这固然因为母子间、兄弟间、兄妹间的关系常是圆满地保持着，则以夫为主的妻对婆母，对妯娌，对大小姑，当然也无多大问题。这也因为家庭中还有尊卑等级底遗留。例如儿媳对婆母习惯上是应服从恭敬的。有一个注重礼节的家庭，老婆母有五个儿媳，儿媳在她面前是不许坐的，如果五个儿媳同时在她面前站立，却极威风。

兄弟如果已然分家，则妯娌关系当然少了，即使兄弟还在一家，兄妻底权威常在弟妻之上，长兄底妻更是如此。娶来早晚，年龄大小，都有以使然。

妻数（大部是媳）

年龄	外村	本村	共
15—29	20	2	22
30—44	21	4	25
45—59	24	1	25
60—74	9	4	13
75—		1	1
总计 实数	75	11	86
总计 %	87.2	12.8	100.0

姑嫂间的关系，大概要从青年心理上去观察，因为村中女子全都出嫁很早，没有壮年以后还作大姑或小姑的，虽然村中有一个永回娘家住的寡大姑。

第二节　解组

一　部分解组

我用家庭部分解组来表示那种有长时间不在家庭的分子的家庭。这含有因职业关系而长时间外出的分子底家庭和家庭分子在外安置外家的家庭。

全村因职业而外出的，男子共二十七人（占全男口 21.6%），女子一人（二十八人，占全人口中 10.9%），分别出自十九家（全村家庭之 34.5%）中。人口很多的家庭如果有一二人出外，关系比较还轻，因为这出外的人年纪不会太大，即绝不是家主，则一家整个的不会受多大影响。然而出外人口所留在家里的妻和子（出外人口都是结了婚的）还会在许多方面发生问题，家庭生活对他们就有了缺欠。

在人口少的家庭中，出外人口影响就极大了。有一家只有二十三岁的妻一人在家，夫在北平佣工。于是两人完全不是生活在家庭里，只是夫有时会意识到自己有家在卢村，和妻有时会意识到自己是在家里。他们底发展生活的家庭，被经济压迫所赐与的孤苦伶仃消蚀了。

出外男口二十七人中，有十人是家中无父（或死或也外出）又无兄弟（或无或皆外出）的，即只是一系。家庭是一代，二代的各一人，一代半的二人，二代半的四人。就是说出外男口中有30%是家无男子的，而这30%，或有母，或有妻，或有母有妻有子女。这十家占五十五家的18.2%。就是说约有五分之一的家庭因职业关系而不美满，对于在外的人和家里的人，都有坏的影响。

第二种部分解组，由于家庭分子在外安置外家。这种情形，现在没有，不过二十年前那个纳妾的是一个例子。他续娶了一年之后，忽然纳妾，同居十二年，结果他村中这个续妻精神上当然受大影响。家庭活动自亦停滞，虽非整个解组。

二　整个解组

分家　分家是一个普通的事实。全村有十七个姓，但有五家刘，三家张，两家董（一董有本家），却无宗族关系。所以全村无宗族关系的二十五家。就是说全村五十五家中只有45.5%没有宗族关系。

二十五个宗族中，有九个是分了家的，分成两家（两姓），三家（一姓），四家（五姓），或十二家（一姓）。有的是这一代才分的，有的是已经出了五服了，这样分了的家共三十九个。就是说这九个宗族平均每个分成四家，实在情形也是分四家的多。

这还是只就村里说，若再计上迁出的支派则更多了。现在村中有两家长兄迁到贺家村去了。

这种家庭解组是整个地将旧的家庭分化成几个新的家庭。这种解组是必然的，没有什么崩溃的意味。

遗弃　村中有一哑妇，今年四十七岁，夫五十四。夫自二十年前直到现在永在北平安家（以贩鸦片为业）。这与上段所记的外家不同。那个外家，男子自称是纳妾，似以村中妻为妻，后且归家。这人却是真正的遗弃。于是他们这个家庭整个解组了。这哑妇没有回娘家，也没有到她已嫁女儿那里去，却住在已分了家的夫弟家，默然地作推碾子等工作，五亩地也被这夫弟卖了，但养活着她。

休妻　村中没有现代所谓离婚，只有一个人曾在四十年前休过妻。休妻理由似乎只是他不喜欢她。这被休的妻没有生过孩子。不久在二十四岁时续娶生二子。休妻就是一个整个解组的形式，不过多少年没有这种情形了。由遗弃和离婚的只有二人。可见家庭束带还是很紧的。

自杀　这休过妻的人第二子，娶媳没有几年，就上吊死了。原因虽不明，但已表现家庭在骨子里有到使人自杀的程度的冲突。这上吊的妻留下一子，夫也续娶。这妻的上吊，使夫家花了许多钱，为应女家之要求买好棺材等。

改嫁　最近本村那个从小守寡的寡妇和家中住房的结了婚了。他们已经来往了约两年，也有过私生子。寡妇原有的家庭就解组了，虽然这家的过继儿子仍然和他底妻继续这家庭。

绝户　绝户是最完全的解组。卢村不知已有多少绝户。例如村中最老的也是最大的两姓，现在一姓只剩了一人，虽然他现在已有二子，又一姓也只剩冷落的三支。连本家全都绝了的虽未听说，必是有的。

现在村中大姓有一支只有一个寡婆和寡妇，自立一家，并且有十七亩地。他们没有过继儿子，似乎因为本家们不许，不许的理由当然是觊觎她们底财产，这样下去，他们这一家，在她们死后（媳已四十九），当然绝户而完全解组了。

第三节　功能

家庭底最大功能当然是生物的，是生育，是保养。传宗接代在一般村民看，似乎是家庭存在的唯一根据。如果这生物的功能没有达到，必尽力用各种人为办法来完成它。结果在生物组织内，搀进而且保持着大量的宗族关系。

人底食色两大欲望，都在家庭解决。扩大地说，家庭除了上面那生物的功能以外，经济的功能占同样重要位置。它是村中经济活动的单位。个人的经济生活要靠它为根基，正如村中一切制度和组织，也只有拿它为基点。

经济生活是家庭集合的共同的活动。生产和消费是全家的事，虽然家庭有许多分子，尤其是嫁来妇女，手里有相当的私蓄。

村中的教育当然不能靠学校那一个简单粗陋的组织。如果可说"教育就是生活"，则真正的教育发展于家庭。在学校里得到的只是死知识，只是莫明其妙的字句。惟有家庭教育告诉孩子如何作人，如何业农，如何帮助他人（也许只限于帮助与自己家庭有关系的亲友）。但教育的方法只是传统的，经验的，而非意识的，科学的。结果生活是教育了，而生活并未因教育而改进。而且家庭无论在物质上和精神上都很难使儿童个性和社会性发展，以完成教育底目的。

正式教育（写字，读书）事实上有的不到学校去受，而在家里写写念念，结果正式教育与非正式教育在家庭中混而为一了。对于女孩关系更深，除了幼小的时候还可以从街上得到外面的知识外，到了相当年岁，就几乎完全埋没于家庭之中，为家庭所薰染乃至训练。有意无意地是使她们将来到婆家能够适应。

宗教也是家庭功能之一。差不多每家都有一个佛龛立于堂屋。而供佛之外，当然还有敬祖，这慎终追远的家庭功能，和上面的生物的功能，又发生连带关系了。

由政治方面看，家庭是一个政治活动底单元。村中在前清时，有过地保制度，就是以家为单位，每家轮流任职。现在一切的国家的和村中的财政，都是按村摊缴的，虽然地亩多少也是一个因子。又如选举乡公所的职员和到青苗会去吃面，都是以家为单位，而由一人代表前去参加。一人一票的制度是还不能梦想得到的。

其它一般社会关系，也莫不以家庭为活动底单元。婚生丧祭诸礼的应酬，是家与家的，虽然是由一人代表，这代表除了名义上，实际上却不一定是家主。村中其它来往也以你是老王家的，我是老李家的，二家以前有过什么关系为标准。

家庭底功能，几乎包括个人日常关系的各方面。以下各章所论，几乎都不能跳出家庭之外而活动。

第五章 经济

第一节 生产

一 农业——主要生产历程

农业当然是生产底主体。它整个地影响了村民生活关系与生活态度。村中整个关系依它底活动方式而决定,它是由许多因子所组成的一个生产历程:

(一)耕地

亩数 村中只有四家(7.3%)没有耕地,其余五十一家(92.7%)是农户。这五十一家中有三十七家(全村的67.3%,农户的72.5%)是地主,有十三家(全村的23.6%,农户的25.5%)是租户,还有一家(全村的1.8%,农户的2%)只是种着典的三十亩地。地主中有二十六家(70.3%)是自耕的。其中有十一家(29.7%)是半自耕的,自耕农中又有一家在自有九亩之外典种三亩。

租地种的也有两家又典地种,一六亩,一十八亩。共计四家所典的地五十七亩。

自耕农及半自耕农分配

亩数	自耕农分配 自有亩数 实数	%	家数 实数	%	口数 实数	%	每家亩数	每口亩数	自耕农及半自耕农分配 耕地亩数 实数	%	家数 实数	%	口数 实数	%	每家亩数	每口亩数
5以下	10		3		9				5		2		5			
5—9	30		5		20				30		5		20			
10—14	85		8		26				85		8		27			
15—19	81	46.5	5	78.4	23	75.0	14.3	3.1	43	38.3	3	70.0	14	57.8	15.1	3.8
20—24	40		2		15				20		1		7			
25—29	50		2		21				27		1		5			
30—34	120		4		21				182		6		26			
35—39	35		1		6											
40—44	40		1		4				83		2		12			
45—49									47		1		9			
50—54	51	53.5	1	21.6	5	25.0	60.0	10.6	51	61.7	1	30.0	6	42.2	71.5	10.4
55—59	57		1		2				57		1		2			
60—69	64		1		3				64		1		3			
70—79	142		2		19				70		1		2			
80以上	90		1		6				415		4		42			
总计	895	100.0	37	100.0	180	100.0	24.2	5.0	1179	100	37	100.0	180	100.0	31.9	6.6

主要的耕地是自耕农底八百九十五亩（其中有四块场地），半自耕农和租农所租的五百六十一亩次之，最少的是典地五十七亩。结果全村耕地是十五顷十三亩。不过自耕农中有四十亩租出，有十六亩典出，未知这五十六亩有否，或有多少是租给或典给本村了。所以全村耕地，有稍少于十五顷十三亩的可能。

其实本村约有十八顷地，因为除了那八九五亩自有地外，还有两个家不在本村而地在本村的宦家底约九顷地。另外从外村租来约二顷。全村租地五六一亩，除了这由外村租来外，约有三顷是租的那两个宦家的。宦家其余的五六顷则租与外村，而名义上仍说是租本村的地，事实上也向本村纳青钱。

地亩分配 那两大地主：一是那家汉军旗人底由本村迁出的本家，一是这汉军旗人底亲戚。前者有六顷多，后者有二顷多，共约九顷。占全村地亩半数，然而地主是离村了的。我们详看村内的地亩分配关系。

地主以有十至十四亩的为最多数，占22%。但地亩却占9%。一般言之，有三十五亩以上的只有21.6%家，而地却占53.5%，其实在二十亩以下的就已占了57%家了，而地只有23.2%。至于口数也和家数一样。有三十五亩以上的人口少，而土地反多，25%的人口占53.5%的地。若算上二十亩以上的则56.7%的人口占76.8%的地。不过，以口数比较则较以家数比较情形为稍好，因为地亩多了，平均口数也有增多的趋势（这个增多的平均数受了一二个大家庭的影响）。这也可由每家亩数较每口亩数相差为大来证明：三十五亩以下的每家亩数14.3亩；三十五亩以上的每家多4.2倍。而三十五以下的较以上的每口仅差3.4倍。这种比较连租地在内亦然。

租地分配

亩数	租农亩数	半自耕农亩数	租农 家数	租农 口数	半自耕农 家数	半自耕农 口数
10 以下	16	20	3	13	3	16
10—19	69	44	5	26	3	19
20—29	42	43	2	9	2	8
30—39	40	45	1	4	1	5
40—49						
50—59						
60—69		60			1	14
70—79		72			1	17
80 以上	110		2	8		
总计	277	284	13	63	11	79
	561		24 家 142 口			

地不是一般穷地主所能租的，而以自己没有地和自己有多地的人租地多。地主租地底结果增加了三十五亩的家数和口数，而减少此数以下的家数和口数，因为土地增了约半倍。但这对穷地主好处并不如对富地主好处多：对穷地主每家增不到一亩，而对富地主增十一亩半，虽然以每口计，则穷地主中较富地主多添些地亩（穷增0.7，富减0.2）。

地主底地平均每家得24.2亩，每人五亩。计入租地则每家31.9，每口6.6亩。同时家庭大小是4.9人，这比全村的家庭大小大0.3。

只论租地，租农所租仍以十亩至十九亩为最多的家和口，半自耕农也是如此。而趋势是十亩以下的较二十亩以上的为多。

租农十三家六十三人所租的地是二七七亩。半自耕农租地的有十一家七十九口，地共284亩。每家平均前者是21.3%，后者是

25.2%，这与地主的平均二十四亩相差不远。租农租地不像半自耕农租的多，大概因为经济能力弱点。

租农每家平均人口是4.8；半自耕农是7.2。这半自耕农每家人口特别高，也有原故：全农户中有十二家是六口及更多的，共有一百口。这十二家中有50%是半自耕农，这一百口中有61%是半自耕农。半自耕农全数仅是十一家七十九口，而其中有六家六十一口，是六口以上的家庭，所以影响于每家平均数极大。也许正是因为家庭人口多才觉到自己土地不够用，于是租地而成为半自耕农了。

地价等级　土地分配虽然不均，如果穷人所有土地都是好的，地价都贵，则情形也许好些。不过事实上，愈是穷人愈不能购买或保守好地，这种权利只是富人的。

土地按纳粮的情形分等级，其实这样小的一个村庄地底好坏绝不能差到那里去。好坏虽然看土壤如何，也看所在区位，洼地就不如高地，因有潦的危险。最坏的可卖二十四元，最好的不过四十元。普通总在二十元左右，一亩可打一石多，但也看会经营否。

全村耕地以十五顷计（其中十分之四是租地），则值四万五千元。五十一家就主要地生活在这个资本上，平均每家不到九百元的资本。若拿每家地主平均的二十四亩为准，则每家地主所借以生活的只是七百二十元的资本而已。若以78.4%地主所借以维持生活的每家14.3亩计，则只四百三十元而已。其实最富那一家地主有九十亩，只值两千七百元。其次一家有七十二亩，虽然他还租了七十多亩。

耕地大小　每家所有耕地本已不多，少的有两亩、四亩、五亩的。而这少数的耕地又常是分散村之四方。有一家五十一亩，分成三块，一块二十二，一块十三，一块十六；另外还租了几块（45亩）。这种块已是不小的了。有一家三十亩地，也分成三块，两块各四亩，一块十三亩，另外也租了小块地。有一个租户，只租二十二亩地，却分成两亩，十亩在村的南洼里，十二亩在村的北洼里。一块耕地大到三四十亩是绝无仅有的，除了那两家在城里的大地主的地，和本村所租的黄寺喇嘛的地。例如北庄子那两家合租的一百十亩中，有六十多亩在村北，二十多亩在村南，都是这喇嘛的，另外又有两小块。

耕地本小，又分成许多小块，这使工作者要花许多时光在道路上，由家送饭到地里去，就须多花宝贵的工夫。

耕地每家尽管少，地块尽管小，而每家又不能同时只种一类粮食：玉黍、高粱、豆子，种种都得间杂地种些。常可看见一小块土地，种着五颜六色的作物。

耕地固然种的没有一些隙地，墙边、道路、院角也是布满了植物，其中少有增美观的花草，而都是可以充饥的食料。

至于栽培菜蔬果实的园子也不是没有。每家普通虽都在住房左右或院中隙地种些白菜之类的东西，除了一两家有一亩左右的这种园子之外，种植菜蔬的地方都是小得可怜，因为这又与水井底有无远近有关。

这种有地必种、每种必杂的生产方式下，不能大量生产，因为一切较改良的工具全用不着，更不必说大量生产用的机械了。

（二）工力

人工　家家都在那里尽力使用各分子的力量于工作，农忙时尤其如此：男女老幼常是全体动员，虽则所担任工作有轻重简繁之分。家主也许太老了，不便活动，于是在旁指挥子弟和媳女们分工地干去，妇女们除去下地打场之外还要为全家预备饭食（推碾、推磨、烧火、作饭）。稍大的女孩也替母亲作幼小弟妹底保姆。这些为完成农业生产历程所花的人工是不可计算的。尤以妇女底时间为然，农忙时她们固然不得闲着，农闲时她们（有些老年除外）又须作各种活计，如拆洗衣服、制补衣履等。

虽然全体动员，有时人工仍不够用，于是有了雇佣制度。有长工，有短工。短工都是在雇主暂时急需时雇的。短工按天算，管他们饭食，一天三顿饭（长短工皆如此，但冬天两顿）。也给他们些钱，钱底多少要看佣工底供求如何。春天四五十枚，拔苗时六十枚，除杂草（"耪地"）时人最忙，雇工也最贵，因为此时即使有长工，也常须雇短，普通十吊乃至十一吊。有时从平西府市上雇，一天十五吊，后涨到一元四天。当时一元合四十吊。收割时，雇工就又不紧迫了，因为可以先后收割。

又有一种季节的短工，叫"委冬"，就是在冬天到一家帮忙，既可省自己饭食，又可得几元钱，钱的多少也没有一定。

还有一种是长工，分一整年（"年对年"），八个月和"完了完"三种。一整年当然有时忙，有时闲；八个月就闲时少，因为他们是由春耕雇到秋收的，有的期限实际较长，如乡长家长工总是到立冬后，一切工作完了，长工期限才满。工价论年的总是三十余元，八个月或完了完的在二十七八元左右。雇工若急用钱时，少两元也可以雇到。长工有好坏，一完秋就雇，则可少花钱雇好工，若等到过年后再雇，就都是人家挑剩下的了。一样的好工，一样的工钱，也看雇主能否用人而定其生产能力的大小。雇主如果懂如何种地，常到工作场所去监视，又会给雇工些好处如较好饭食（少给小米吃，常给米面和酒）之类，则雇工底努力常是无问题的。

村中雇有长工的十家，共耕地七顷（有一小部租出）除十五个佣工外，还有十个可以工作的地主，于是平均每人可以耕种二十八亩。实际应不到此数，因为地主家还有许多零星帮助工作的，到忙时还叫短工。

以工钱和所能种亩数较，则一亩约须一元，再加上饭食所费，则一元余。但有一人，自己种十亩租地，十八亩典地，共二十八亩，他说一亩地除二元二角租钱和三角青钱之外，工力钱五角。这工力钱少一半，或因只是按自己工力算的，而非按雇工算的，因为八个月的工是二十八元，种二十八亩地，正应一元一亩。

兽力　全村驴骡马牛三十六头以上。五十一家农户平均三家两头，有几家独有两头以上，有一家运煤的有三头，虽然地连租的二十亩只三十二亩。

各种牲口价格也不一样，要看它种类、年岁、强壮而定。村中只有两匹黄牛，一是一家看坟的底，值四五十元；一是北庄子租户底，值九十余元，主人谓可值三匹马。马村中不多，十来匹而已。马价也不同，有一匹值五六十元，有一匹公会里的瞎了一只眼睛的瘦马已卖了三十一元。骡与马价似。驴最多，而好坏差别也很大，有的贵到百元以上，有的贱到十五元左右。

牛力最大而耐久，便于耕种，但不易养，且不宜于驼物与驾车，牛车辕须大，行动也慢。马驴骡则能用于任何工作，耕地、拉车、驼物、拉磨都可。而尤以驴为便于小量或轻便运输，虽则大车必须以马或大骡驾辕，而也往往以驴拉前套。驴更有一好处是易于养活，马须一天饮两次，饮完了应遛，所以驴在村中极多。

与它村比较卢村牲口是很多了。牲口多则生产力强，这与合村生活有关。

牲口虽已不少，而仍有时不够用，于是各家可以互相白借，有一家收割十六亩荞麦，自己有一马一驴不够，还借了两匹。这与邻村不同，在东小口村，借一回花一回的钱，而且借拉车一回钱，借豁地一回钱，借套磨又一回钱，每种工作所花多少也不等。

牲口也有相当的消费，须建牲口棚，须喂草料（干草与豆子、麸子之类），须为之钉掌。所用各费也因牲口种类而异。

（三）农具

农具是农业生产中的主要资本。它可以表现生产技术底阶段。卢村所用的都是很简单的，虽然名目也有几十种。这种农具的设备如果要完全，大概非二百元不办。不过如果不要大车、辗子、磨等，一百元就够了。所以有大车的只有十家，辗子十一家，大磨七个（另有一个以磨豆腐为主）。这种不易买的农具，常有互相借用的，其它农具也是如此。

除置买费之外，还要常花修理费或重买费。所费是与地亩多少成正比例的，实数不易计。

水井在农业上很是重要，可是全村除坟地一井已枯外，水井只有七口，而除三口是官井，三口在人家外，只有两口是为种地而打在地里，而其中一口又久被军队填毁，几乎不能用了。所余一口是北庄子大租户的，井口普通都与地平，只有庙前是大官井有砖砌大台（也惟有此井口大）。所以最近就发生了一家小孩掉下井去，好容易捞上来的事。井都不深，一丈上下而已，所以多是用挑水扁担钩着水桶打水。

官井是为喝的，家里的井虽也是为喝，而更主要的是为种园子。在园子里的井和地里的一样，须有辘轳。

种园子除了井、辘轳、柳罐以外，还有大镐、铁锹、三齿、

农具种类及价格

种类		价格	种类		价格	种类		价格
耕豁	犁	3.0		罐绳	0.3	脱稃	碾子	30.0
	犁把	5	收割	镰刀	0.3		山石	14.0
	犁辕	1.0+		爪镰	0.05		运脚	14.0
	滑	0.2		镐	1.2		工	
	镜	0.3		二大镐	1.0		磨	6.0
	木匠	1.0+		小镐	2	精选	抬筛	0.8
	豁子	2.0		三叉子	0.3		大眼筛（豆筛）	1.0
	豁头	0.8		四叉子	0.4		谷浪（谷筛）	1.0
	豁辕	1.2	运输	大车	70.0		头土	1.0
	翻滑子	2.5		绳套			二土	1.0
碎土	铁盖（耀）	7.0		大笊			芝麻筛	1.0
	铁齿	4.5		辕家伙			马尾罗	1.0
	木框	1.0+		长套（及了环）			绢罗	1.0+
	工	1.0+		鞭（大、小）			铜丝罗	1.0
	木盖	1.3		大绳			口袋（一把即十条）	9.6
	铁马子			绞锥			或	10.0
播种	落斗	0.3		小车	15.0		或	11.0
镇压	单砘子	0.5		抬筐	0.3		囤底（2，2.4，3.2，4尺）	0.4及以上
	双砘子	0.8		挑筐（二个）	0.3		囤圈（6—12尺）	0.5及以上
施肥	铁锨	0.8		扁担	0.25	其它	铡刀	2.5
	粪箕	0.1+		背篓（粪）	0.5		称	
	三齿	0.3+		拖车	1.0		升	
中耕	锄	2.0	脱谷	遢轴（小）	2.0		斗	
	锄板(小)	1.2		遢轴（大）	4.0		锅（铁、铜沙）	
	锄板（大）	1.3	收欲	三股叉(三或把)	1.0		初刃	
	锄钩	0.5		四股叉	0.25		一刃	
	锄楦	0.2		六股叉	0.25		二刃	
	耘锄	3.0		扫帚（竹）	0.35		小锅	
	镟子	0.1+		木楸	0.3		水桶	
	花铲	0.1		大小推板（撞板）	家作		短套（耕地用）	
灌溉	辘轳	2.0+		搂子（耙）	0.3+		玉米搓子及穿子	
	工	1.0+		簸箩（长系）	0.7			
	槐木	1.0+		簸箩（大方）	2.0			
	柳罐（小）	0.6		簸箕（小）	0.3-			
	柳罐（大）	0.8		簸箕（大）	0.4		总计约	200.0

小四齿（二角）、毫锹（一角）、韭镰子（一角）、花铲（一角）、平耙（六角）、蒜搂子（一角），大园子里在作畦时更有蒲衫子、草衫子。

（四）种籽

种籽一般地总是选择了的。自己打了粮食，总在农闲时挑那大的好的留下作来年的种籽。然而这种选种工作并不十分小心，结果也不会有什么进步。

（五）肥料

肥料种类不少，主要的是牲口粪，而其中又以猪粪为大宗。猪粪是自己养猪在猪圈造的。其实也不纯是粪，因为任何秽物总是倒在猪圈里，叫它腐化。从德胜门关上买来的粪（羊粪等）一大车（不足千斤）一元。其次为大粪（即人粪），从清河兵营（旧陆军学堂）买一千斤三元三，或三元六（二十三年四月下旬合作社曾以六元买十七车）。从北平北宛兵营买三元四。这两处，在阳历年后买最好，因油水多。大粪到冬天凝结时才能运。普通买大粪以粪箕计，一百粪箕值五元，重八百多斤。

此种肥料的价值，如果不大量购买，再加上用大车拉的运费，每单位就贵些了。

也有极少数人用肥田粉。麻渣子用在地里的少，多是用在园子里。

每亩地用粪底多少没有一定。如果有钱，而且是种自己底地，往往多用；否则往往少用。那北庄子租户曾在一顷十亩上用了一百车牲口粪，即一百元的肥料。第二年自己养猪养牛全年造了八十多车，又买了五车，总数已比第一年少了，因第一年赔了些。

粪底安置都是院中，或街旁，这是与卫生有极大关系的。"腊七"有"刨冰"之俗,将冰从坑里刨来,丢在粪堆和其它角落污秽处,说可以免生虫子,这种行为似乎有种卫生的意义。

(六)产物

种地是按节气的(所以许多家都有黄历)。过年后,人人都玩几天,到"雨水"就上工了,开始整理粪。"惊蛰"地气通。"春分"大麦下种(俗名下种为"讲"),"清明"豁五谷杂粮,"谷雨"豁芝麻棉花。"立夏","小满",以至"芒种"以前都可以豁地。但"过了芒种不可强种",意即不可种"大田"(即五谷)了。过此到"夏至"种十三叶的晚玉米,"暑伏"豁荞麦,过了"白露"到"秋分",种小麦,"寒露"就下霜了,不能再种什么。

收成也按节气:"夏至"前后拔小麦,"处暑"以前收秫子。"白露"是大庄稼生日。高粱、玉米、谷子、豆子都熟了。"秋分"收快皮青,黄豆,然后黑黑豆、白黑豆、绿豆等。小豆在"寒露"前收。芝麻也在"秋分"收。棉花晚,过了"白露"是第一碴,每三天剪一次爆开的棉桃,直到"寒露"还有未开的,谓之恋秋。荞麦最晚收。到"立冬"则地场皆完。

近一二年来粮价低,而廿二年尤较二十一年为低。而农民卖出时更低,因之谷贱伤农。麦子由二十一年的六七元落到五元八,芝麻由十八九元落到八九元,甚至六七元。玉米由五六元落到三四元。豆子由五六元落到四五元,有一年花生到过四元一石,但本年很贱。小米也落到六七元。以前大麻子随小米价,但近来因可作机器油(如清河制呢厂所用的),于是价较高了。

也有涨价的,如带子棉花每百斤在二十一年是十一元,廿二年涨到十三元。这一方种的多是线花,较州花好。"秋桃子"也有人种,但不出长纤维。美棉种的不少。棉花剪了带着籽以一百斤卖的多，不常卖弹好了的。三斤棉花可弹得一斤，二斤是棉籽。百斤可弹出三十斤纯棉，每斤卖四角（商人卖四角二），才十二元。而其中还花弹费，如果雇人，八分一斤，还管饭，何如整个的百斤卖十三元？虽然剩不下种子。

种芝麻是近几年时兴的。乡长在民六起始种芝麻，年年有利，十七年来除二十二年和以前某二年外，收成都好。一亩可打十六元。二十二年落到六元三四角，仍比它粮贵。全村见他种芝麻得利，不数年皆仿效，到现在只有几家没有种芝麻了。这是提倡农业很可注意之点：显然大利，人必趋之。

植物杆可作燃料，玉米秸一元八十到一百"个"，每个四斤。芝麻秸贵些，五角一百斤。

粮食外，出产菜蔬，但除一家偶尔卖菜之外，大部是自家食用。

还有动物生产。可以过活的人家都有"鸡犬豕"。普通一家有两三只猪，养大了在年下宰或卖。大猪总有百五十斤，肉百斤以上，但大猪普通很少，都是些百斤左右的，纯肉有八九十斤的。在前清时，旗人到腊月二十八九才关饷，到此时，清河东西都涨上价去，等附近旗人来买，猪肉当时可涨到四吊大钱一斤。二十二年一元六斤，较二十一年多二斤。有活卖的，有自己雇人宰了再整卖或零卖的。宰猪的多由外村雇。

鸡没有大批养的，至多二十上下只，一年也可以产许多蛋，又可卖鸡。不过这二三年来总"传鸡"，死的不少。

猪、鸡和狗一样，都每天喂两便，是秄糠剩饭之类。是妇女工作之一。

村中还有两家有几只小山羊。猫也是许多家养着的，因为它能捕鼠而间接成为生产者。

大牲口因为生育少，所补助于经济的多不在卖了它们底子女，虽然买小驹子而将它养得能使用了，再卖掉，也是赚钱底方法。

贫民在冬天搂柴火，在收割庄稼时。捡遗剩，都是一点收入。在外村（如小口）有"开叶子"制度，就是在玉黍熟时，地主开放一天，允贫户到地中去劈下叶子。但在卢村其它许多村子则地主自开。

（七）销售

出产品除了自己用一些之外，都要将他换成钱币，以便买它种消费品。

粮食等主要生产都是运销外处，有的送到北平清河或海甸的熟稔铺户，请它代买，有的送到清河集上去卖，但后者卖价较低。

小量产物或是卖给村内，或是卖给外来收买的小商，如"合（换）鸡子的"之类。在兵差盛的时候，劈柴、干草、玉米秸等都必被乡公所替军队收买了。

（八）灾害

任有多大的努力，天灾人祸一来，生产量总得打个很大折扣，甚或酿成灾荒。关于人祸，如民十五的南口之战，我们先不谈，留待后论。只看天灾，卢村不能不说较附近各处为幸运。

昌平州志上记了许多自道光到光绪的昌平底灾害。有饥疫、大风、大雨水、雨雹、旱蝗等。虽然卢村未必同时也受同样灾害，至少受些影响。

民国后的卢村有三次凶年。民国九年闹蝗虫：六月二十九日蝗由黄土西北起来，南来本村北坟，幸坟地所种只是芝麻及白薯，蝗就分成两股，一经东小口南去，一向蓝各庄、店上，而达单家村北。这一年大家向县报灾,免了粮。这时大家治蝗虫的办法还只是在地头上烧香。

民十八,先旱,后闹蝗,接着就大雨。年景不够二三成。各村苦不堪言,有全家服毒的,有急死的,有逃亡的,有烙"信饼"吃的(如半截塔李家)。而且这一年非但并未免征,反有特捐,于是有过一次大请愿。

不过卢村还可活,只一个长工,到热河堆子山去了。那里米贱,拉一趟米,可赚二三十元。除此之外,有几家在腊月二十三以后北去要过饽饽,腊八也曾要粥。村中是卖地都没有人要的。

卢村在十八年蝗来时已不求菩萨了,而实行捕打了。那年蝗虫是由南成群飞来的。县长下令收买,两吊钱一斤,本村公所因此花了许多钱。村公所收买了四麻包以后,买不起了,就将它埋在村北坑内。捕治方法是捆一把榆枝,将蝗抽死。蝗未吃多少,但甩子,雨后,子长,像苍蝇,地皮为之黑,幼蝗更凶。于是在村东地掘一南北深沟,全村合力将蝗由东西两方驱进沟去。沟中满雨水,都为之黑,于是以手棒蝗而塞入泥中埋之。全村虽合力工作,若有害于己仍不互让。村南李家地有蝗,李家向邻地驱逐,邻地主又驱回。

平时春旱时多,大旱没有,子粒多少总收些。像十八年旱得小苗要干的时候极少。

雹灾少,清末时有过一次,民国也有一次。近二年雹很小,不致将庄稼砸平。

霜怕来的早,十几年前曾在"秋分"前五天下霜,还有一次是秋分前十天,收成就不好。霜应在寒露后来。因为下早了,天即冷,庄稼易冻死。

二　副业

只靠农业生产，经济状况很难维持，更不用说发展，因为一方是外力底剥削日重，一方是人口底增加日繁，于是不得不在农业之外另谋补助办法。有的进城去学徒，然后按其所学独立为工或经商，有的不离田园，在农耕之外作些工商的事。

出外经商或为工的，有的家里还是业农，则虽在出外者个人看不是副业，而是正业了，但从他家庭整个看，他仍以农业为退守进攻的根据，他所收入的在家庭看仍是次要的。至于那家庭已不业农而只靠自己出外或不出外工作的四家，自历史上他们所作的仍是副业，因为他们以前（而且就在他们这一代）就是农家。

（一）村内副业

副业可分两种，一种是村外学的，一种是村内学或不学而能的。村外学的有的还在工作，有的已不工作了，因为所学的已因回村而不能应用。那村内学或不学而能的又分为常年和农闲两种。常年的大概都是需要相当手艺和知识的，农闲的则不必如此。

村外学而已不作了的有六家七人，其中最多的是作首饰行的，有三家三人。有一人二十三岁就归为租农了，有一个干过几年后，开了小铺，但十年来只是租户。这两家都未发财，但前任乡副曾在北平某首饰楼，因为光绪二十六年的拳乱，而分得七百多两银子，因之起家，现在九十亩地。有一家父子二人曾入军队，后同制卖饽饽，现则赋闲，仅有地二亩，父曾想办私学，受公所底干涉而未成。现任甲长，即曾纳妾者，曾在药铺十余年，在北京药铺站柜时，每年收入一二千元。现在村中，自有地十九亩，租十一亩。也有过富裕的历史的是曾经作过机器裁缝的那个旗人，

第五章 经济

他现在的身体有极利害的痨病，就是年青时种下的因。

村外学而现在还作的只有三家四人。有二人为兄弟，在北平学了首饰行后，在平西府开首饰楼，以前生意很好，这些年因为结婚仪式多已简单，而且富户愈来愈少，银器礼物用者大减，于是兄弟二人已不常在铺中，去时也只一人，乃多对耕种用心，地有二十五亩连租八十五亩，所以将他们列入村内副业。乡长于十七岁结婚后，到北平学药铺，十余年共在过四处。宣统三年因革命，城内人心慌恐，乃归乡种地，于民二又开益德堂药铺于家底外院、新药屋二间，有小窗通街。且为大夫（村中人都呼他为"先生"，就是医生之意），出诊仅二角、不能提高。每年亦可赚二百元，与家中五十一自有地及四十五亩租子地所产净剩相差不多，但此二百余元只够自己花。近一二年也少出诊，因觉不值，但有朋友请，也去。卖药则仍旧。药约四百种，分三种保存法，一是放在有七七四十九个抽屉的药柜内，每抽屉竖分三格，每格一种药，药名标于抽屉外。二是放在小纸匣内。三是小纸包。匣与纸上都标有药名，堆于药柜上和墙架上。这许多药本钱得数百元，但有许多几乎用不着的药压着本钱。而且在外面该的账，因为不好意思深催硬要，截二十一年止，已有三百余元，二十二年增为四百余元（其中本村积欠百余元）。但同时外欠所与交易的海甸药铺二百元。每到年底命子出外加紧要账，但往往骑车跑一天无所得，二十二年仅要上三五十元，即认为满意，可见农民经济衰落之一斑。

木匠也是村外学的，已作八年，现在收入也不大。

村内学及不学类中有十四家十六人。常年作的有九家十人。其中棚铺是最大的组织，而且分成两个团体，各有四人，不过有一人已进城为佣。两个团体有时合作，普通总是各作各的。一个团体每年多可赚五十元以上，四个人分取之。有一人，半年间搭了约十次，赚了五六元。有棚的人则取得较多。这一个团体是完全由一个师傅传受的。这师傅原住本村，先作小买卖，然后作棚铺，迁到外村后，在二十二年死，其徒比为之送丧。

作豆腐的一家也同须手艺。每天用黄豆、青豆、黑豆共二斗，泡水后成"脂子"（音），然后上磨（经约三尺）。以手推磨，上县葫芦漏水，豆渣即成稀汁。再入大锅熬。点卤后上床压成大片豆腐。然后切成小块出卖。一斗豆子可作二百多块，每块卖二枚，除卖出豆子本钱外、不能赚到五吊，但副产品也有利。一斗豆子可作一斗多豆腐、一斗豆浆，和一斗豆渣。每天二斗豆子即可出二十多个豆渣球，每个价二枚，但不卖——人家如要用，就白给一二个——全然自己用以喂所养约十个的小猪。年下每个可卖二元，共计二十元。每天赚五吊，则一年可四十元，与此二十元合计只六十元，另外老母还须出外佣工，一年三四十元。同时家主也租了五亩地种。五亩地除去地租和肥料等，所赚十余元。所以全家五口每年只靠百元生活。

绱鞋的是附近各村最好的。每双两吊，一天可尚十双，即二十吊。多时可尚十五双，若开夜工则更多。只要连尚三二天，鞋就尚不开了，但他说："我就是爱赌！"所以工作极不勤快，虽仍有鞋送去叫他尚，因久等不尚，就往往拿回。一天所赚二十吊，除吸白面十吊外，还剩一半，有时他情愿少赚些而是拿整块的钱，于是给人家作个短工，四天一元。每天较绱鞋少赚约一半。因为自己不努力，又没有产业（十亩地已典去），所以妻虽早死，至今已三十四岁了还未能续上。

卖书不必手艺，却须认些字。一旗人作这生意。所卖的多半是开蒙的老书，所入当甚微，尤其在学校林立以后。但他种地五十亩（连租）。

另外有农闲时的副业：五家六人。其中有兄弟两个少年是赶脚的。他们奉父命在农闲时，就为人赶脚、每天多则赚一二元。对于十八亩典地十亩租地的帮助不小。

作劈柴的只有一家，与邻村之多作此营生者不同。先到北平等处买来木料，然后砍成适当大小块头，卖与本村或挑到外村销售。青菜下来时，他也挑担卖青菜。

运煤是一种与新工业有关的农闲工作。运煤须分两部：第一要运窑柱到煤窑去，第二是运煤来村中，或直接卖去，或摇成煤球再卖。所谓窑柱，即用以支持煤窑的树干，有时很细小，实在不会有多大力量，不过可安窑中工人底心。窑柱都从外村拉，在东边太平庄一带五角五乃至六角五一百斤，清河南则仅四角五。怀柔县三百五十斤仅一元，称是加一的。每一大车可装一千六七百斤。约一吨（一千二百斤）半。运到门头沟"大洋窑"，每百斤七毛。窑柱尺寸，直径须三四寸。大洋窑要五五、六、七五等尺长的。有的窑要八尺。窑柱运到窑上，并不以斤计、尺论"起"，所以车若结实，牲口有力、一车可多出五六百斤。两千来斤的车可码两车。且估计常不可靠，有一次运去一千二百斤，窑方号成一千一百五十斤，第二次号成一千六百多斤。价钱在小窑则为九六钱，且亏些称，所以大洋窑底七角可合小窑七角五六。

窑柱卸完，就换上煤，煤在窑上是二元四一千斤。（普通是一元八角一千斤，或说二元一吨。）回来卖时四元六角一千斤（清河车站及下清河皆四元）。一车至少可拉四大口袋和两硷袋煤，共一千二百斤，有时用下清河一百五十斤的小口袋，则可装十二口袋。运到村中，转瞬就卖完。

运窑柱又运煤共须三天一班，与太平庄车同去。若放空车去，只用两天煤即可拉回，但须起大早。事实上放空车者极少，一因出发太早，冬日天尚黑，有险，一因有的煤窑不卖煤与不带窑柱者，又因运窑柱则多赚一份钱。

这运煤的一人因为弟弟丧事，耽误了三班，损失十余元。

除卖煤外，还卖煤球，每百斤煤掺黄土三十斤。黄土白取自官土坑。煤球销路也快，因为村中除一二家自己有车，有工、且愿费事自己运煤外，都买他的。

小挑也是农闲副业之一。租了三十亩地的那个租户，一到正月，就挑了小担，摆在中街边上，所卖不出花生糖果零星什物，一天可卖十几吊，几乎全都是卖给本村小孩，因为正月中他们手中总有些买零吃钱。然而他这买卖已然不如以前棚铺师傅所作的好了，他一天可以卖到几十吊。

以上都是有相当规模的副业，此外还有几种增加收入的方法：

有两家男子出外了，家中妇女以"纳鞋底"为生。普通妇女也总忙于作活，虽不卖钱，却是生产，看坟的卖吊纸，也赚些钱。坟地主人发给看坟的纸张，叫他作成纸钱，预备上坟时烧，于是看坟的私自从中取利，将纸钱卖给附近要买的人。一小份吊纸价十枚。

各副业虽然简单，但都须相当本钱，几元乃至几百元。而副业除了有时父子或兄弟因机会相等或传统关系相同外，没有多少一样的（二十六人分散为十五种工作之多），就是因为用不着很大技术，而且除了棚铺以外，用不着大家联合。能成一时风气的恐怕只有首饰行：村内有五人，村外有四人。

卢村以前也有它繁荣的历史。它以前有过烧饼铺，有过小铺，有过茶馆。不过现在只剩"烧饼铺李家""茶馆李家"等徽号与"大门阎家""棚铺傅家""棚铺张家""药铺张家""拐角李家""胡同李家"同样还被人沿用以为标示罢了，这种已无实际的名称即使过一二代也是不会遗忘的。

烧饼铺是三十多年前关的，原因不知，开的人已死，妻已七十八了。

小铺及茶馆底关门完全表示如何一个小村不能维持一个较大的经济活动底中心。

招赘傅姓底本家伯（叔？）有地九十六亩，当甚富裕，抱一子。此子都说是"好人"。曾开小杂货铺，结果大赔，在民二三年关闭。以富户落而为贫民。现此人已死。子与妻皆为人佣，祖遗房产也典给棚铺。于是与村无大关系了。

在平西府开首饰楼的底父在二十一年夏死。死前八年，即已将所开茶馆关闭。但至今院墙仍可看出茶馆门痕。茶馆最初还曾在宅外南道旁开过。

这种铺子有它底区位学上的意义。傅家小铺和李家烧饼铺之所以还能支持些年者也许因为它们都设在村底中央——后街上。茶铺更是傍道而开，立于北山到德胜门的大道和横穿村底东西的大道底交插点上，每日赚过客茶水钱很多，而且也卖些杂货。

然而现在一个杂货铺子没有，就是因为开铺的都赔了。消费者少，卖的不多因是赔的原因。卖而不能收回钱来乃是最大困难。到铺子闲生谈天，已给铺子一种损失，再加上多是亲友邻居，喝茶、抽烟，耽误光阴，起初还不好意思赊欠，日子一久，就随便记账，成为习惯（铺子也许初愿借赊欠拉买卖），铺主又须拘于面子，不能催索，于是欠债愈积愈多因而倒闭。此种历程在现在的药铺，就可看出，药铺是今日村中惟一铺子，然外欠已三四百元之多，除一部外，债主都因经济的一般破产，使偿还债务到了绝境。于是大夫不愿作了，药铺不愿开了。这与外村某家种瓜情形正同，种瓜本有极大利益，但一到熟时，朋友随便前来摘吃的，就陆续于途，虽然瓜主贴示说"利息八分"，终归无效，结果大赔。

两大地主之一的任家，在前清是皇室漆作。他底锅房就在本村，但民国后早已停业而房子被人租用了。这是一个较大工商业由村外迁的例子，也是一个受了时代底影响的工商业底明显例子。

（二）村外副业

受不了经济底压迫，和城市底引诱，有二十八口人出外谋生，他们有十三行以上的职业，最坏的收入，当然是那些还未满三年零一节的学徒。其次就是佣工了，每月三元工钱，最好的每年也可有数百（如珐琅铺那个工人，每月二十余元）。但像现乡副以前在药铺中每年一二千元的收入（段祺瑞时代每年经手万余元，可见职位之重）的是没有听说了。

（三）旗人收入

前清时，红带子旗人，生一子，皇帝即赐口粮二两，每年有。所以头生虽是女孩，往往也偷报男孩以得此钱，等后来生了男孩再补换上。如有面子，则汉人也可顶替。至相当年岁，就又将二两升为四两。

汉军旗人则由射箭得此。如果能射中三箭，则每年给二两。也有用一两半贿买得。

三 暴富

光绪二十六年拳匪之乱时，有一兵赶一大车，上有钱财宝货一口袋，到拐角李家请求存放。家主答应他回来时原物还他。这家主先只是跟草车的，后种两串"大个钱"的租子地。此时忽得大兵底财宝，就攫归己有（兵也未归），买其岳父棚铺张家所看村南富康世袭侯坟地三顷多。于是暴富。子四，每人分八十亩。有一子后且发展到一顷六十亩。但不久媳妇上吊，花千元，民十五之战又损失地里埋的银子千余。虽如此，此子仍能分给二孙各四十亩，而自留七十亩"养身地"。其他三子则日就衰微。

前乡副底忽由北京首饰楼内分得七百银子，因而成为全村自有地最多的（九十亩），也是拳匪之赐。

第二节 消费

此处所谓消费，乃指一切与生产无直接关系的货物或金钱底销用。

食　统计的研究指示食物是一般人民生活中一笔最大消费。本村当亦如此，不过确数无法计算。和其它农家消费一样，即使小心记账，绝难准确，因为许多消费都是自己直接生产的，也难以一般市价去计算，因为市价较高。粮食除了白米、洋面等很少外买的，菜蔬也是自己种，如果种不起，则所吃也不会高贵，只是些咸菜疙瘩、熬白菜或豆腐而已。肉除了少数人是不轻易吃的。平时每日只是两顿粥、玉黍饼子或窝头等。农忙时，则三顿，早晚小米水饭，有小葱拌豆腐之类，午间由家送到地里的是米面饽饽。饭都是由妇女作的，她们每天都是一清早就起来升火，太阳一出就吃第一顿饭了，吃完饭才能作事。

一年三节应吃好东西，但一般人除了年下总是舍不得或不能够吃。地主待佣工过节，却非大吃不可，在端午和中秋，地主总是花几元买猪肉，并且预备馒头，来犒劳他们。例如中秋节，在十四就吃起，十五吃一大顿，剩下的还可吃一两天。过年更热闹，有猪的宰猪，无猪的买肉，什么炖肉、酱肉、肘子、肠肚、肝、耳、心，作成各样菜，平时所稀罕的豆腐泡、肉丝咸菜等在这时都是次要的了。饭也改为白米或老米和馒头。煮饽饽、年糕等更是年节底特物。上供之后，供品也是正月的食物。

正常食物之外，如花生、瓜子、烧饼、白薯，和其它糖果也常是从外来的小挑上买了吃的。

衣　布是没有自织的，都买自清河镇或北平城内，洋布多而粗布少。衣皆宽大。在夏天，以皮带或布带系着卷到膝间的蓝裤，光着的脚，家作不认脚的，纳得极硬的黑或蓝的布鞋，肩上披着的汗黄色的或蓝色的小褂，几乎无处不露着烈日所灼的褐色皮肤。秋风来了，穿上袷衣，夹袄扣子（布作或磁的）总是不扣好的，尤其高大的领口永是开着，裤腿用腿带裹上，单裤外有时套着袷套裤。短腰白黑或蓝的布袜也穿上。往往先用尺余一块斜方村布将脚裹上，再套袜子，如此则走路有劲。冬天将一切袷的单的都换上棉的。穿短棉袄的总在腰间围一布带，名曰搭包，于是可由不常扣上的右襟将小东西插入怀里。棉衣之外，也有皮衣，多为长毛羊皮。冬天人多带帽，皮的、毡的、毛线的，样式也不一。自几元至几角的。春天与秋天差不多。

女子衣服也很简单，除鞋的花样较多及上衣长可过膝（年长）或长仅及腰（年青）外，和男子在材料上，在作法上无大分别。但颜色也多、花衣、花裳、花鞋常现于青年女子身上。女衣穿着后，都很整齐，不能随便裸露。

衣服样式受外来影响很多，尤以青年妇女为甚。男子则有许多如鞋帽之类，多是买于城市。生活程度因之增高，较食与住处都快，因为衣服是外人所能看见的。

住　最大的房占地三亩，没有一所完全瓦房，除了坟地和大庙。砖墙也少，至多只是下半截是砖，而上半截仍是土的。所以盖房不难。村中有官土，只要有车，有人去拉土，几间土房很易筑起。打墙时用铁锹、"杭"（音）、墙板、星星（小铁杆）、顿子子儿、椿、楔、堵头等即可。有两间屋子是九根木头和两根檩支持的，用砖三千块。砖有好坏。最好八元乃至十元一千块。"二道"砖五元五乃至六元，"头道"因挨近烟突，颜色不好，价更贱。用不起砖，也有时用脱坯，脱坯是自己用模子脱的土坯，有一种"肘（音）坯"，水分较多，而模子之四边是活动的，可以打开装泥。还有"抹（音妈）坯"，这种坯在春天修房时是常见于烈日之下晒着的。

土墙最大毛病就是年久发潮，从墙脚以上两墙合缝处蚀去，于是透孔。而且雨一大，土墙有的就塌了。所以墙底下半截常用砖砌。

普通房子格式，稍大的房子都是两个院，小的则一进大门就是住院了。住院常是三合房，有厢房，有正房，普通各三间。有门，有窗，而少有后窗的，三间中有时一炕，有时二炕。炕以大方砖砌于三面墙之间。炕上有席，若待客，则搬上小炕桌，若为睡炕，则炕底角上都卷着被褥之属。在寒冷时由外间炕洞口（有时与矮锅台相连）烧火熏热此炕，这炕上往往横竖睡了许多大人和小孩。有一家在一个炕上睡了母、子、媳、孙及孙女，共五人。在夏天，拥挤的情形，稍有改变，因为不必全堆在一个热炕上去了。

房屋也有定期的修理，阴历将到年底前十余日，家家扫房，糊房，糊窗，多少焕然一新，到了春天，在撒了种子之后，夏至之前，每家又都忙着抹房、搭匠。

村中有四八家是自有房子的，就是说12.7%是自己没有房子，而租或借别人底房子的。

四八家自有间数二三七中，有30%是住室，这可以有三间而住其一的家数的占56%来证明其近于事实。

自有间数与人口数

每家间数	家数	间数	住间数	人口数	每间人口数	每住间人口数
2	1	2	2	5	2.5	2.5
3	27	81	29	95	1.2	3.3
4	1	4	1	5	1.3	5.0
5	6	30	10	28	0.9	2.8
6	4	24	8	23	0.9	2.9
7	1	7	2	5	0.7	2.5
8	2	16	6	12	0.8	2.0
9	2	19	5	12	0.7	2.4
10	1	10	2	8	0.8	4.0
13	1	13	6	17	1.3	2.8
15	1	15	3	5	0.3	1.7
16	1	16	5	14	0.9	2.8
总计	48	237	79	229	1.0	2.9

租或借间数与人口数

每家间数	家数	间数	住间数	人口数	每间人口数	每住间人口数
1	2	2	2	5	2.5	2.5
2	3	6	4	12	2.0	3.0
3	1	3	1	3	1.0	3.0
4	1	4	2	6	0.5	3.0
总计	7	15	9	26	1.7	2.9

平均言之,每住室须容三人,不论自有房子或租借皆然。但以总间数计,则自有间数者每间一人,而租或借的情形之下,每间1.7人。就是说租或借的屋子,多为自己休息,很少为存贮,因为贫穷使他们根本没有多少东西可以存贮。与俗谓"穷干净"同理。即大秋后,愈是穷人愈干净,因为穷人在此时不忙,且无多杂物。

房子多半是祖先遗产。也有少数自己修盖的,不过都不在村中主街,因为这主街已无隙地盖房了。不是自己底(一家房子是典的,列入自己房子类中了)房子有的是借的,有的是租的。借房多是借的人家场院,或是借人家院内而负看家之责。租房者如租三间,则须二三元一年。

因租或借房子和因祖产分家底结果,有一门内住四家,有两门内住三家(以上都是同姓的),四门内住两家。其余三十七家(67.3%)是独居。

除正式房屋外,每家常有狗窝、猪圈、牲口棚、磨棚、草棚、场房等建筑。

行　出外方法有四,即步行、骑驴或其他牲口、坐大车,和骑脚踏车(邻村人力车亦可雇)。村民还算活动,因为附近村庄密,因为道路多,因为出外人口时常往返,因为村子小,则许多食用物品须出外购买。

步行总是近距离的，大车（全村十辆）总是用于大量运输，如运粮到市上去。骑驴（全村二十左右头）是出门最方便的方法。能骑脚踏车的人不少，而车却只有三辆，其中且有两辆已毁。这有脚踏车的三家底地亩连租在内，一是顷半，一是一顷，另一家虽无多地，但他是大地主底看坟的。

道路虽然不少，但多洼湿，一到春夏，就不易走了。

医药　医药费因为病人很多，而本村又有药铺，数量应当可观，由全村只欠本村药铺就有百元可以证明。

教育　一个学生，所花不多，学费一元一年，其余所要花的只是纸、笔、墨等文具而已。然而一入学，虽可以告假，但总有些限制，于是损失了儿童在家庭所能帮忙的生产。

一般人民买书报之类的教育品很少。所卖的不过是小石印本的戏词唱本而已。至于报则只有乡长一家以三角钱定了一份。

礼物　婚生丧祭以婚丧花费最大，但也有程度底不同。婚底大宗花费是女家底嫁妆和男家底请客。男家所花普通一二百元之间，女家较多。丧底大宗花费是棺材和请客，二十元完的是最少的了：十元棺材，二元家伙，一元余给老道，再有几元饭钱。富有的丧事须数百元，其中包括棺材及其他丧时用品、和尚、道士、酒席、看坟地风水等。那个有九十亩地的死了，仅棺材就六七十元。乡长曾为其母预备棺材，是白果木的，六料，买时每料三元。底涂生漆和其它装璜如桃红里子等。全棺现可值百元，是村中最好的一次"发送"了。

生子时给产婆费用。也须两三元。上坟所用则极少。

过节时过年送礼较多，贵贱不一。家中有佛龛的，总要供佛，供品中月饼是大宗，一元三十五斤，清河较立水桥便宜些。香蜡等也是不可少的。极少数人还从城里挑来蜜供。

浪费　吸白面、大烟、洋烟、旱烟、喝酒、赌钱等常是极大的损失。白面有一人一天可吸十吊，买自城内。大烟以泡（玉米粒大小）计，有好坏，一个五十枚或三十枚，可吸四五口，烟灰也认为贵重。洋烟吸者少，狮子牌二十六枚，婴孩牌三十二枚。多吸旱烟，男女都吸，一年一人可吸五六斤，黄烟（自己可种的叶子烟）一斤价百枚，兰花烟四角，关东烟一元七八角。酒只有烧酒，多取一斤六吊多，零买则八九吊。赌钱底输赢常是一二元。

第三节　经济制度

一　各种标准

度量衡是经济标准，银元、铜元也是。这种标准都是相当的复杂。

一亩是二百四十万弓，一弓五尺（就是人行步两步）。即所谓"长十六，短十五，整一亩"。也就是六十丈长一丈宽的面积。普通度亩有用弓、用尺丈二法，用弓较不确，因用弓则零余加倍计算，即如余一尺五，则以三尺计；余四尺五则以九尺计，于是一弓将近两弓，故拐头甚大。

尺也有大小，木匠尺与裁衣尺长短相埒，而高香尺则长九分。

量以升斗石计。附近斗底种类很多：本村用的和清河镇底相同，昌平县大堂上有签筒，为一石，合清河底八斗八（《州志》谓以京市斛九升一合为一斗）。小汤山与此相同。沙河斗也比清河小，但比昌平大。平西府斗比清河每石多六斗（《州志》谓以京市斛一斗二升五合为一斗）。高丽营斗合清河二斗七五余（《州志》谓以京市斛三斗为一斗）。以前还有所谓芝麻斗，大小不知。

二十二年冬政府命令度量衡改制，于是清河于十一月四日（即阴九月十七）集上应用，据云附近各集都在此日前后改了。此种新斗比旧斗小二升三。新斗木制，圆柱形，口底皆有铁箍，并有竖铁条四根。外烙有"一斗""凵"（北平为"兀"）"同"等字。并有"刘""卢""商"等字，是表示谁家所用。斗上标明"河北度量衡模范工厂制"。升与斗同，但改"一斗"为"一升"，且无竖铁条。清河各家都是从宛平县（卢沟桥）买的，价一元二角。

斗虽然是标准，但一石于量时据云可差到二升。商店粮入时只以横棍轻抹斗口，量出时则极力使斗口平，即所谓"斗准心不准"。量制改则农民喫亏更大，因为斗小了，量的次数也增了：（一）如此则商家可使量入量出之差更大；（二）镇上有斗局子，街上各斗皆归它"包"。这种包商是由县政府投标规定的。在清河，每量一石（即量十次）卖主花三吊（一斗三枚），买主花四吊。这七吊钱都交给斗局子。斗小而次数量的多，则买主卖主都须多花钱了。

衡制普通十六两一斤。俗谚说"东斗西称"，意即卢村之东斗大，村之西称大。商店出入常不用一样的称（同一之称有两个提），出京称，京称小；入市秤，市秤大。每百斤可差二斤。这种弊病是明的。普通麻提的称，可吃五斤之差。新式刀子称差半斤就有升降，农民在这种量衡制度下总是吃亏的。

普通一斗粮食约十五斤，但也有轻重不同。一石荞麦重一三七斤（带二斤重之口袋），黄豆青豆一六二，玉米一七〇，白黑豆、黑黑豆一七二，麦一七三、小米一八〇（俗谓每斗十七斤，乃指出斗言，不够准斗），绿豆一八〇，麦荏子（晚玉米）一八〇。

盛粮食用的麻布袋，普通能装八斗，有九斗的，一石二的（北平花市所卖者）。每条价在三角下。

纸币制度与清河同，银元、钞票、角票都有。制币无用者，已少见。有大铜子，小铜子也少。又有铜子票。每元在二十二年秋以后由四百八十涨至五百枚。四十年前每元合八吊（其前是两吊，四吊，乃至六吊），银子一两合十一吊而已。民国二年一元也只一百二十枚。

二　租地制度

农户有三种，一自耕，一半自耕一租耕。可注意的是租地制度。（因无佃户，故不称租佃制度）十五顷耕地中有五顷半是租的。地租是春地两元，秋地两元二。这比宛平五区地租之为二元五者为贱（东小口也有两元四的），就是因为地洼易潦。缴租时期分先后，有先缴后种的（较便宜），有先种后缴的，有收获前后分缴的。租种期限有的批字据，如批种十年。

缴租除现洋以外，也有给粮的。二元二一亩的是五斗，二元的是四斗，还有三斗的，是次地了。立约时就规定几石粮。粮食贵时，地主以吃粮为宜；贱时以吃租为宜。租户利益相反。有一人将自己养老地分租给已分家的二子，就要的是粮。

这二年来因为常潦，农户困苦，尤以租农为甚。外来三家租户都连赔二年。二十一年租二十二亩，赔进二驴，约值三十元。二十二年又赔，于是退租十亩。村北两家合股的租户，租一顷余，在二十一年赔百余元。二十二年也赔。全年花费约八百元，其中二百多元为地租，余五六百元为种籽、肥料、器具等。

有一家租的姐夫家底地，四十四元四十亩，已较一般为贱，但因收获少，租者更少给，因是亲戚。

租户可以退租，半自耕农也有析出的。就是说自己不愿租了，而转租与他人。

地主压迫租户事也有之。例如不能缴租时即强将房产占有抵押。有时忽然收回租地，也常使租户困苦。

租户与佃户不同，佃户专指租旗地者。以前每亩一两吊，即可各佃各留（即地主卖给佃户，佃户税契生科，归为民产），地主不能夺佃，只有倒价，即一亩以几两银子或几十元买回。北平西城沟沿于家寺曾有地数顷在村东，每亩五吊即可留置。此种生科地，如民地值二十元一亩，则不过五六元。这种佃户卢村是没有了。

与租地相似的是看坟的。他们为坟主看坟，同时坟主就将坟地给他种。荣侯坟地有顷余，招人看管并耕种，后此人胡为，私将坟地出租，而自己拿租子，坟主遂收回耕地，自己出租，只与看坟的十余亩。全村看坟的有三家，其中有二家与坟主是主奴关系，立过终身字据，许主逐而不许奴辞。以前主来时，看坟的须请安，主可大骂之。只有一个看东坟的，无主奴关系。

租庙产（村有）十八亩地的青头，不缴租钱，但供会中支使，也是租地底一种特式。

三　看青制度

村中有独立保护青苗的组织是近二十年来的事。以前本村的青苗分属各村看管。村中也没有什么公共团体,除了一个祭两个神底生日的会,一是观音,一是关帝。生日前会里人挨家问:加入祭观音(或关帝)不?凡说过加入的到生日日子大家到庙里吃一顿面,事过后,总计花了若干,就以加入人家均分之。会中除此二事是什么也不管的。

到民国二年(癸丑),村人与各村接洽共同看地,各村不愿,因恶当时村正,于是将本村地亩收归已管,并定为死圈,所谓"卖地不卖圈",就是看管本村地亩之责,由本村自己负起,此后不论本村地亩卖与它村或租与它村,都永归本村负责看管。但与贺家村约不如此,即贺家村人种卢村人地,在贺家村会交地钱,卢村人种贺家村地在卢村会缴地钱。只以地主所在定其青圈。卖地不卖圈,于是"穷村不穷会"。店上之所以穷,即因活圈,村地多租出典出或卖出与外村人,地钱也就跟去。所谓看管地亩乃是由会中雇人在庄稼长出到收割一时期间看守庄稼。所雇的人就叫青夫。一般人对青夫印象是不好的,谚谓:"看青,剥死马,刨绝户坟,踹寡妇门——没有好人。"村中这几年是陈启鹏、马德全、陈启才和阎振声四人,雇他们是不要任何字据的,与乡村中它事相同,只要一句话即可。陈启鹏为青头。由"起秋"到"完秋"一季中,麦秋每人四元(二十二年三人),大秋每人十三元。这是由各家摊的地钱中支付的。这地钱是村民之种地者到会中所定谢秋日(前十来日以小条通知各家)到庙中吃面时所缴纳。谢秋有两次,一次是麦秋。一次是大秋。麦秋只是种了麦子的人家缴地钱。地钱每亩多少看会中花了多少而定。民二十二年九月十五日(阴历)的谢大秋时的地钱每亩三角。另外有底钱,是按家给的,每家三角。

谢秋通知单

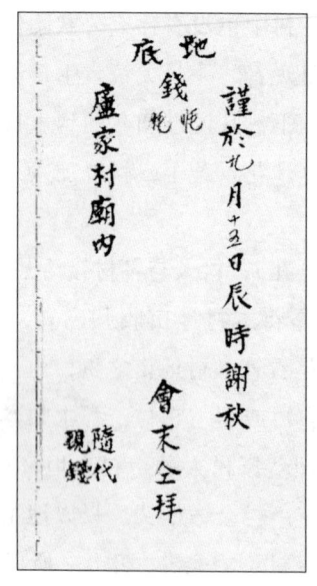

看青是一件很严重的事。民二初立会时，东小口不愿卢村将青圈收回，所以前来偷青，借以捣乱。某夜卢村与小口界上一块地中，偷青的正忙于偷，青夫去，小口柳树上有人向青夫放一枪，偷青的皆逃。青夫发现被劈下的玉黍杆子成堆，执树上人问之，坚不认为偷青的瞭望，但青夫中有曾偷过青的，明向各种诡计，树上人不得已乃承认。此事传出去后，卢村小口，一荣一辱。卢村公会根基渐固。

会中有权罚偷青的，甚且打他，最初尤是如此，以立威。民二成立会时，偷青者极少，村中人也有。某日村正过茶馆，闻一青夫正在喊诉："我不干了，好容易捉着一个，又有保人，把他白放了！"村正问明白说："我并未允许任何人保他。"就赶到庙中会所，正有人候请保释。村正说："你们先到庙门外，叫你们再进来！"于是将偷青人（本村旗人）捆打一阵。打完还罚五十吊。村人讶谓："真凶！"

对于女子也同样惩办。一青夫之媳，善偷，地里一溜，手拎篮子就满了。一次被捉，村正于是援前例，绑在树上鞭她，腿肿裤包肉上。抬出庙口，饮以水，然后才有人扶去。

经此一男一女底严惩后，村中偷青的风气大杀。这时青夫夜间往往就睡在地里，一季仅八元或十元，现在夜间可以回家高枕无忧了，工钱也增到十三元。但有时仍丢失少许。

罚青钱可以表示出这组织的力量。在阎纪永任村长时，曾因罚青钱，而使人上吊死。这很有意义的故事是这样的：妻留村而己出外佣工的那人底父亲，因偷青而被阎罚十余元，后落至六元。父即至子及女处借钱，都说不能借，因系偷青。父无法，就将自己被褥衣服等当三元缴纳罚款，阎谓非缴足六元不可，父归即上吊死。

有时偷青的未捉获，则青夫负责。名义上是要青头负责赔偿"本家""失主"，但实际上青头并不由自己出钱，而是由会中支款赔出，会中账上也只写支青头（用名或外号即陈启鹏或麻子）钱若干。

现在不打偷青的了，因为按法律乡长只有告发之权，却无拘捕之权。如果有乡长捕偷青的，而打罚他，被人告了，就受不得。

保卫青苗的组织就是如此由宗教团体蜕化出来的，同时又与政治的组织相吻合。

四　金融制度

村中没有储蓄或借贷机关，有钱时存在家里，再多则在以前

（如清末）有埋在地里的。无钱时则可以借人家的。粮食下来时，存入粮店中，待价而沽，有时将所得卖价存在此商店中，可说就是一种储蓄。借债情形是更多的，往往在秋后偿还，但不能偿还的也不少。

村中主要放债的有三家：一是旗人洪家，兄弟三人都一样放债，有时五分利，但所借数不多，借二三十元则一元两吊月利，借二三元则一元四吊月利，在二十一年曾借给乡公所八十元，利息三分。一是汉军旗阎家，他由城里本家以一分半利借来钱到村中放三分。其邻为现任青头之兄，前曾借他三十元娶妻，后变为本利九十元，遂将房子偿给阎家。若为其友人，则也可介绍到城里阎家去借一分五。这家在清末曾替城里本家放米，买的是七元一石的二百石，却向本家报十元一石，同时在门口买十一元半。他又贿赂十元给本家在村中看坟的，看坟的嫌太少没有要。还有一家乡副是"老三分"利，所谓老三分，不是银元底三分利而是借十两银子到完秋时还一石粮。那时粮食贱，一石不到二十吊，只是十几吊银子。虽是乡副，也曾以三分利借给乡公所六十元，他假托是外借来的。

也有比三分利少的，一元月利五（当时一元十六七吊）或六或十个铜枚。到现在是至少十枚（合二分）了。但所借数只十元八元的。

如信托得住，也有不要利息的。

借钱不限于村内，村外也有。民国初年昌平县还有过农民银行。初为一分利，后加到一分二，乃至一分六。手续太苛，有钱粮部照（财政部的）作抵押，有人保（乡长），最后到村中调查地亩，这才能放款。于是借者多是县城附近的。蓝各庄为留置旗地

第五章 经济

曾借过，卢村虽有可能，但没有见谁借过。乡间人最怕手续。

借贷是要立字据的。文辞大概如下："立字据人某某因手乏（或'无钱使用'）（如有抵押则加入'今指定自己地若干亩抵押坐落（四至）'亲托中人介绍借到某某名下洋若干元每月按几分行息几月本利一并归还本息不到以地变价偿还如有纠葛由中人一保承管（今或用'担负完全责任'）恐其无凭立字为据　中保人某某立字人某某。"

利息既重，滚利盘利，三年过了不还，往往就打官司。

二十二年冬由最先因燕大社会学系清河乡村社会试验区底影响而接受新式组织的教员（中滩人）鼓吹村民办理合作社。十一月二十五（阴十月初八）上午一会头与教员到试验区与合作指导员谈话并与指导员规定于二十八日在村中举行筹备会。至日下午指导员与外村合作社理事三人同到村庙中给已豫到的村民二十人讲"合作之重要"。当日集会各人对于合作都疑信参半，但因一二人之支持而终在二十三年三月二日（正月十七）举行成立大会（县府批准许可成立是二月十三日，在二十日才送到），社员十七人。所选八职员中，只是五乡公所职员外加入三人。乡长仍为首领（理事会主席）。司库也是乡公所的财务专员。可见村民对于领袖的认识是整个的，领袖在任何场合都是领袖。最初各社员都将自己的图章为使用方便而放在乡长处，也是一例。领袖也自认如此，所以乡长在筹备会后向外村人说："我叫它（指合作社）好，就好；我叫它坏，就坏。"

社员十七人，即十七家，且有一人是地在本村而迁到平西府的。这十七家占全村家数30%。除了两家无地外，共三六三亩自有地，占全村自有地八九五亩底45.6%。每家平均21.4亩。于是可以看出几种关系。这个合作社不是为极贫户组织的，因为每家平均21.4亩较之全村地主每家平均低2.8亩。而且超过三十五亩的只有三家一六一亩，较之全村八家四七九亩几差三分之二。所以这合作社是为一般人民组织的。

这合作社根本是信用合作，每股二元，共三十四元。但它底活动是生产合作。他们由领袖底提倡在三月中旬租了外村两块地，一五十亩，一十五亩，租子前者二元二，后者二元。资本共百六十余元，除百元由试验区以一分年利借来外，提用三十四元股半及约三十亩社员存款。花费除地租外为肥料（三元四车及六元十七车）及种籽，工力都是各社员分摊的。如五月二日种芝麻时用双套大车四辆运输肥料。本年所种是春麦、棉花和芝麻。仍是不敢也不能完全作一种作物底大量种植。

所以现时合作社对于村中金融还无帮助。将来信用放款以一分五年利放给社员时，影响当不小。

五　赶集制度

用尽各种努力所求的是多多生产。但生产并非终极目的，其后还要运出销售，得钱而易各种本村和附近所不能供给的生活用品。于是有赶集底需要了。

卢村在政治上属于昌平七区，而以北八里的区公所所在地平西府为中心，但经济上却以西南八里的宛平五区的清河镇为中心，虽然平西府也是一个镇。二处虽皆距离八里，但清河为更方便，清河镇大，而且离北平近，买时物价便宜，卖时收容量也多。

清河集日是单数，每逢一、三、五、七、九日乡民来到镇上

("街上"），或卖粮食或卖家畜，也有来买什物的。赶集最忙的季节是在年节和秋后。不过一般言之，村中赶集底次数并不多，因为小贩来往频繁而且东西二邻村都有相当大的杂货铺。结果到集上去的买卖只是大量的。

买卖很少注意宣扬，虽然墙上也偶尔见到斜贴着的清河或北平的布店药铺之类的石印广告。村中也时有小红条，贴于庙前，上写"某村某街路南（或其它方向；曾办过门牌，总未用过）某家卖白薯，四百（即四枚）一斤"之类。卖柴、绱鞋等都有过此种原始形状的广告。

六　纳税制度

村民直接应交纳给政府的税、契税，有田赋及附加，但事实上有漏税的。

人民有地须先税契，以为所有权底凭据。契纸上写明谁底地或谁卖与谁的地；地底四至；地多少亩；地价等。洪宪时，尚有契尾十六条，今已久废。契纸上所写地价每亩自七元至十元而已，实价则总在三十上下。前清按银子计算，如报得太少，官方可驳回。现在写十元，则税只九分，其中正税六分，附加二分，杂税一分。若写三十元，则每亩多花一角八分。契税之外，还有一种每块地一张的票子，每张价一大枚，如税过契而未纳过粮，则地为"黑地"，而契叫"白契"。

契已税过且也纳粮的地是正当的，契就叫红契。如有契（"白文书"）而未税过，当然也不纳粮，则为"漏契"，契就叫黑契。如只有白文书，则所有权极不稳固，卖主可以赎回，若因此而讼，也必输。

契既税过就要按年纳粮,理应一年上下两忙分纳,实则至多只一次,有时延二三年不纳。有时蠲免(如二十二年上忙因战乱而蠲免)。粮分等级,有一分粮、分半粮、二分粮、二分半粮、三分粮、四分粮、五分粮。民国四年全县清丈地亩,粮等定出,分四分、五分、六分。后行不通,一律改四分,但后来旗地有纳一分的。所谓几分乃是几分银子。每分银子合银元二分三钱。(每两银合二元三角)十亩地以四分粮计即纳九角二。

正粮之外还有附加,每亩二分,十亩即二角,与正粮合计共一元一角二分。但乡民往往不会计算,因而吃亏,因官方即以"大个钱"计算。以前每元四百枚时,县方以九吊五合一两银子。昌平一吊合"京钱"十吊,所以十亩四分粮就合三十八吊,即八百八十枚,即九角五,乡民每十亩就吃亏三分。现在一元五百枚,每两已不止九吊五,而是十二吊多了。另外附加仍照算。

纳粮时须先到财政局附税,以两大枚买一单子,凭单到户税课缴钱粮(实则不要粮食)。若先到户税课则不许纳粮,因为恐怕不纳附税。

各种税可以不直接到县缴纳,平西府区公所内有县里人员代办,纳税时请亲友代办也可。

卢村不但与县政府有纳税关系,对北平也有时纳税;就如村民将猪卖进城去时,在城门脸每猪要纳七角税,同时到东四牌楼还交五角市税,共一元二角。如果偷进城去,则城门脸的税固可免,东四牌楼的也就不会缴了。所以村民常偷运。方法是:卖劈柴的将猪宰了,放在柴担里,挑进城去;也有人将宰了的猪放在洋车上,上用玉米棒埋好。他们还未被查出过。

第六章 教育

第一节 儿童教育

一 非正式教育

教育底目的在使人能同时发展他底个性和社会性。这种目的底完成，家庭负着相当责任。然而卢村的家庭实在没为它底幼小分子底发展预备了应有的环境。父母总是不能给儿童不断的小心指导，以致儿童底许多时间都消耗在孤独的摸索中，这是因为父母为生计所迫，不得一刻闲暇：如是婴儿，则放在一边由他自己去爬，或是交给年龄稍大，无甚知识的姐姐看管；如已稍长，则任他在街上与村童共同消逝他底天真，这种没有指导的自然发展，很少教育价值。

以上只是消极地对于儿童没有帮助；积极地，父母也有意无意之间灌输给子女许多知识。父母可以传给子女如何种地或作针线，如何作人，例如礼节就是这种教育底一种，见人如何谦虚，如何向人说客气话，如何行礼，如何上坟，如何拜年，如何神三鬼四地磕头，即使自己不能作个榜样，总是严厉地拘束子女，使合于自己理想，这理想当然不都是对的，可怜是子女底幼小心灵在极早的时期已然压到成人所努力的重担了，很小的儿童已尝着或想到许多人间的苦处，十四五岁的儿童为夫或妻，工作与成人同（洪家十五岁子就能种地了）；就是说在这样短的生命中，已由儿童变为成人了，由受教育者将跃而为教育者了。

二　正式教育

（一）正式教育底发展　所谓正式教育是指组织了的教育，以前有村塾，现在有学校。约四十年前，村庙中有一村塾，塾在庙底北大屋中，东西二土炕，学生五六十人分坐炕上，围炕桌念书，老师是京南霸县人，后来他到朱房教书，入了宛平籍，有子现在清河肉铺内。

此后就到东小口去念书，村民并提出村中每亩出五枚，补助小口村塾，共二十五两。店上，蓝各庄都给小口这种补助，民国十年时，还有本村学生到那里去念。

民十七以前村中也有村塾，塾师也帮着写村中账，但常写白字，如煤油写成枚油。

民十七村塾取消后，才正式有小学校，第一个教师陈姓。民十八有张仲华，半年，就由其侄少兴接任，二十一年是萧蓬兴，二十二年至今是姚芳春，都是昌平人。

（二）小学组织　卢村小学属于昌平县第二学区，组织很是简单，与私塾不同处就是它除了教员和学生外，有了校长。到二十二年因为乡公所打算安插想办私塾的阎子恒为学监。校长自始就是现任乡长，他在这第二次作乡长（十九年）前，已任校长十八年了，到二十二年因为他想辞职，才将校长让给另一个会头。

以外也有一个夫役，是青头兼的。

（三）小学设备　小学和以前村塾一样，设在庙里，课室设在以前曾为村塾课室的三间明的北厢，二十三年春天冷时，因为省煤起见，也曾暂时搬到南厢两间中，南厢底又一东暗间就是教员寝室了。教员寝室在二十年和二十一年都曾在过大殿底新修的两间南耳房中，后来的迁移到这一间来是因为这一间原用为调解委员会的已不用了，同时乡公所须用那耳房。

北厢课室没有向北的后窗，只有南边一排纸窗，再加灰墙已黑，顶棚也破，光线很是黑暗，墙上挂着一张中国大地图，也极破旧而飞满尘土，墙上还有标语底纸痕，屋底西端满挂着黑板，前面是砖垒起的方讲台，上有讲桌，学生底约二十张桌子就横着向讲台排着，每张桌子，和每张椅子一样都是坐两人的，桌面底下，还有一层，学生可以放自己所用的东西。课室中其它设备就是一条靠西端的长桌，上有课本教授书等，还有大毛珠算、马蹄表、课铃粉笔匣而已。

庙底院中，除了教员寝室窗上贴着一张"教员休息室"外，你看不出任何学校底样子，"昌平县卢家村初级小学校"的木牌早不挂了。

一切设备底简陋当然与经济有关，二十一年稍好，有九十余元，二十二年仅约十元的开销而已。

（四）小学课室　课程中没有所谓旧学，有国语、算术、自然、社会，而花时间最多的大概是写字，或描红模子，或印格，或临帖，能写小字，程度就深了。冬夜也或教些珠算。二十二年以前也教过三民，是教员最感困难的。

教授法是单级制，四个年级，同时上课，教员给一年级上课时，往往不能配置它班底工作，于是教他们写字或默书或闲坐，每五十分钟后，也有十分休息，学生可到院中游戏或闲逛，课室中除由教员努力解释课文，教学生认识其中的字和大概意义（算术当然还须会算）外，没有它种活动。大秋假前，也有考试，榜贴庙门外，校长也发几元的奖品给成绩优异的，但二十一二两年都没有了，因为校长已有些灰心。

关于课本的选用，都是遵政府命令的。二十二年七月县政府（各局已于二月并入县府）下令各村小学全改课本，是根据教育部颁布小学课程标准所研究的，须用商务底社会和自然，中华底国语，世界底算术，而且命令从秋季就改，以便各村能与县里秋季始业的高小（理应每区一所，但事实上只有县里有）衔接。但这很难，因为乡间的大麦二秋，是连小学生都要下地的，不会有人来上学，最好的办法是春季开学而放秋假和春假，卢村当时并未遵令而行，在那时换课本是经济的损失，至于改成秋季始业，一是农业上的困难，一是阴历年前聘教员的习惯上的困难。

（五）小学教员

履历 五个小学教员中，有三个是受过新式教育的，其中一个是民国十八年的张仲华，他是第二任教员了。他是农家子，三个哥哥都在外作事，亲友都恭维他们，他们回家来，也吃好的。惟有他种地，一天干到晚。他不服，所以他哥哥有一次带回的四百元被他偷走，跑到天津入了中学，校长见他在桥下小摊上吃饭而免了他的学费，他才能毕业，亲友听说他偷钱跑了，都骂他没有出息；后来听说他入学校，又都夸他。学校毕业后，作买卖，赔了，亲友又批评他，回家拜访亲友时，连茶都不让他一杯。他极怒，遂入西北军为参谋，亲友又都称赞他。他在这时请亲友来宴会，借了几名卫队以壮威，客人来齐后，他当面指出谁骂过他什么，然后将骂过他的逐走，他这样报复了。

他在三十多岁时带着这种"革命气"来教的书，只半年，又投入军队了。

继承他的，因为一年没有完了，所以是他的侄子，这侄子是昌平县学生，年约二十，成绩较少。

当中经过二十一年的萧蘧兴，他是一个四十上下的老先生，不懂"科学儿"的，虽然他勉强在表面上也用新教科书。

二十二年的姚芳春又是一个出过外的，他在县立高小毕业（民八）后，曾入了北京崇实中学，那是一个教会学校，他在那里没有几月，就回乡开始了他教书生活。但也作过它事，例如民十五曾任石匣镇外曹渡口禁烟局底局员，但四个月就随局长辞职回来了，以后仍是教书，也教过私馆。

待遇　以前村塾的塾师主要收入是学生底学费和杂费，村中也补助些煤火之类。改成小学，小学底教员惟有从乡公所支薪了。薪水是由村与教员双方议定的，如果直接由县政府派，每月须十五元，本村自己请的则可便宜些，虽则有的村子因为对这个教师有信仰，多花钱也可以。

聘定教员总在年底，在正月二十左右开学，那已是阳历二月间了，到第二年一月间为一年。张仲华每月十三元。其侄每月十元。萧蘧兴每月十二元，另外全年还要三十元，这三十元是外村附读学生底学费，但村方只答应十五元。姚芳春二十二年每月十二元，今年增为十三元。

除了薪水，村方只为他预备一个夫役、一个住室和煤火，其余一切是他自费的。

地位　教员在村民眼中，是很斯文的，他自己也十分谨慎，他不能为学生作家庭拜访，无故更不常随便与人家接谈，他所熟悉的只是常到庙里来的人如会头等，所以他对全村的影响很小。

但有一个时期是他与村民多有接触的机会：每到年前将放学时，他底桌上总是堆满了春联，这是不能自己写的村民底。这除了叫学生写一部分，都是他写的。

村民有一部人还是喜欢旧习惯，以为学生仍应过着村塾的生活，教员如果教学生在校十分活动了，如游戏等，他是要被批评的。旧习惯是老师是常住在庙里的，现在的教员因为新婚，暂有一时期不在校住宿而回家，村民就说这与教书底工夫有关而批评他。

教员在乡公所中，也有相当关系：民十七以前的塾师为公会写账的固已没有了，教员却仍常为乡公所出些意见。例如张仲华在李村长被村民阎子恒控告时，帮他写长篇呈文；又如姚芳春在会头争吵时的劝阻，卢村合作社底成立，也是他底鼓吹。

（六）小学学生

全村学龄儿童　多大的儿童才算学龄儿童，因时地底不同而不能划一。按学生在校年龄计，则民二十二是六岁到十四岁，今年则提前一岁，为五岁到十四岁。这十四岁的儿童都是四年级的学生，其余的到毕业时年龄也不过十四。五岁就念书是今年儿童底新纪录，那是一个女孩底年龄。其中包含着进步的意义。

学龄男童与入学男童
（二十二年）

年龄	全男数	入学男数	% 比例数
6	8	1	12.5
7	2		
8	2		8.3
9			
10	4	4	100.0
11	5	4	80.0
12			88.2
13	5	5	100.0
14	3	2	66.7
总计	29	16	55.2

学龄儿童与入学儿童
（二十三年）

年龄	学龄儿童			入学儿童			% 比例数		
	男	女	共	男	女	共	男	女	共
5	1	2	3		1	1	33.3	14.3	18.3
6	3	5	8	1		1			
7	8	4	12	4	2	6	60.0	60.0	60.0
8	2	1	3	2	1	3			
9	2	3	5	1		1	50.0		20.0
10		1	1						
11	4	2	6	4		4	88.9		64.6
12	5	2	7	4		4			
13		2	2				100.0		55.6
14	5	2	7	5		5			
总计	30	24	54	21	4	25	70.0	15.2	46.3

入学年龄及年数分配表

年龄	年数									总计	
	1	2	3	4	5	6	7	8	9		
6	1						1	3		5	8.5
7				1	1	1			1	4	6.8
8		2	3	4	3	5	6	3	1	27	45.8
9	1	2	1	1		2	1			8	13.5
10	1	1	3	1		1	2			9	15.2
11			2		1					3	5.1
12	1									1	1.7
13			1							1	1.7
14											
15				1						1	1.7
总计	4	6	9	8	5	9	10	6	2	59	
	6.9	10.2	15.2	13.6	8.5	15.2	16.8	10.2	3.4	100.0	

在以前（即现在的成人），入学年龄是六岁到十五岁，出学年龄是七岁到十九岁，可见以前应计为学龄儿童的比现在多，因为以前在学校时期晚而长，现在的早而短，也许是经济压迫渐形增重，也许是教授效率增高，而使儿童在校机会提早而减少，以前的入学年龄最多的是八岁，占有 45.8%，其出学时间最多的又是在七年以后，就是在十五岁离校的最多，但十四岁离校的只差一人。这五十九人从另一方面看，则不管几岁入的学，而十四岁出学的却占最多数，这与近二年的情形相合。

所以卢村底学龄儿童应指六岁到十四岁的（即中国旧算法七岁到十五岁），再大或再小，都不是现在学龄儿童底主要部分。

出学年龄分配

出学年龄	人数	%
7	1	1.7
8		
9		
10	3	5.0
11	7	11.9
12	8	13.6
13	9	15.3
14	11	18.6
15	9	15.3
16	7	11.9
17	3	5.0
18		
19	1	1.7
总计	59	100.0

我们再回来看学龄儿童与入学人数底关系，二十二年入学人数（包括在本年停学的）是十六人，全是男孩，而学龄男童是二十九人，所以只占55.2%。这成绩是很坏的，原因是这一年兵灾，许多儿童没有来上学。所以如果将十岁以前的儿童不计，则百分数增到88.2%。

二十三年情形较好，入学人数增到二十五人，其中四女二十一男，男生在学龄儿童比例数为70%（实则还应该高2.4，因为这次统计中包括了以前未包括的五岁儿童），这和全村六岁以上男子入过学校占71%，相差极微。

男女生总起来和学龄儿童比，则还不到一半，固是男生教育没有美满，而女生教育成绩几等于零。除了今年，以前女子是没有念过书的。

学校生活　学生在开学后，都来报名上课，学年总是阴历正月二十日开始，到腊月十五放年假为止，其中有几个假期，如清明节、大秋、麦秋等。习惯上虽然学生都清早七八点钟就到校了，除了十时和三时左右的两次饭外，直到天黑都在校内，不得不说时间紧迫；但实际上，近二年来学生所得极少，例如二十二年军事几乎没有停过，上课的学生就很少了。这学生今天不来，那学生明天不来，就很难上课；因为不能上课，则来的也慢慢不来了。五月间日军进扰平津，有许多村校停课了，卢村虽然没有明白停了，学生也是寥寥，这样延到了麦秋、谢秋（闰五月二十二即六月十四日）后五日，教员由中滩家来，学生一二人，再数日，学生始增到约二十人，仍只全数三分之一。八月二十一二日（阴历七月初一二）举行大考时，仍有八九人未来，九月初就放大秋假了。这假期又因村中驻兵（防方吉的）而延长，原定的阴历八月二十开学，一直延到谢秋（九月十五即十一月二日）后一日才上了课，又逢教员在阴历十月初十续婚，前后正式及非正式请假耽误又约半月。这样松懈地就到了年假。一年之中，或者家里要用他作事，或者有些小病，或者下了雨，都足以减少学生上课底时日，学生到不齐，就影响了那些到了校的。

所以学校一切工作很难顺利进行，全无效率。虽然如此，学生仍须每年缴学费一元，外村附生则须三元，所谓外村底附生，是指单家村底与贺家村底而言，这些学生多半都是在单家村念村塾的，他们被村中会头拉来。他们学费，分麦秋、大秋、年前三次缴纳，每次一元。这种学生总有十几个（在二十二年大秋前他们占全校十八人的72%）。有一个学生，他底后父是贺家村乡长，但因为这乡长为一宰家看三年前买的贺家村与卢家村之间的坟地三十四亩（十四加十四，再加六亩），而且种它，地是入卢村会的，所以这学生按一元缴学费。于此可以看出学校与公会底密切关系。

学生来校，除了念书之外，仍须侍候老师，两三个大一些的尤是如此，教员可以命他们作杂役，学校室内的地常是他们扫，煤球炉他们添，教师底饭他们帮助老师作，他们也为教员到贺村或单村或小口底小铺去买白面、鸡子、茶叶或香烟。学生对作这种杂役，都感趣味，而不愿读枯燥的书本或写那已腻极了的仿。同时那个身兼多职的老道，虽年领五元，这些杂役是不作的。

如果教员有客来了，须招待，或会头在庙内开会，有时甚至应用课室为会所，则学生又得了与外界接触的机会。课是当然停了，年龄大些的学生就会静听他们底谈话。这有时对他们非常有益，有时却使他们知道许多鄙陋的事和互相攻讦的话。

师生之间关系是极密切的，教员底一举一动，学生是都可知道的，所以教员底影响应是很大，如果教员会利用这个机会，他可以得很好的结果。张仲华任教时，除一般接触之外，他还能在讲书时吸引学生，他能将蚂蚱解剖了给学生看，学生当然信他如神明。他曾参加县内的打倒佛像运动，他曾将一个村子底全毁了。他到卢村来没有毁了多少，他就走了。他将庙中韦陀底降魔杵拿下来玩耍，结果学生也在韦陀脸上胡画，他们脑中在当时真是全无神鬼。

学生间的关系，除了比较大的学生都常争吵，无论在室内或院中，教员常在此时失其和蔼的态度，然而各种不和都是暂时的个人的，他们阶级地没有地主租户之分，区域地本村外村也是没有壕沟。

（七）私塾的反动　曾为村长而现与村公所不和的阎子恒在二十二年底与曾入过军队、现在只有二亩地的、本村最老户的后代李华棠合谋设立私塾，地点就在李家，由李任塾师，乡公所事先未动声色。

二十三年三月六日（正月二十一）开学，只到学生二三人，乡长怒，在庙中招会头阎振萃来议，振萃乃二十二年十二月由其兄（实则与弟不合）振续提议，呈清县政府准为校长，因乡长辞了，但至时尚未批示。此时教员向乡长说先不必对付阎子恒，宜先对付单家村私塾。此时单家村私塾与阎塾都未开学，先使前者关门，则后者亦必不能办，村中和气也可不伤。乡长于是停止"起会"，而教老道到各家问还愿来读书不：阎在此时已得八生，家长有许多说愿入六元一年的私塾。

阎见校方沉默，反无主意，于是请蓝各庄前任乡长副到本村乡长处商量说：阎可不立私塾，而且也叫家中儿童入学校，但须给他一校中名义。当时亦无决定，反聚起来打上牌了。

阎振续在开学时出外二日，教员疑他避开了，因为他是要面面作好人的，他虽是乡公所职员，虽曾与阎子恒打得落花流水，仍时与他勾搭，所以这时他又要将他以前所提出的振萃底校长呈请县政府委阎子恒。

这是被乡长和教员所阻止了，而决定委阎以学监名义。于是他向人声言：只有教员反对私塾，会里倒没什么。

阎子恒既被委为学监，在请教员吃饭时，说唱歌体操全无用处，教员则谓："这正是反古，现在都是念背打，您也念过书经诗经，七年带讲，孔子底六艺岂不就包括礼乐射御书术？"

私塾既然取消，除了十个旧生外，新生又来了一倍，其中阎子恒也将他两个孙子送来，他是这些年来第一次进庙。第二次进庙时就将他这孙子领回不念了，原因他底孙子在校中与人口角,他正在庙门外(他常是蹲在那里)听见,于是进庙将孙子带走——在校只月余。

本村私塾虽然取消,而外村学生除二三人外来者甚少,原因是单家村有私塾。那个塾师以前曾被卢村请求驱逐过,最近又回来了。乡民既还信仰这旧书,所以入学的很多。以前来卢村学校的单家村、贺家村的学生,几乎都被他吸去,当然更不能有新学生从这两个外村来,这对卢村小学的收入是有影响的,所以乡公所还要干涉他。乡公所及教员已于本年四月初旬呈请县政府解散这种组织。

(八)学生底出路 一般家长还抱着种地不用念书的思想,他们底所以使儿子念书完全是想作他们将来出外谋生底预备。这出外谋生底道路,如经济章中所见,大部是经商。所以在校所要的只是能念能写,就认为目的达到。学生在校念到相当年龄,父母就在城市给他谋事,大都是学徒。如果年龄未到,则尽可多入几年学校,如果年龄已到十五六,则不到毕业,就离校了。所以学校未曾有过什么毕业礼。

近年出外谋事,很少有不识字(能记账就算识字)就出去的,一方固是村中有了村塾或学校,能有相当预备,到外面可以找到较高的地位,一方也是因为外面竞争增大,非有相当知能,不易插进脚去,所以在外的人口,年龄愈青,则识字的比例数愈高。

如果青年和壮年的识字人口可以代表村中的精华,则约有一半(43.5%),是外流了。

在外人口二十八人,有75%是二十岁至四十岁之间的。他们识字的占95.5%,以前出外而现在回村的人,也大部是念书的。可见出外谋生与念书底关系。

在外识字人口

年龄	I 在外人口	II 在外不识字者	III 在外识字者	IV 识字者数	II∶I %	III∶I %	II∶III %	II∶IV %
10—19	4		4	11	0	100.0	0	36.4
20—34	18	3	15	19	16.7	83.3	20.0	79.1
35—54	6	4	2	16	66.7	33.3	200.0	12.5
总计	28	7	21	46	26.0	75.0	30.0	45.7

这种出外人口所受的教育，大部还是村塾，因为本村学校只是民十七以后才设立的。

学生在学校毕业，继续升学的，至今还没有一人。北去二里的一个稍大的蓝各庄，就有一个入着高中的学生。

女生是今年才有的，他们将来的出路还不得而知。

第二节　成人教育

一　识字能力

一个人底识字能力是在调查时候问他能否写账而定的。这种能力大概至少须在入过学校或私塾四年之后。

识字人数

年龄	I 识字人数	II 入学人数	III 男子总数	IV 男女总数	I∶II %	I∶III %	I∶IV %	II∶III %	II∶IV %
10—24	18	32	37	65	56.2	48.6	27.7	86.5	49.2
25—39	15	26	30	58	54.8	50.0	25.9	86.7	44.8
40—54	13	16	23	49	81.3	56.5	26.5	69.5	32.7
55—		5	6	12	29	8.3	41.7	17.2	50.0	17.0
总计	51	80	112	201	63.8	45.5	25.4	71.4	39.8

二十二年的识字人数共五十一人。入学人数则除一六岁小学生未计入外，是八十人，结果 36.2% 的人虽入过学，精力是白废了。同年龄男口中，识字的也只 45.5%，占同年龄全人口，则仅四分之一，虽然入过学的占男子的 70% 弱，占男女总数 40% 弱。

这些识字者中，包括许多只能以白字记账的，则真有读书能力的很少了。所以成人在他底知识上很少得到新输入。

二　教育方法

（一）文字　读书不是农民底习惯，他们离了学校，除了常常看看黄历外，几乎不再摸到书本。不过村中大夫在极少时翻翻药书，或《玉匣记》之类。

也有几家买几本铅印劣纸的唱本，无聊时看看，但很少会唱的。

村中只有乡长自己定了一份北平的《群强报》，他和他儿子看这报已有数年，每月三角，最初由报夫在到清河镇送报时，送到镇上的天成布铺，那是乡长每年与之作四五十元买卖（其中有他替本村人赊的）的铺子。隔数日趁人之便（如赶集等）一并带来，最近则由一个清河下乡卖羊肉的由天成给每天带来，因为乡长每天都赊他底二三两羊肉。一份报能使父子二人闲时翻来覆去地看，将每一版都看完了。他们尤注意报中续登的长篇小说，如果有一次报遗失了，他们会因小说间断而不安许久。其他村民在他药铺内或在庙内，有时也看得见这报。有一部人也看得见每隔十天送来的清河旬刊。

（二）语言　村民底嘴有许多是可羡慕的，他们也许没有受过识字教育，他们却会叙述许多故事。这故事中都有教育价值（广义而言，因为坏的影响也会有的）。他们聚到一起，东拉西扯，叙述着各人底经验和所知。语言虽土，是流利的，表情虽野，是活泼的。而且许多事都在非正式的谈话中决定了——其实，他们根本就不会作正式的讨论。

例如有一个黄土卖粉的，到乡长家来，原意是问要粉否，但坐下来却不提，反渐渐谈到前清各朝代底事。卖粉的说康熙和乾隆如何富庶，乾隆以后为嘉庆，嘉庆如何穷，并引谚云：嘉庆嘉庆，图财害命，说赏不赏，净贴皇榜。他还说同治太平，却被乡长驳了说：同治十三年，不都太平。又谈到他们更熟悉的西太后，称她为"娘儿们"里属第一。谈有半点钟，终未谈及卖粉事，就走了。大概在意识中，卖粉的已由买主底不提及而知买卖作不成了。

别人的经验如果直接告诉我，自然是教育，我听到什么新闻时，我也是受了教育，因为我增大了我思想和行动底范围。所以赶集是村民一种与外界接触因而得到有教育价值的影响的很好机会，若时间较长的在外居留，则所得更多；人们从外得来的知识，回村后常提出给大家听的。

这种种教育方法都是无系统的、自然的，没有一定的路线，于是村民除了得到许多有价值的教育外，他们常学到许多人间恶事。

第七章 宗教

第一节 宗教结构

一 村底宗教结构

村底宗教结构是庙宇。卢村现在有一个大庙和两个小庙。就是禹王庙、娘娘庙,和老君圣人庙。都是在村东的。原因恐是村西没有空地,因与小口太近。

禹王庙据传说是官庙,原来气派很大,在村东,娘娘庙东南三数十步而已。现在只剩一间不足方丈的小屋,砖墙瓦顶,南向有门和小窗。门上有"禹王殿"三字额,上款"光绪八年立",下款"信士弟子李大廷"。里面正座左禹王右禹王奶奶。东西向有二像捧印。他们前面又新添一座,是关公(正)关平(左)周仓(右)三像。大概是庙毁后才由它殿挪到此禹王殿的。现在的小屋是约二十年前重修的,关于庙的历史,见第二章,不复赘。

村中大庙是娘娘庙又名观音庵,在后街东头,西向。有两层殿,并有一后院。前殿有三大士像,中为南海大士,面凶恶,俗谓南海大士底面像因南北而异其善恶，因北人强横，故恶。殿已无门。殿左右有二月门，通后院。后院东为正殿，有南北厢房，学校用，正殿正对处（即前殿之背）是韦陀，只是二三尺的砖龛，正殿有南北二耳房，北为老道住家，南为乡公所办事地点。正殿最大，檐下挂一小钟，明制。殿中供娘娘（称观音大帝，不知与南海大帝如何分别），旁有侍神。四壁已旧，但四季画壁仍很清晰。正墙一排供桌，上有许多小佛像和"当今皇上万万岁"等牌位，这个院子较前殿院子稍大而整齐，地铺条砖，正殿左右有二径约一尺的松，不过一棵已死。庙还有一后院，大榆树二棵，尼姑坟二。满了荒草，并有一个掘坑厕所和猪窠。庙也曾重修过：五十一年前，曾"开光"（即取掉蒙脸纸，以银簪拨开佛眼）。那一天在村北空地搭台唱大戏。到三十八年前，阎家立东坟，就又捐钱将后殿翻了一回瓦。

老君圣人庙在村东与贺家村交界处。老君与圣人像原在娘娘庙后殿中，一座南，一座北。五十三年前才移至今处，孤立野外。民三四年时，乡长曾重修之。庙尤小于禹王庙，无门无窗，只有一个供香火的洞口。二像所以迁出的原故，因为看风水的说，卢家村之"卢"与老君之"炉"音同。卢家村既然都被老君炉炼了，岂能兴盛？所以迁老君出。孔子随之。

俗谓"东文西武"，村必发达，即村必须东有圣人，西有关帝，而后才能出有学问本领人。今卢村关帝在东，所以此种人不出。有人主张将关帝西移，但村西无适宜地点，乃搁置。

村底宗教结构还有一部是看守庙宇的，只娘娘庙有。可考的有最初的两个尼姑，她们死了先后埋在后院内。写禹王殿的匾的那人（其侄现在北平）底祖父就在这庙里出家，坟仍在庙东。此后就无僧尼住持。只是现已五十二岁的人看庙。他是本村二百多年的老户了。十八亩庙产田地他去种。他将"胡同"里的祖产卖了，搬到庙中北耳房住。现在他夫妇住此，他媳和孙租旧漆作房住，子则在天津。于是他被称为老道，后来他也是杠头、青头、巡警、校役、保卫团、乡丁；他也是村中剃头的（非买卖）、搭棚的，最近又是合作社员。他底地位低，而每一件公共的事都离不了他。他也和村中人没有任何争吵。

二　家底宗教结构

差不多每家都有一个木制佛龛，大都立于堂屋，很高。木料有好坏，皆油黑。中供天地人三佛像。观音在上为天，下为送子娘娘，最下为关公。两边小柱上有联，联文为"金炉不断千年火，玉盏常明万岁灯"或"杨柳枝普度世界，青龙刀威镇乾坤"等。横披为"佛光普照"。每到年节供上月饼和香烛。上大供，供三才，接神，都放鞭炮，叩头三个。虽有佛龛却无吃斋念佛的。

佛龛以外每家都有灶王位，多立在墙上，中写"东厨司命神位"，上写"一家之主"，两边对联是"上天言好事，下界降吉祥"。大门在年下也有时贴门神。

第二节　宗教活动

团体底宗教活动最明显时除了修庙以外，就是二月十九和六月二十四两日和大麦两秋底敬神礼。

阴历二月十九是观音生日，六月二十四是关帝生日，在民国前就已有祭此二生日的组织，自成立公会，由公会办理。初数年很热闹，村民皆至大庙，会食面，然后会头行礼，鞭炮齐鸣，今已久不如此热闹，村民不来吃面，只由会头于算账后冷静中行礼而已。因可省数十元。下述情形是以六月二十四作代表的：

本日虽是关帝生日，但对各神都上供，观音生日和两项谢秋都如此。可见村民虽是多神的，而同时又不将他们分得清楚。

近午，就豫备各种供品，除面是老道作的之外，香、烛、大表，都是由清河豫买来的。"焚钱粮"是礼节底主要部分。所谓钱粮袋是一个长约四尺宽约五寸的黄纸方袋，折好即长方柱形。一面上端贴有长七寸宽三寸的红纸条，上印"年值、月值、日值、时值"等四神像。中有空格临时添所供神名，即观音大帝、南海大士、关圣大帝、禹王大帝、韦陀、老君及圣人。下有距约一尺半的二印，篆文为"秉教沙门"，上印有秉字，下印有封字。二字之间有散沙门三字。字印和画皆木板印。纸袋折成柱形后，即投入二枝香、一张"直（持）符使者"和一张白纸大表（袋、使者、表，共一份，价二十四枚，买于清河油盐店），直符使者是一张一个骑马人献符与神的图画。大表是木板印好的，文为：

南瞻部州□河北省昌平县东南路卢家村

僧录司　　秉

　　教沙门　　今为

　　　奉

佛祈福

　　　右向善信人等是日端秉虔诚焚香

三宝诸天

四府众圣　　　同舒

　　慧日之光俯鉴葵诚之恳具辞伏为

　　宿因征善今禀人伦叩蒙

佛圣以垂感愿

龙天而获佑知恩浩大未遂涓埃兹者

　　祈福寿以弥增保身心而康泰仰希

佛力大佑祯祥

　　由是以今

　　　　　月　　日　　伏凭

　　佛众志心

消灾吉祥神咒

焚疏化财回向

十方无尽三宝

法界有感万灵

　　纳斯善利降大吉祥伏愿凡心恳切

圣意遥间

　　酬恩报德答以往之洪庥

　　衍庆迎祥迓将来之景福

四恩总报三有齐资法界冤亲同圆种智

　　恭

三宝洞明

　　功德谨疏

（癸酉）年（六）月（二十四）日

表中有括弧的都是墨笔填的。日期上印有秉教沙门印。

钱粮袋装好，就与香烛等拿到庙中神前，面是已供上了，然后青头与乡副以托盘托着面，拿着其它供物到两小庙去。乡长就入正殿，在娘娘供桌上焚香一大股，插入香炉，然后一揖跪下，两手用指扶地行大礼，腰不伸直，连叩三头，起又一揖。又一会头同时在左边小神像行相同的礼。在乡长接着向右边小神像行礼如前时，这会头也出到正殿对面韦陀叩头，然后二人分在神前烧钱粮袋。烧者单腿跪后跪双腿，左手提袋，右手拨火，至袋将烧尽即起。

老道与乡副回来时，供面也带回。乡副又独到正殿叩三头，似甚信神。

行礼时衣服不必整齐，除乡副换了新鞋外，那个会头却未穿袜。而且没有一个穿长衣的。

二月十九观音生日情形是相同的。

谢秋则也只有大秋稍为隆重。例如二十二年谢大秋：午时各庙上供，每神前香一股，面两碗，烧钱粮袋和锡箔。大殿比它处多烛二枝。大殿由乡长献香，供桌上一股，下一股，先后点着，插入香炉内。供完一次就叩一次点三下的头，大殿献了两次香，一次是乡长，二次是上述那会头，但他未叩头，只继已叩头起的乡长烧纸袋，烧完才叩头起。韦陀前则由另一会头献香和烧纸袋和锡箔。谢大秋不同的就在它有响动：这行礼时，庙门外由老道敲锣，并由一少年放"二踢脚炮"，这炮买了共两捆二十个，分三庙放。大庙礼毕，老道端着面就和一年最高的会头（就是乡副）到二小庙去。一路上老道底本家弟大敲锣，少年又放炮，所以招来许多小孩随走。到禹王庙后，由会头烧钱粮袋，也叩头。

老道上供。后再东去到老君圣人庙，礼如前，但老道也在会头之右叩头行礼。回来时端着面回来。这一切剩下的供品都是老道的了。

村民就这样让公会或乡公所的职员代表了，他们不参加什么；虽然谢秋时还到会吃面，已失宗教意味，甚至那两个应该并且已成习惯吃面的神生日也免了。然而村民与庙仍发生关系：家里死了人，是要"报庙"的；过年时也有人庙来上供，但供品仍拿走，老道也不招待。

老道每晚却须在大殿烧香，香点着后，即击一下供桌上的小铜磬。香钱由他出，而且在初一十五底前一晚，还须打钟。老道底妻有时替作这些事。于是一个家庭为了全村担负宗教活动，虽则这家地位并不很高。

第三节　一般迷信

一　风水

风水又名阴阳。阴是关于死人的，阳是关于活人的。开殃榜看坟穴、静宅，以及建筑房屋都请阴阳来看看。人死后，由阴阳来看时辰，然后由他开殃榜，殃榜是贴在大门的三条约二尺宽、二尺长的白纸条，当中一条写死者姓名：如"中华显考某某"或"某门某氏"，右边一条是"原命某年某月某日生"，左边一条是"某年某月某日寿终"。也有写什么时候出殡的。这还没有多少迷信，迷信最多的是看坟穴。什么"占青龙头主绝"，什么"占白虎尾主桃花"，说法极多。阎姓某绝户，谓即因墓于青龙头上。

静宅是在死人出殡后，请阴阳来将一个纸糊神马放在宅内，宅底四角放四道符，门口一道符，并向四处扔五谷杂粮，然后将一把刀扔在门外。如此则鬼可驱去。

建筑房屋固然讲气势和吉日，翻修亦然。一会头在二十二年冬打算在二十三年春翻盖北房三间。那是三年应修的，而已六年了。但主人知二十三年是"北煞"，不宜盖北房，于是请阴阳来看，他说二十二年腊月初八动土，就可"偷"过，等二十三年春修盖。会头果于是日先动土。会头本不打算如此，后有人劝他说，动了土，有了错就不会埋怨了。这种看风水是无定价的，约二三元一次。

这种阴阳先生是须外请的。不过村中年纪老些的人，经验多了，也时常用些术语，谈论这种事情，他们更会拿许多故事作证明。

二　忌讳

许多事都躲开黑道日子，这是忌讳底明例。有的是一村忌的，有的是一家忌的，有的是个人忌的。

一村忌的：例如"倒流水主桃花"。店上村，一遇潦了，水就倒流进村来，村遂建龙王庙镇压。但自此后，庙旁一家就常出青年寡妇。单家村也是倒流水，水满村西大坑后，即东流入村，但村中未出过什么。东小口虽非倒流水，犯桃花的却有全村半数。

卢家村没有倒流水，但也有过不道德的事。

一家忌的：如村中影壁，村中有三家在大门外有影壁，以避邪。前街一家影壁还嵌一长约一尺的方石，上刻"太山石敢当"。

一人忌的：例如乡长曾买过两次灰驴，都极好，但未久即死，后买一黑瘦驴，并未经心管理，但至今未死。于是推论出自己忌灰驴。更普遍的如结婚时的批八字，什么属性会克什么属性之类，都是一人忌讳的。

第八章　休闲

第一节　成人休闲

一　团体

农闲时,除了作些副业之外,村民还要有娱乐的机会。最初团体娱乐是根源于宗教活动的。五十年前大庙底"开光",曾唱大戏,也是娱乐的一种。直到民国初年的二月十九日的唱影,也是有长久历史的团体娱乐;在正月里,一二人先有意唱影了,就再找七八人随股。于是挨家"写",每家写三吊乃至十吊的,有阔些的就说我也算一股。入股的人,担负有时大些,如果这次须花三百吊,而只写了二百吊,不足的就由在股的摊出。到时就派人套大车进北京去接唱影的。此外六月间也常是一个月地说大鼓。办法也是非正式的集会。到民国立会后,村正定一章程,规定村民有愿弄玩艺的须先到会报了,将钱给会,作为垫办,后由会里偿还。以防止私人挨家敛钱而有"搂头"。此后这种娱乐就少了。

从前大庙在元宵时还要挂灯。前殿灯上画的是《西游记》,后殿灯画的是《封神榜》，现在灯已有破坏的了。

除了本村的就是参观外村的，如东小口的元宵节秧歌，和四月十一二的庙会。

在平时成人是这样利用他底休闲的：最多的是"串门子"和谈天，一切新发生的新事物和以前的经验都在这时交换了。其次就是赌博，赌博最多是"斗纸牌"，纸牌又有几种：就是"索胡儿"、"三套"和"十胡"，前二者多。这是男女都玩的。纸牌有的人家很多，可是三套只听说两家有。其次是"麻将"了，麻将因较贵，所以只有乡长家和阎家各一副，在平西府开首饰楼的李家也常将首饰楼底拿回家来。再次就是牛牌了，"顶牛"的和"推牌九"的都少。"押宝"的更少。还有些人到外村去赌什么"打天九""拉鸡"之类。打麻将愈来愈盛了，当然因为没有其它正当娱乐，也是因为它是较复杂的，且能长时间地引人兴趣；也有一种区位学的关系，例如卢村不离北平太近，或卢村人口少有出外的，则这种新赌具也不会传进卢村，至少必不如此普遍。女子打麻将的绝无仅有，就是一个证明。

到田间去打猎虽可个人去，也有几个人一同去的。乡长初由城回乡时，常和村中青年十来人一同出去打猫（即兔）捕鸟，每人带烧饼六七个，就出去一天。现在只有老道还常和人到地里打猫。秋天沙鸠来，村人也常合伙去打。打猎所用器械，都是枪筒极为细长的鸟枪，不用枪弹而用枪砂。

请人到家里来吃顿饭或喝钟酒也都是快乐的休闲。

二　个人

最普通的个人休闲方法是抽烟。所抽烟也有多种：最多是自己种的黄烟（叶子烟），其次是兰花烟，最好的关东烟，所以也少。这种种旱烟，男女都抽，每人每年可抽五六斤。吸纸烟的也有，买的却只有教员一人。以前有一人抽鸦片，瘾极大，现在已小，另外三四人也吸，但无瘾。还有一人吸白面，俗名高射炮，因为所吸的一点白面必须放在预先去了些烟丝的一端的纸烟内，此端必须稍扬，以免撒出。

老年人都喝些酒，有的每饭都喝，酒量也有不同，有一人，六钱的盃子，能喝七八盃。青年和妇女喝酒的则较少。

看小说、小曲，饲小鸟，养猫狗，捉黄鼠狼等都是个人休闲底方法。养鸟只见出外一人有一只"靛壳"。猫狗几乎家家有，捉黄鼠狼是在墙孔外用砖垒一洞，内有悬肉，它来吃肉，肉动，与之相连的砖即落下，将门关上，它底皮是可以卖给来村中买皮货的。村中没有乐器，歌唱也是很少，连哼调的都不常听见。有一个在北平珐琅行的却能唱胡生。他常到戏子杨宝忠家去。

有一部时间也花在田垅间的，闲逛和庙台上的闲坐。

以前扔掷子（七八十斤）和射箭，今日是不见了。

第二节　儿童休闲

儿童原是无所谓休闲的，他们整个的生活就应是溶化于游戏之中，但事实上儿童在很小的年龄就开始作为生活而争扎的工作了。在这工作之外的时间，于是也变为休闲。

儿童虽以游戏为生活的主部，有一定的作法的游戏却不多。他们最多的时间是在大街上东跑西跳，或玩土，玩泥。聪明些的可以用村中极多的黄黏泥作成玩具。

他们底正式游戏方法，现在有以下种种："打戛戛"，是以棍打一个橄榄形的木块的竞远游戏。"打钱"，将钱埋了，以钱打出来。"踢流星"，踢吹鼓了的猪膀胱。"踢球"。"丢流星"，将有粘性的槐树子砸成球，丢着玩。"打土仗"，两队儿童以松土块互击。"唱戏"，儿童大跳且嚷，装为戏子，夏晚皆光背。"拿三柱香"，人倒立地上，也有时攀着墙头将身倒竖起。"打高香"，将秫秸直插地里，以木击出。"刻死孩子"，将小木棍埋地下，以木击出。"来台（去声）"，以木击木出线的玩法，那块台木最好是稍弯而击端很粗的。能多赢，则可赚柴烧。"踢毽"，有两种，一种是拴绳的，一种是不拴的，有羊毛作的，也有鸡毛作的，女孩子玩的多些。"抓子"，也是女孩子玩的，是连续将地上的子儿抓起来的游戏。"冲着玩"，儿童两排，每排都牵手，对队儿童轮流冲向此队，将二童之手冲开，如冲开，则对队唱"觭角羚，跳马城，马城开，打发了头小子送马来，靡有，人来！"此外还有些称不上名的游戏。夏天坑里浮水，冬天坑里滑冰，也是很好的游戏。

儿歌和谜语，也是不少的，常是同唱和互猜着。挑几个记下来：

小白菜，棵棵黄，七岁八岁没有娘。有心要跟爹爹过，又怕爹爹娶后娘。娶了后娘三年整，有了兄弟比我强，兄弟吃面我喝汤，端起盆来泪汪汪。河里开花河里落，谁想亲娘谁知道！亲娘想我一阵风，我想亲娘在梦中。白天蝈蝈叫，夜里山水流。想跟山水走，又怕山水不回头！

傻小子，坐门墩，哭哭咧咧要媳妇。要媳妇作什么？点灯说话，吹灯作伴，明天早晨起来梳小辫。

解（自）南来了一个马二哥，狐狸皮袄反穿着，一进大门就心跳，一进二门就哆嗦。媳妇媳妇饶了我！明天早晨我拢火，白米饭，煮一锅，媳妇吃，媳妇喝。媳妇不吃我跪着，媳妇瞪我顶着，媳妇尿盆我捧着，媳妇孩子我哄着。

豆芽菜，簸里生，谁和姐姐过一冬：姐姐盖好花被，妹妹盖着牛皮睡。姐姐枕着好花枕，妹妹枕着树墩子。姐姐带着好簪子，妹妹带着竹签子。姐姐带着好钱（音）子，妹妹带着花篮子。姐姐抱着好娃娃，妹妹抱着挤哈子。姐姐骑着好花马，妹妹骑着树杈把。姐姐登着好银蹬，妹妹登着树窟窿。

还有无甚意义，只是唱的儿歌，如：

一根棒，棒儿高，买把刀，刀儿快，切青菜；青菜青，买个弓；弓摩弦，买个船；船摩底，买支笔；笔没头，买个牛；牛摩爪，买个马；马没鞍，上西天；西天路，路儿西，买个鸡；鸡儿叫，黄鼠乐；一偷鸡，嘎嘎嘎，他妈爱吃腌黄瓜；腌黄瓜有水，他妈爱吃牛腿，牛腿有毛，他妈爱吃仙桃；仙桃有核（音胡），他妈爱吃牛犊；牛犊夹饽饽，吓他妈一大哆嗦。

谁和我玩，打火链；火链花，卖糖瓜；糖瓜苦，卖豆腐；豆腐烂，摊鸡蛋，鸡蛋鸡蛋壳壳，里头住着哥哥；哥哥出来买菜，里头住着奶奶，奶奶出来烧香，姑娘出来打磬，烧了姑娘鼻子眼睛。

至于谜语则不胜枚举了，多是猜物的。例如："不大不大，净在腰中胯。走路不霑泥，净在脚底下"（镫）。"东坡西坡，一兔子两窝"（少马子，即分两头装物的肩袋）。"东场西沟，俩花兔子喝粥；东沟西场，俩兔子赶狼"（马杓，遛轴）。"三块瓦，盖一庙，里头住着一个白老道"（荞麦）。"远看一只牛，近看单觭角，没有四两肉，倒有四两油"（辘轳）。这些谜底都是农村所常见的。

另外他们还讲故事，或说笑话，不过自己说时少，听别的儿童说的更少，多半的是家长讲给他们听。

村中婚丧礼节或附近庙会也都给儿童们一个畅玩的机会。

儿童游戏也有极迷信的。例如传说的"高粱秸算卦"：取一高粱秸竖劈为二，每半之中部对插一簪，两小孩对立各执其端，分置左右腰际，然后即求仙。仙来时，高粱秸拱成桥形，非小孩力所能直。问年成，如两簪相碰为五下，即五成。两高粱秸愈来愈重，几乎拿不动。仙去时，秸也成桥形，两秸相扭，直至将簪扭下为止。此秸可由正月初一用至初三。若泼过饺子汤，则可用至十五，这种玩艺，近已不常见，所以不知其实际如何。

第九章 政治

第一节 政治组织

"昌平五百八十三村半,代管卢村。"在前清卢村因为旗人关系地位较它村为高,不负政府底一切担负(例如有人在本村倒毙,可以不报就埋,这是他村所不敢的)。村中也有一种政治制度,就是只有一个"地方",每家住自己房的或典房的都有一年轮当地方的义务。租房的却没有。某年地方轮到一无男子之家,由女子充任,知州到,见女地方说:"走遍五百八十三村半,没见过母地方!"女子大怒,野骂他,他也回骂。

现今乡长之母也曾当过地方,那时到是男女平权!

清末史华亭作昌平知州,将地方改为村正。

民二开始"公会",才有了正式的政治组织。组织公会前村中也常有公共事,但都不能影响全村,既然将青圈收回自办,同时也就组织起公会来。

民二立会时阎三(名阎纪永,字子恒)即自为村正(特年卅七),且以其本家侄振萃为巡警(时昌平已有警团),年金三百六十吊。张玉亭(名魁栋)等反对之,因须顾叔侄之嫌,遂以麻子（名陈启鹏）任巡警，他既种庙中地（也就是会中公地），遂省下工金，直到现在改乡，应有乡丁一人，保卫团一人，事实上本村只他一人，然而缴纳政府的保卫团及警费每年村中花约六元。

阎三为村正，请十二人帮忙作会头，今日会中五人，那时都在内。民国三年举行保举村正，政治机关乃正式成立，张玉亭被保（时年卅五），连任到民国十三年。中间曾将村正副改为村长佐。民十三至十八村长是阎三，民十八至十九是李四，民十九到现在又是张玉亭。

民二十年卢村政治组织有了转变，改为乡了。昌平七区四十五村（以前是四十七村）所编的三十八乡中，它是廿四乡，虽则它较之百户为乡的标准还差一半。乡公所底组织是乡长一人，调解委员三人，监察委员三人，财务委员二人，职员当然还是以前公会中人。这组织不久也就消灭，只有庙中房窗外尚遗有调解委员会字样。庙门上挂的"昌平七区第廿四乡乡公所"的蓝地白字木牌早已扔在一边了，这组织除调解监察两委员会外都是以前就有的，略一变名而已。如财务委员就是以前公会中管账的。写账的虽然常换，如自民四至民八是一个油盐铺学过徒的人（会写会算）办理，以后老塾师写，以后教员写，最近李永写，而管账的一直是李七。

乡公所之外，也曾有过邻间底编排，不过不久连纸贴的门牌都少见了。没有邻间长因之也没有保卫组织上的牌长了。却有一甲长，是会头，却不是依据民十八公布的县保卫团法所规定的甲长由乡长担任的乡长，大概是根据省政府十九年年终底决议牌长甲长，就境内有办团知识，素孚舆望者充之。但这甲长对办团并无经验，现在他指挥着四个青夫所兼的保卫团，实则只有青头是名义上的保卫团丁。

乡长也曾在廿年春到县城在高小内受乡长短期训练，但成绩还是如上所述只是昙花一现或徒有其名；公文上从不称七区第廿四乡而称七区卢村乡。复杂的组织似乎不能被乡村接受，而在事实上，卢村乡公所是愈来愈简单了。现在村中办事人总不称为什么委员而仍称为会头，虽则乡长副却是被人称为乡长或乡副，且此二人称字不称名。村中事也就是五个会头去办。廿二年还是会头六人，但乡副董顺（字子彬）在秋后死了，结果只剩兄弟二人（阎振续、阎振萃），叔侄二人（李德明、李永）和乡长。虽只五人，而乡长还想不作，所以在廿二年年底到七区向区长郝廷珍密呈辞职，被县照准，就在廿三年一月九日，由区派员监选，改选乡长和补选乡副。是日到选民三十多人，每人代表一户。选举时，任人提名，但结果仍是提的已在乡公所的五人，而张玉亭连任，阎振续为乡副，前者十五票，后者六票。阎故意说这是他鼓动的结果。

第二节　政治活动

一　行敬神礼

政治的组织源于宗教的组织，形成政教合一的情势。但宗教精神已失，惟存躯壳，这也许因为政治根本是凡俗的，神圣的内容因而消减。二月十九和六月廿四两个节日当然乡公所职员代表村民行敬神之礼，麦秋和大秋谢秋时也都在收敛"地底"后，由乡公所职员行敬神礼，各种礼仪已叙述于宗教章，不复赘。所可注意者，一切礼仪已由繁趋简，由隆重趋轻易。推其原因，传统的迷信在后代心理中的摇动固是一个解释，最大的原因当在经济的紧迫，使人们无力铺张礼仪，结果其意义自会减少。

二 维持治安

乡公所底前身固是宗教组织，而后来的演变，已然到达了它底正当的功能，那就是维持治安，地方治安在中国自古就是由地方自己负责，官府总是在地方治安已然破坏之后才发生动作。

卢村在以前没有全村对于地方治安的努力，在前清，直到其末叶，政府有所谓"隆冬严防"：就是在冬天有衙役拿着"隆冬票"到村中找地方领到各家敛钱筹设冬防。每家给一个乃至五个"大个钱"，如说家里没有钱，也可不给，敛集十来吊就拿走，村中也不受大好处。

村内政治组织成立后，就有了维持治安的功能，积极地，它可以逮捕或驱逐少数的盗窃，如偷青作贼之流。消极地，它可以应付军队或散兵。

常情下，冬夏皆紧；年根时，早晚易有小偷，廿二年只腊月中有一次。阴历六七月间青纱帐时，行路危险，村民有被劫过的，但近年已稍安谧。早晚曾有打更制度，庙中有更房，更夫就是那青头，但许久没有这制度了，更房也已破坏。

保卫的器具是枪,而乡公所只有五枝,是在民十四买的,其中"十三出""十七出"各二枝,前种每枝卅元,后种贱一半,另一枝叫"直五排",汉阳造,价卅五元。子弹是铅头,有几十粒。私人也只有两家有枪。所以在夏天村外的路劫,村中没有办法;在冬夜却由甲长和保卫团丁提着枪到村中各处巡逻,到午夜就休息了。同时有两枝在乡长家,乡长父子每晚将枪装上子弹,放在炕头,第二天还将子弹取出,将枪藏起。

战事一起,村子全无保障,可以使它败落不堪:民十三,直奉战争,冯又倒戈,村中被北苑吴佩孚军陆锦部征收牲口大车不少,有些没有回来。十五年乃是卢村大难,那一年的奉军攻南口,使它至今未能恢复元气,当时村中稍富有的都逃进北京城去,于是家院什物全被拿走或毁坏,同时进城人口也无所事事,而田园却惟有任其荒芜。这是多层的损失,民十六奉军攻河南,本村所征大车又全丢失。民十七革命军北来,奉军所征车辆也丢了。民十八有阎锡山唐生智之战。民二十二又遇方吉之乱。每有军事,牲口车辆就受损失,人倒没有什么不幸事情发生,除了乡长嫁到西二旗的姐姐底寡媳和孙女民十五被兵裹去以外,这孑然一身的老妇才回到娘家来。

有军事时,乡公所最忙的是应付前来要草、要柴、要牲口、要车辆的兵士;更有许多前来诈财的。兵来后,先查探他是否冒充或诈财,如果他真是要草要柴,则乡公所经过许多推托后,为之从民家购买,例如芝麻秸,这家集三百斤,那家集一百二,每斤七厘,共二元二角四分,但零头多被抹去,为二元二,且找牲口车为之运输,车夫应得二角小费。征民车(一人一车和二牲口)每日二元五。乡副曾以每日二元五雇一人一牲口,被一前会头贴条责备。侦察来兵是否假冒是最不易的。因为这时时机紧迫，兵士未带文字命令者时有之，即使完全证明他是冒充，为少生后事起见，也常给他些钱，叫他去。

廿二年方吉乱时，中秋节后，村中接连住过两次兵，都是南方军，每次一连，兵来时就挨家写房，乡长门墙上写"五连"二字，就是说第五连将住在此。兵入村就在村路口挖壕。同时命村中人家给他们腾出房子。村民对军队全无惧色，因为他们经受过更凶狠的奉军，但他们还是要将粮食运到城里或海甸亲友处，因为存是不敢存，卖是价太低，例如豆子，清河商人以三元七八买入，然后以四元五卖与军队喂牲口。有的农民也只好忍受此种"杀"而卖与他们。

在有战争时，乡公所乃大显其价值，在上的区公所和军队等要仗它筹备军需，在下村民要仗它应付苛求。现任乡长之能得重望一部原因就在他能谨慎渡过危机，而所费也能尽力节省。

乡公所因屡次兵差的经验，觉得非有系统不可，例如一星期内用了全村大车家数之半的车数，于是在方吉战后，拟出合村轮流拨车或拨驴办法。车定为十轮（一备补），每辆意即车一辆，牲口二口，谓之双套（要三套时，则补上一牲口），由二家合出，十辆就是二十家了。每两家一次，第一次中有乡长，以下按名单轮流拨用，不得推诿，并定出价目，十里三角，廿里六角，五十里一元二角；兵差每天二元。拨驴八头，以牛一头备补。也顺序轮流拨用，第一次为阎至明（后被选乡副），价目十里二角，廿里四角，五十里八角，兵差每天一元。

两个名单都由乡公所通过。所谓通过，只是无人反对，而非举手赞成，然后将名单与将来拨车驴的传看，独有前村正阎三反对说:"我不愿在战时借出车去,因为我底地多。我花多少钱都认可。"但乡长定要执行,这种合作办法将能省掉许多麻烦。

三　使用公物

乡公所公物有两种:一种是由乡公所保存,一种是由它管理,而许人应用。庙旁的大榆树、杨树、槐树都是禁止人砍伐的。庙底完整它也负责,这都属前一种。后一种则较多:(一)官井是大家使用的,(二)庙产十八亩(四小块)由乡公所白租与青头,(三)乡公所曾有车马,也是归他使用,(四)村东有义地俗名乱葬岗子。坟头虽已有许多平了,还是累累。虽是公地,却被洪家认为私产而卖与阎家,(五)村北新"官坑",这新官坑是民四以后由庙产十八亩中划出五亩,专为公土之用而挖出底结果。在此以前,村民用土都是从大道上等处偷的。这官坑除可用土外,并已有新义墓埋在那里,(六)前公会时代的官杠,是借大家使用的,但今已不全,(七)庙中大灶村民有红白事时可以用它。

此外乡公所底设备如桌椅板凳、碟碗之类及各种校具也有不少,许多用具上还是写着旧名公会。最近的账本面上也仍写公会字样。

四　执行法令

乡公所往往分别轻重,而定法令之是否执行:有许多上级机关如县政府和区公所要它办理的事情,它完全不理;有的迟延时日，有的打个折扣。例如：民廿一年的县政府人口调查表至今没有作；方吉战时，华北战区救济会急账组函达七区，请转令各村调查各村受灾人口，卢村因适逢方吉乱事，而且本村并未直接受抗日的损失，所以没有填发下来的调查表格；第七区为军队征收军骡，乡公所却总筹出，不过常是不完全作到。

五　联络外村

卢村曾与外村合办联庄会，合办农民协会，但都未持久，联合请愿也是与各村合作底表示。也与外村合份礼。

六　财政

（一）入款　村中收入完全靠"地钱"和"底钱"。初立会时，地共20.535顷（至今仍如此数），每亩收地钱十四枚，当时一元合铜元一百廿枚，所以每亩还不到一角二分，而总数仅二百四十元。但每年仍有剩余。到民廿以前是每亩大秋二角五（每元四百枚），民廿一以后又增到三角，此外按家还有三角底钱。麦秋稍轻，缴的人数也少，然除每家底三角底钱外，也须每亩二角。所以廿年麦秋地底入 31.5 元，大秋入 610.11 元；廿一年和廿二年大秋却增到 661.95 元。麦秋地增到四一元和八六元。

收地底钱是一个重要的事，事前由会打通知，通知单形状见经济章，叫各家都知道那日缴钱，须缴多少钱等事。是由老道通知的。

入款

项目	二十一年		二十二年	
	元数	%	元数	%
上年余款	354.362	31.0	292.279	24.2
麦秋地底	41	3.6	86	7.1
大秋地底	661.95	57.8	661.95	54.7
学费	62	5.4	26	2.1
军队购买	25.866	2.2	98.684	8.1
卖公物			31	2.6
未还借款			14	1.2
总计	1145.178	100.0	1209.913	100.0

二十二年的谢麦秋是在闰五月二十二（阳历七月十四）举行的，当日五更时就派一青夫到清河挑在保和兴定的夜里赶制的八十斤机器面。价五元七角六。于是有厨子（四角雇一次）用庙中大锅煮面。同时作面卤。七时后响号，就是在正门大开的庙门外由青头敲锣，种麦的人家都来一人，男女皆可，似女为多，因男子还须在地里忙。进了院子来，就直到收钱屋子，会头都在那里。或坐或立，一边有桌子，桌上有算盘二、地亩册、流水账、总账、笔墨、黄纸、铜子等物。两会头（其一是财务委员李永，又一是阎振续）对坐桌旁，交地钱的挨个进来，报多少地，但有时不必报，阎已知。就由阎计算共应缴地底钱多少。缴钱的将钱交与李，阎即入账，李再将钱交李德明，事实上这人才是管钱的。

廿二年麦秋除普通地底钱外还要交支应费。例如地二亩，除交四角地钱三角底钱外，还交一百六十枚（即三角另十枚），这是一大一小牲口底支应费。这支应费外村到本村来缴青钱的不摊。

缴地钱有的全缴，有的只一部，有的进屋内说一句过两天再缴。不管缴了没有，都退外吃面。吃时不成桌，这是比不了富有的大村的，虽则院中也摆了一条长桌，但坐不下，且是妇女坐的多，于是大锅面由锅盛到大绿瓦盆中，附近在热闹时都挤满了人。每人都捧着一个价八大枚的粗大瓷碗，用竹筷挑着，能吃四五碗。这种多吃，他们自己也是自觉的，例如一个人向又一人说："面是人家的，命是你的，别以为三毛钱不够本！"底钱名义上就是面钱。吃完就走，到十时就无人来了，正式缴钱的手续完了，那些还没有缴的以后慢慢缴上。

十一月二日（阴历九月十五）的谢大秋时情形相似，面多到一百卅斤，价八元三角。八时（较麦秋晚）响号，十时前后人最多，即约八十家代表，除外村全来了外，本村还缺卅一家。应缴的 661.95 元，在这一天只收 268.8 元，未缴的，在谢秋后每五日一齐，到这一天会头都到庙中等候人家来缴欠款，每年总须两三次齐（即半月以上），才能收齐，如果过此还不缴，就到这一家拿粮抵价。在没有收齐地底钱前是不贴清单的，那清单是到十一月二十八日下午才写好。

每年村中收入除上年余款占百分之二三十外，就是 61% 以上的地底钱。此外还有学费和军队购买费，学费在太平年份收得多，因为学生多，在军事时期收得极少。军队购买费包括军队所给的雇大车和买粮食柴草的款项，廿二年比廿一年这收入几增四倍，所花的虽增两倍——净花是 445.637 元，比 243.596 元多 202.041 元，增 82%。

款项急需时，廿二年曾将会中马（公物）卖了卅一元。

此外入款中可以计入借款。二十一年八月十一日（阴历六月）以后四十日内，有四次借款，一三十元、二五十元、一十元。二十二年四月间借九十元及二百元。在冬间，又抵粮借十四元，这是年终没有归还的。所以列进入款内，以上廿一年的一百四十元及廿二年的二百九十元底借还都未列进入款或出款表内。

借款底多少，表示出款底增减。

（二）出款 这里所用的研究材料只是民国二十一年和二十二年两年的账本，两本都起于一月一日，不过廿一年的是在十二月廿三日而廿二年是在十二月廿二日截止的。

出款

项目	二十一年			二十二年		
	元数	%	重要次序	元数	%	重要次序
学校	269.462	31.6	1	152.34	15.5	2
军需	193.36	22.7	2	544.321	55.3	1
本村公安	93.9	11.0	3	77.708	7.9	3
县区行政	88.975	10.4	4	40.09	4.1	6
建筑	74.874	8.8	5			
县区公安	50.357	5.9	6	46.133	4.7	4
宴享	40.19	4.7	7	34.784	3.6	7
债息	13.8	1.6	8	44.6	4.5	5
捐款	12.525	1.5	9	1	0.1	9
用具	6.55	0.8	10	5.31	0.5	8
杂项	8.909	1.0		37.41	3.8	
总计	852.899	100.0		983.696	100.0	
存款	292.279			226.217		

村中出款可以列为十一项，每项所含列下：

一、学校 其中包括：教员薪金、夫役年金、教科书、设备、文具、煤火、洋油、茶叶、学校公文等，教员薪水廿一年正式的和赠送的共一百九十元零五角，占全年70.7%，二十二年只一百二十六，占82.7%。夫役就是那青头，每年五元。

二、军需　其中包括：大柴、干草、秫子、玉米秸、柞子、军人饭、席子、补助军人费、摊车款、牲口、车夫、大车、垫道、民夫、住兵支应米面等和各种有关盘费。各费少只数角，多则数十百元，如二十二年征大车二次，计一百十三元五角，挖战沟一次六十元。

三、本村公安　其中包括：子弹、枪炮、枪药、修理枪支、看青酒钱、看青下地饭、枪照打印钱（二十二年）、守夜白面、菜、茶叶、煤油、洋火等，保卫团下道，保卫团（实即青夫）薪金等。保卫团薪金在二十一年是七十五元，共三人，每人二十五。廿二年青夫薪金是麦秋十二元共三人，大秋五十二元共四人。

四、县区行政　其中包括：选举饭、七区会议盘费（每次两角）、区丁公事（送布告等）、区写人名册摊款、区款（一年二十八元四角）、区借款（廿一年共借四十元）等。这是与区行政有关的。与县有关的是公会钱粮、屠宰税、县政府镇捐、《昌平月刊》、县差役法警等，廿一年共计约十一二元，廿二年则只约五元，因为公会在廿二年豁免了九元三的钱粮。

五、建筑　其中包括：砖头、白灰麻线、把绳、连绳、麻刀、洋钉、合叶、了吊、盖房木工、盖房土工、瓦工、滑秸、井盖、糊棚。这都是与建筑有关的，但廿二年这一项没有一钱，因它项开支太大——实际上只是军需如此。

六、县区公安　其中包括：七区警款（每月2.03元）、七区军装、补助巡官摊枪照公费、县游击队款、县公安局枪支摊款、县保卫团军装、购枪和给养等摊款。

七、宴享 其中包括：供品、钱粮、大表、香烛、鞭炮、谢秋时和算账时面菜。

八、债息 这是在会中存款周转不开时的借款底利息，二十一年所借都是月利三分，二十二年的二百元是月利二分，九十元则三分。

九、捐款 二十一年捐款种类很多，有红十字会捐、贫民院饭、县监狱捐、水灾救急会、救国费等，二十二年只有救急会一种。

十、用具 其中包括：大小碗、茶碗、水壶、铁勺、铁锅、条帚、簸箕、檩子、灯、喷壶、磁盆等。

十一、杂项 其中包括：茶、纸、煤、火柴、煤油、《社会新报》、清河乡村医院礼物份子及一些未能归入以上各项的支出。

廿一年各项所花多少，除杂项不计多，是按上述排列的：学校第一，军需第二，本村公安第三。最少的是用具底购置，仅 8‰，军需、本村公安、县区行政、县区公安四项有政治性的支出共 326.592 元，是全出款底 50%。

廿二年的出款因军事而有极大变动。学校、军需、本村公安虽然仍是本村出款三大宗，但军需已跃为第一位，而占 55.3%，其余各项除了债息和杂项外都有锐减。债息底增高是在支出太大时的当然结果，杂项底增加则只是因为有些支出不易归类，上述有政治性的四种支出，虽有三种减少，而总数却增高了，全数 708.252 元，占 67%。

除军需外，各项都减，有的减到零，如建筑项，不但没有盖新的，连旧的都无一文修理，捐款在一年中也只有一次。

此外不易节省的是用具费和县区公安费。前者数量既少，而且必需，后者也是事实上的不易减少。

各种出款每年除在大麦两秋收地钱以后结算一次并贴清单外，二月十九和六月廿四两个神底生日也须算账，但无清单，清单和其它会中所用的纸一样都是黄的，这黄色与庙中对联所用的纸色相同，可见政治关系中的宗教色彩。

第三节　领袖关系

领袖间的合作可在他们底工作上看出。他们对于合作不总意识到，虽然有一次一个管财务的会头，在其余几个会头称赞他账目管理得好时，他笑说："这是我们大家办的！"

领袖间的冲突却是最可以注意的，也是最难记载的，因为内心的话很难说，更何况多半不愿人知？

为明了以下两述，必须先记清三人：久为村正、村长和乡长的张玉亭（名魁栋），首为村正的汉军旗人、放大利债的阎子恒（名纪永），和曾在外纳妾、现任甲长最近被补选为乡副的阎子恒底兄子阎玉明（名振续），以下简称他们三人为张、阎和玉明。张说村中现分三派：专制派（指阎）、保守派（指由心里怕阎的那一般人）和民主派（张自居）。虽然张非真正民主，其余二派所指是合于事实的。不过玉明应是骑墙派，他忽而附阎，又忽而附张。

村中其他领袖（会头）都是附张的：村民则虽不喜阎，却也不敢明白表示。旗人洪家虽未参加过什么，倾向则似是亲阎的。

民十五南口之战时和以前，张阎是莫逆交的。虽然从民初立会时，各村就不喜阎，而张同他很好，一同办会事。南口战起，张迁避北京，就因阎之介绍而常到阎本家成章和成勋处打牌吃饭，过着舒适的生活。张曾由阎介绍向成章家借卅元（无利）；不日用完，又向阎说请再借二十，阎说："何必呢？给你借七十，凑一百。"年利一分半。

这年阎曾向李四借五十元，李只有三十，阎时为村长，就打了他。于是李约张同赴县控告，致阎花了许多钱疏通警察。阎当然不高兴张。其实在此以前二人就已有裂痕：清河丁瑞轩开羊肉铺，阎在春间赊肉，直至秋间；秋间还账时，阎以秋价还春肉。因春肉较贵，丁阎遂口角，几动武，张挖苦阎说："吃得起肉就按价给人钱，否则不必吃！"阎乃如数付还。

民十六：北京城内有粪厂主名老沈，阎自回乡种地以来，就买老沈粪。民十六老沈与三四山东同乡合租阎村东地种瓜。按租地规矩，租可在收获期以前或以后或前后分缴（贵贱自异），老沈是前后分缴的，而阎必要先缴。他们未卖了瓜，如何有钱缴租？张如此一解说就完了。

阎初到老沈所租地中去时，老沈陪玩一日，第二次即未陪，第三次给阎瓜吃，第四次即未给。阎怒说："老沈太小气，连瓜都舍不得给地东吃！"后永不去。

瓜既熟，张到老沈地去时，老沈捡一口袋瓜赠张，张带回药铺，而阎恰在室中卧，张入请吃瓜，阎问知瓜所自来，吃未语。瓜全收后，老沈赠阎一口袋，张一口袋，后又另赠阎一口袋。

老沈预备在瓜后续租种粮食，得阎允许，回地里与伙计谈，伙计坚问已允否，答然，大家就决种粮食（初夏时）。老沈来张家坐时，其伙计来嚷于院，问老沈："你怎么会阎三说得？他去豁地了！他欺侮我们太甚，非同他干不可！"说完就找到阎家，阎刚到东地送饭,于是推知张院吵嚷,阎必在经过门前时听见了,所以在这群山东人找到阎和他理论时,阎说:"我并不是要种地,乃是替你们豁地,将来还是你们种。"

李四在旁向阎说:"三套子,你这种好处真是少有!"张听此双关语,哈哈大笑,阎老羞成怒了。于是常是庙前坐谈的二人,此后是张去阎不去,阎去张不去了。但他们交虽绝而未出过恶声。

阎想使张栽跟头,就找张,说:"城里(指成章家)打发某某管事人(似住马房)来叫你将钱(指民十五借得一百元)归上。"阎以为张手头必无钱,因尚未秋收,张必向阎求缓期了,张却答:"好",更无他言。

隔数日,张到马房某家,某家在清河开一油店,张底芝麻下来时,就还至此店。张用钱时去取,不用就存着。张见某说:"我用钱使,借我点。"某说:"行,多少随便。"张说:"一百二。但今日不拿去,要时来取。"

又几日,张遇阎于途说:"成家底钱拿去吧!"阎说:"你派人送进城吧。"下午张即写条命子去取百二十元。拿出一百十八元(十八元息)命子送与阎。

后:李四有地卖与张三十二元一亩,还有地要卖,阎遇李时说:"四哥,下午到我家来一趟。"李去,阎问:"听说你有地卖,是吗?"答是,阎问地价,答四十,阎说:"你卖给张玉亭才多少?"李说:"至少三十六。"马五在旁插嘴:"李六曾还此价,你不买,李六准买。"李走后,阎到庙中打马五,责他不应"胳臂肘"向外,帮李四说话。

有李姓少妇从未出外作过活,在民十八年,因年成不好,出外捡柴,至阎地拾高粱秸,拾了一棵带根的,阎硬说她偷的,就到她家察看，见都是杂乱的，才没事，妇羞怒欲死。

又在十八年：阎罚一老人李霸偷青款六元而逼他上吊死了。

于是大家来找张要告阎，张说不必，因为官司打来打去，花的还是村中的钱。但张允出头，就具禀告阎（未及逼死人命事），请求改选，于是选新村长李四，阎振萃为村副。

在十九年阎就告了李十罪，教员张仲华（校长为张）按条驳他，作成数千字的呈子，由玉明怀之见县长李金波（？）。县长不见，玉明说是支应军队的车骡代表，县长乃见。玉明由袖口取出呈子呈县长。除反驳外，还告阎二罪：（一）在阎任村长时，雇一书记，后用公款设私塾于村中，聘他担任，这每月由会款拨给私塾是不对的。（二）阎曾卖物与人，人未给钱，阎就由会中垫入，约五十元。这是私挪公款罪。阎后请人调停，张说非认错不可，于是阎认错，却未偿还公款。定日改选。

旧历五月初六：阎挨家叫人签名选他，已签了卅家，张恰归村，玉明就见张说："村里出事了，阎三叫人写票呢！"张于制止阎后在同月初八复选为村长了。

以上见出玉明与张是合作的。又如有钱即先还张。他曾向人说："谁的门子都堵了，独有玉亭底门不能堵。"因为张待他极正，且他如有急需，常二三元地借给他。

但有一次他却暗中与阎勾结倒张——他们所称的小诸葛。按理玉明是不会要阎帮忙的，因为他底父亲（即阎底大哥）与阎极不合，他和弟振萃是助父打过阎的，然而事实上他在二十年与阎使张下狱，正如他在廿三年助阎办那没有成功的私塾。

二十年冬有盗福侯坟的，共三次。福侯坟在村南，俗名南坟，看坟的是村中棚匠张五，福侯家现只有一堂客（妇人），那时村中甲长已是玉明。

第一次盗夜来，未被盗去，当时尚住南坟的玉明（出事后即搬回村住）就报告所长，并缴所获赃物枪蜡和口袋。少时，所长后来见张说何必将赃物送区？多一番事。

第二次盗又夜来，张五等皆在屋内，匪向屋内说："快出去，假装不知，不然就打你们了！"屋内保卫团就放火枪应战，匪逃，踪迹有六脚印，到大道就不见了。

第三次在二十几日后，那时张五等已不敢在南坟住，而搬回村了。这次盗掘有枪垛，并有卧痕，所掘洞很圆，似是用机器掘的。闻盗有廿人，每人分得六十元。

这时就有人写匿名信给县长以此事告张，玉明托所长带两次信，自己也进县两次。张说匿名信写了两次，都是玉明拉阎同写告张的。

阴历十一月二十，张正在药铺，想和蓝各庄会头打牌，县里的巡官数人来入张家，问谁是张魁栋、张承诺。巡官问村中有盗墓事，张答然。后巡官搜查，在药柜内搜出六十元，又在柜下搜出五百元，指为赃物。张说此六十元，是他姐存的，五百元是友人托买地钱，此友兄弟三人，张不愿只为他一人买地而落恶名，故钱尚搁置。

巡官要张见县长"回话"，张说天已晚，明日去，你们可先回去，巡官非要同去不可，且说可骑驴，张说驴在黑夜也不易骑，遂决套大车，巡官脚踏车也放大车上。张进内见老母，母年已八十六，病甚，牛黄清心丸已吃二十多元了，母于廿一年春死，一部原因就是张被捕着急。

过平西府时，早五时就开门的猪肉杠，还关闭着。巡官等先骗说县长现在小汤山，只见县长回话即可。到了小汤山，县长不在，就进了县，张本拟先到小铺用饭，看守人说不可。张坐车上，有二人骑车在后监视，到了县衙门，一人紧骑入内，张知有异。时已下午时，来营救张的在十时就到了。

入三堂，二堂，到大堂，见县长于其室，后室即县长寝处。县长问：你是张魁栋吗？呈子上的小诸葛是你吗？你是训练乡长吗？你是什么时候当的乡长？张答民十九民选的。又问懂否乡长应作什么？张答乡长是义务职，维持地方治安。然后才问：你村有了盗案？张答是，并报告三次盗墓情形。又问：你看去了没有？答：第二次未去。县长说掘洞很圆，必是白天盗的。

张退出后即被押入看守所，置于最好一角，对角即小便处。但不久即转入对门一较优室内，墙洁白，被褥也好些，不过室中两炕，却睡七人。

张看押次日，家中就送面汤去，以压"火"。张都吃了，后说独在有大事时不着急。时正国联调查团来华，七人就谈论起它来。张在押卅六天中，除吃睡外，无事，常不穿袜。

张在押卅余日中，其子和友共上过七次呈子，都无效。有一次十个村子也递呈子保张。

张黄土本家有妹嫁清河某铺，这铺里正住有王以哲第七旅的一个副官长，这副官长听说此事就派一副官到县探张，张初不识此副官，说明后始谈。

一日县长召见说："就要放你了，你使（贿）了钱没有？"张答没有。又问："没有使钱，为什么会有副官替你说话？"张述明其故。又问："你认识张五不？"张答认识。又问："你认识李某某不？"张答不识（因为李姓误，应为张某某，东小口人）。又问：

"你认识第七区长某某不？"张答不识（因为第七区长是郝廷珍，张认识，而某某则是善于盗墓的第二（？）区长，手下有百余保安队，反便于为非）。县长末说："放你回去吧！将来查出你使了钱，再押。"并说："你要干好事，我都尽力帮你。"张退出三堂，又被召回，县长重嘱上语。

张回看守所，其余六人都极欢喜，有一个久打官司的跛子并跛来跛去，屡说："孝心感动天地，孝心感动天地！"

曾递呈子的十村为张作保，检察官按具结单上名字叫下去，第一人是某村乡长某某，但上来人却是乡副某某，检察官非要乡长某某不可，因为具结上所用名字是上次十村联名递呈子时的名字，麻烦很久，乃许可。于是它乡是乡副来的都顶替了乡长名字。到签名具结时，检察官又要各人保张以后不再发生此种行为，意即要贿赂，皆不肯签，因为责任太大，又麻烦很久，不应发言的录事也说了："只是具结就完了，并无多大关系。"

张候次日交保释放的命令，久等无有，就回家来了（腊月廿六日）。张于出押时，曾给看役二元，其首领名"掌柜"。初不受，坚给说买茶喝始受，录事来云夫役很苦，应赏。张又给四元。

不久，张五和福侯家妇都释放，但等一天也未见释放命令，打发人到里面问，则主其事的正打牌，大概是想在延搁中得贿赂，张五等似花了数元。

张回家后，与张五和福侯家妇到地方法院告县长。本打算告检察官，后因听人说告检察官就是告县长，就告了县长，告他不应随便无人证、无物证就捕人，呈了四次，共花了三元五，无结果。

张说：我心存宽大，否则告玉明等图诈未遂，则他们有性命关系,又说阎等使洋八十元。

此后张阎无所争,却是玉明常攻击会中人,张固不喜,但二人仍来往,并共同作事。

廿二年七月下旬麦秋后官方征车,乡长因私事(伐树)在县,由乡副负责以每日二元五角之价雇一人及一牲口,共雇两份,雇三日,即十五元。玉明是时已请辞会头职,会方于未挽留中实际已允准之,他于是在庙门贴条责难:其文如下(文字程度他和他兄弟恐怕是最坏的了):

> 公会职员独才烂用公款民众不能想幸福今日宣布诸君无能半公每月每日多烂用此款纳民众大家钱作脸亲身一文全是祖宗如其不称辞别〇□△〇
>
> 民众代表阎振续启

玉明除此批评会中人雇车太贵外还有两贴:一是批评会中人兵来了就躲,一是批评会中人花钱在吃上而不作事。张于月底午时归村,八月一日来庙,教员告知此时,张说这不行,于是下午找乡副来庙,责了他。同时预备写呈子告玉明,经教员劝阻。但四日张与玉明相见又争吵,张为面子非告他不可,也经教员劝止了。不久玉明又当了会头,后且被选乡副。

当了乡副后,他还常出事:廿三年三月初,在阎想办私塾时,他想将他推举不久的校长(其弟振萃)再呈请改为阎;四月底因学校事,又和振萃口角;乃至最近在庙后树上贴纸条骂学校,经教员坦然质问后,他又说只对其弟一人而发。

由以上种种事实,可以看出,乡村领袖有许多是合作的,同时也有冲突，冲突又可分为两种，绝对的或永久的，如张阎自民十五以后。还有一种是相对的或暂时的，如玉明和其他会头。后者冲突中还有合作的可能，不过要它完全消灭是不可能的，所以张和玉明振萃最近虽然都是合作社员，而且都是职员（理事主席、事务员、监事委员）。训练还不能使他们免去冲突，虽然在合作社内，他们还未发生过任何不和。

第十章　对外关系

一个村子在一个较大的社区之内，正如一个家庭在一个村子之内，它当然有它内部的许多现象，静态的或动态的，同时它却也是村子间，一区内乃至一县内各种活动底单元或集团，我们必须在看过一个村子内部的、静的和动的、组织的和功能的诸般现象之后，还要看它和外间有着怎样的关系——前面已然述过的和未述过的。这时我们才能看到了村子底整个真相。

第一节　生物关系

卢村与外界生物的关系可由四方面去看，迁入和迁出，娶来和嫁出。关于人口的迁徙已见人口章了，此处只提出：这一代迁入极少，只有三家租户和一家佣工。他们都是经济力极为薄弱的人，迁出的人景状虽稍佳而人也较多，于村中整个看来却也无大影响。

嫁与本村的女子八十六人（有七人娘家记录不详，列为外村的），除十一人是本村的外，有七五人是外村的（其中有一人与夫同村，有一与夫同县，都是迁到卢村来的）。这些人在娘家是愈近愈多的：本村当然是最近的了，于是有十一人。小口离本村一里，霍家营三里，所以结婚数各有五人。店上离一里半，中滩离四里，所以结婚数各四人，不过八里外的黄土北店也是四人。每处三人的马房立水桥和太平庄都是五六里外的，不过二十里外的北平也有三人，至于每处二人的单家村、蓝各庄、洼里村，清河营等都离得不远，人数却少，固为村小。所以与一处结婚数之多少，一方和距离有关，一方还和那个地方底大小有关。所以八里外的北店会有四人，二十里外的北平会有三人。其余都是每处一人的，最远的是顺义县的二人（不同村）。

虽然本村结婚最近的已是六年前的（不计村中那个本年改嫁了的寡妇），但还不敢说本村结婚的少了，因为十一个本村新娘中有一个最早是五十九年前结婚的，这五十九年至六年前的五十三年中，只有十一个是本村的，可见次数本就稀少了。事实上最近三十年，每十年二人，再过去二十年是每十年一人，五十年前的十年间有三人。

嫁出的女子的婆家多远没有统计，已知的以西二旗（十里）和海淀（十六里）等处为最远了。二十二年嫁出的是前屯（五里）和平西府（八里）二处。可见也都不远。

结婚除了增加两处的生物关系之外，同样要紧的是社会关系。亲戚底来往是乡村社交主要的一种。新娘嫁出，头一个月是要回来住"对月"的。以后每年三伏天，过麦秋，完大秋，腊八，八月十六（名"接十六"），正月里（有不接的，接就与女婿同接），都接回娘家。不过也只有年青时才如此。至于两家其它礼节当然是很主要的。

第二节　经济关系

一　交易关系

交易可分两种：一方是工力的，一方是物质的。外来佣农十人和出外经商或为工的二十八人对于本村经济是很有影响的。社会的影响也可以在每家柜子或箱子上都贴有"黄金万两""招财进宝""日进斗金"等合并了的字。佣农都来自附近村中，外出人口，虽有首饰、药铺、油盐店、当铺、茶叶店、铁工、切面、猪肉杠、银号、珐琅、铜铺、仆役等类，却多数到了北平。所以这种影响不脱地方性。

更有一种村中不能缺少的是外来小贩。定时来的有马房、小口等处的小挑，他们所卖的是亚细亚的煤油、火柴，和其他家庭日用品、针线，乃至糖果、花生、蚕豆，和其它零吃等，他们底叫人家听见的记号是"拨弄鼓"。那马房的一人，只到附近八村，一挑可卖十元，货来自清河，已卖了四年。又有清河的和平西府的卖羊肉的，前者贵而好些，百枚一斤，后者只八十枚。也有背木箱卖切肉的，提篮卖烧饼的。其余不时来的，如"合鸡子的"、买皮货的（打了黄鼠狼就可卖给他）、卖灯罩的、冬天赶大车卖白菜的、卖烤白薯的、过年卖年画的。

日常生活除了靠小贩之外，还须小铺。现在村中都是到东小口和单家村的小铺。单家村人口和卢家村差不多，地只十四五顷洼地，有三条街，却有两条有小铺。这是可注意的。原因是附近的贺家村、卢村和店上,是没有小铺的,所以它们还能支持,而且它们底竞争力是强的。它们比东小口和蓝各庄的都便宜,例如二十二年冬煤油在东小口小铺八吊多,单家村只六吊四。所以卢村虽然离小口近几步,到单家村去买的还是不少。

许多不常用的或价值较大的,就须到镇上去了。卢村离它底政治上的中心平西府和清河一样是八里远,经济上的来往却都是越过县界(更不用说区界)到清河办的。他们在那里卖粮食,买农具、布匹,和其他主要什物,买卖价值是集上和铺子差不多的。东小口四月庙会中他们也可以买些农具之类的东西。

在清河他们还买大楼兵营的粪、定报、给牲口钉掌、礼物和供物如切面、香、蜡、大表、鞭炮、月饼之类。

在特别季节,又有特别交易,例如弹棉花。清河铺子可以弹,一斤棉花三吊钱,但籽是他的。油点灯,渣作肥料。如果不到清河铺子弹,就等远地来的弹花的,自带机器,木机则挑,铁机则大车拉。二十一年来的是河北南部的安新(?)四人,有木机,乡长曾雇他们弹。共两张弓(一弹粗,一弹细),每弓二人,一压机,一弹。须管三顿饭,"打夜子"(即加夜工)还须给一顿面汤。弹好一斤另给八分钱。弹完秤一下,一个"瓜"半斤。主人如要,他可掸上水。四人弹一天半另一夜,弹了三四十斤。

办婚丧事时和过年时要雇宰猪的,到外村雇。宰一个三角工钱,猪胰子还须给他。其实,他所要的一半不是胰子,回家后,就炼油吃了,他名义上是拿回作肥皂。这肥皂是将胰子合碱合冰糖作的。农家普通都会作此种肥皂(又名胰子)。西小口村长二十二年宰了百多猪,每个三角。

办婚丧事时和谢秋都雇厨子。谢秋时厨子(东小口的)煮面和作卤等，一次四角。

婚事的喜轿是小营等处的，每次约十元。丧事的棺材如果不是早先预备好了，也是从清河买的。杠是须从贺家村去借的。孝衣是中滩可以租的。如果要用洋车，则单家村和中滩都有。

一有婚丧，就有迷信，除了上述礼物、供品之外，还有看八字的和阴阳。看风水的西三旗的已死，东三旗还有。清河有两人，一是清河村长底叔叔，一人姓成，能看阴阳二宅，地理风水，外带瞧病（内外两科）。看一回阴宅一元，新坟地则非数元不可（以前仅数吊），另外还开车钱，于是以此为生很赚钱。

还有几种经济的卫生关系。本村虽有大夫，却还常找外面的，例如单家村有戴某善扎针，二十二年十二月就有一李妻请他治"廊下风"，以针扎十指尖及鼻口之间的人中，每处一针。本村没有产婆，都是请东小口的。每接一次生，她可得一二元乃至三四元。最近清河乡村医院，在东小口办产婆训练班，本村乡公所派一生过一子的壮年妇，去受训练了。

至于个人卫生，如洗澡、理发等，也有到清河镇去的。

二　借贷关系

村民除了本村有小量的借贷之外，大款的借贷须到外村或城里去借。二十二年乡公所曾到城里借了二百元，才能渡过难关，虽然也借了本村的九十元。乡公所底存款，也是存在村外，即马房的油房兼烧锅广聚源。私人借贷都是小量的，所以与村外关系很少。

除了金钱的借贷，还有牲口的借贷，与外村亲友在农忙时，常是借车或驴马。

当铺是必须到清河镇去的。以前是三年到期，现在是二十或二十四个月了。不过当的不多。昌平城内也有当铺，阎家子有在那里的，但最近因偷车被辞了。

还有一种经济关系：村中虽无乞丐，东小口和蓝各庄却各有一个，时来村中。

村中合作社之组织，完全是外界影响底结果。

三　纳税关系

除了必须到向昌平县缴纳钱粮之外，如果到北平去卖猪等，还要纳城门税和市税。

第三节　教育关系

民国初年，本村都是到东小口去上学的，本村也有贴款给他。

最近村中自办学校，则单家村的、贺家村的学生也来，他们每年比本村学生多交三倍学费（三元）。

教员自来没有是本村的过，以前村塾时虽有一个是外县的。立小学校后才都是本县的。

小学与政府有直接关系。以前直属教育局，自二十二年三月各局归并县府后，合署办公，才算属于县政府。政府管小学教师底聘任，如果是乡公所自己聘任的，也须经它委任。二十三年一月底训令说："查各村小学任用教师在开学期间，除各该校自行指聘由教育局加委备案外，余均由教育局核委历经办理在案。惟各校遵照先期指聘呈请备案者固属不少，而迟至委派已定，开学日期已迫，始行来县指聘者，亦所在多有，以往因手续问题，或不准所请，各该校与委派之教师，难免不发生隔膜。似此情形，殊非注重教育之道，兹限自即日起，至二月五号止为各该校指聘教员期间，逾期无效，即由府按等级分别派委前往开学。"县政府曾于二十二年十二月十六日，根据省教育厅训令定于二十三年一月一日和二日甄别小学教员。科目是《国语》《算数》《常识》（党义教法包括在内）口试，各科以高级小学毕业程度为标准。这种标准已是很低了，然而因为刘桂堂窜进昌平县界，还是未能举行。于是教员白去了一趟，停课一星期。政府与小学底又一个普通关系是县督学，曾在二十二年底到七区各村视察，但是这种视察次数极少，一年也不过一二次；来了时，也无甚监督或建议。

村中与外界非正式教育关系，是赶集时或探亲友时的交换知识和经验，《群强报》和《清河旬刊》两种报纸，也有相当影响。

第四节　宗教关系

与村外宗教关系，除了有时的参加东小口底敬神庙会之类，就是到西边的妙峰山朝香了，那时阴历四月间去的，曾有一家在几年前去过，最近却没有了。

此外许多迷信活动，都常与外村有关，例如看风水是必须请外面的风水先生的。

第五节　娱乐关系

到外村亲友家闲谈，自然是很好的利用暇豫，有些村民一部时间却花在东小口了，在那里有赌局，有烟馆，他们可以得到许多低级享受，因为东小口是一个比卢村大三四倍的村子，村中风纪是不很好的，性道德有问题底传说就有七八十家。

以前村中请过外面的大戏和唱影，现在则没有了。有钱的可以进城听一听戏或看一看它种玩意。不过究为少数。等到东小口的元宵节的秧歌和五虎棍，阴历四月初十、十一、十二，三天的庙会（初九有非全天的"轰台"），村民差不多都参加的。这个庙会中，除了农具的售卖、家庭用品，就是变戏法、说书等玩耍。前些年还搭棚唱戏三天，更为热闹。

东小口除有秧歌之外，有五虎棍，已有几世了，有八十多人。现在除了三十多岁的，已不很好了。黄土北店底五虎棍是由此播化过去的，他们曾在二十一年到东小口来"拜师"。

第六节　整个对外关系

这五百八十三村半外代管的卢村从前是人人侧目的，直通北山，都知道卢村是"小反叛"。都是旗人作出来的威风。旗人当然也对村内的人利害。阎纪永底二兄阎二（纪安）能说，能写，死时四十岁，有一个四岁的小孩跑回家去，向他父说："可好了，没有人再骂咱家了！"除了对村内人，对村外更强横。例如阎大

（纪兴）曾作过神机营队官，就曾打过官方的"路头"。传闻阎家家产没有一个是拿钱置买的。洪家更是野蛮。洪大现年五十五，有二子，吸大烟，他父亲在立水桥开烟馆。他在母未死时，就搬到贺家村去了，他没有分着家。光绪二十六年曾与小王三、黄狗子等用"抉把子""六转儿"，在下清河大道劫过人。

然而一般而论，卢村是一个很紧固的"我们群"。甲本村人如果与外村人打起架来，乙本村人即使与甲平时不说话，这时必也助甲。本村人可以将外村底热闹吵散了，而外村人却不能吵本村底事，否则他们必会挨打。但现在这种团结之风已然薄弱，原因应是村民解放了，他们与外界来往已然增多，而且也不大受几个人底支配了。

那一次的劫案，致使同年有永泰庄"仓花户"（管仓的）贾某倡起的联庄会，有十八村，最东至东小口，当然没有卢村加入，但不久就解散了。

民十三年有联庄会之组织，初提议时有卢村、蓝各庄、店上、单家村、贺家村等五村，经卢村张玉亭提议各村底账都须弄清，否则联庄会犯不着和账目不清的村子一同"栽跟头"后，单家村就退出了。大家于是推蓝各庄村长郝瑞亭（郝为大户）为会长。每月各村所拿的费也存蓝各庄。这费每月共五十六吊，是在蓝各庄开会时用的。其中蓝各庄卢村各摊二十吊，贺家村十吊，店上六吊，是以地亩为比例的。这个会功用是保卫的——卢村就在这时买了四支土枪，二十二年庙中还存两支。这几个村子间的关系是：蓝各庄不怕卢村，却也不敢欺侮他，惟有贺家村和单家村同是顶软弱的。

这个会没有成立多久，在两年后卢村张阎绝交时就停止了。

各村所缴的费至今仍存在蓝各庄无人问过。停止的原因，除了张阎不再合作了外，还有阎郝不合。阎郝不合又因二事：（一）阎要告贺村代表，郝不赞成；（二）郝保阎子到北平药铺学徒，而此子与其他学徒打了架，于是郝将他领回。阎说不应未通知自己就将儿子领回，郝说孩子不懂规矩，见他不理。乡村的事业总是这样被极细小的破坏了的。

民国十八年是一个大荒年，然而县政府仍是苛索，据说是后调宛平的县长陈再余底起身炮。于是第六（沙河）第七两区举行一次人山人海的大请愿。请愿内容有四点：（一）屠宰税缓期征收一年，（二）停止征发车辆，（三）不发行八厘公债，（四）不验红契。这一次请愿是由作本村教员的张仲华领导的，他是昌平县农民协会执行委员。这次请愿主力是沙河农会，因为它力量最强。第七区也参加，那时区长是曾在县立高小毕业，也曾在东小口教学书的，曾在北平受了六个月河北省政府办的区长训练的郝廷珍，他也是第七区农会首领。卢村曾很热烈的参加这次请愿。

关于区农民协会底组织，除了在民十八成立了，而且本村张玉亭也被各村推为区农会执委外，不细述了。

到民国二十年，七区成立农会的村子有五六个，蓝各庄、卢村和东小口合组了一个，是由党部组织部长王景南（现在黄土北店教小学）到村组织的。这一个农会，以张玉亭为干事长，蓝各庄乡长为干事，卢村洪某为组长，后由阎玉明替他。在这二十年施行联庄保卫时，共有十三村。三村一联，卢村是和蓝各庄东小口成一联的。

但这种组织都不久就消失了。卢村与外间的关系，依然如旧。

村与村间的关系不易维持，但村区间或村县间却是不可免的。

而其间尤以村区间较村县间关系为密切。村中对于一个区的担负就比对于一个县的担负多了。

七区公所是由三十八个乡（四十七村）支持的。区公所经费每月五十七元，即区长二十五元，和十六元办公费和两个助理各十六元。区丁四人，每人七元，还有一厨子。本村现在担负区经费是每半年计十四元二角，这是和它村三月或每月一支的不同。郝廷珍为区长后，定各村每日贴款数目，北马房一百顷地的村子，只一元，东小口四十顷，七角，卢村只二十顷地，却多至五角。张玉亭说此事由玉明办坏，于是在平西府与区长争吵，只认四角但未成功。三年来，每贴款增到二元多了。摊款是按贴款摊的，有一次每一角摊十三元。所以贴款书目虽少，到摊款时影响却大了。因为这次规定贴款，而张与郝争。郝说："现在是用强权办事的时代！"张驳谓："强权克不了公理！"郝久未能答，张也因与郝为多年老友，未再逼他，于是仍为五角。但至今张不到区务会议，只派人去，"平西府会议"在会中账上是常见的，每次二角，是盘费。

区与乡间的关系，多是传达命令的，在军事时期尤如此。例如一个油印的传知：

昌平县第七区公所传知　第　号
　　传知第卢村乡长　乡副
　　　为传知事案准
　　　　陆军第一百四十二师函开迳启者查敝师奉令移驻来官营一带所有一切笨重物品实难搬运相应函达贵所迅速筹备三套大车十五辆于旧历初六日晚送来以便载运为要等因准此合亟

传知该村乡长副赶速筹备三套大车一辆送来本区以便送交该师载运是为至要此传

计该村应筹备三套骡马大车一辆

中华民国二十二年七月二十六日

区长郝廷珍（印）

（日期上盖有"河北省昌平县第七区区公所"铃记）

区公所除了些"传知"之外，也管改选乡长副。二十二年十一月底张玉亭曾暗将乡长辞了，事先村人不知。经区转呈县政府照准后，就在一月九日派员来村监视举行改选。又因乡副早死，职缺，因未先报，到此一并改选。

区公所二十二年八月前组织了常备保卫团十人，经费也是出自各村的。

在平西府方面除与区公所有关之外，还与警察方面发生关系。平西府的警察机关是高丽营第二公安分局底第二分驻所。所长的生活费是由各村捐的百余元，在会账上见到的"补助巡长"或"补助公安局"二元就是这种用处。有过命令，自治区公所不能受理民刑二事，同时公安局不能审判，在二十四小时内上解，但事实上，私自罚款的还是不少。

初立会时，每年给巡警局是一百二十八吊，现在则每月二元三分（仍名局款）。或一月乃至一季一给。此外还零星支付。

屠宰税也是以平西府为中心的；每到秋天来村中要三元。"东南路路头"韩子望将全县包了，然后分包出去，平西府每年所入近千。

纳粮等也是平西府七区代办了的。

还有一种关系是与县政府直接发生关系的：打官司是须进县的。乡长改选，教员教聘，县政府是有权干涉的。合作社底设立是要县政府允准的。还有些款子如县保卫团款之类也是要担负的。此外与县无多大关系，例如二十二年阴历年时七区区长和第二公安派出所所长通知各村说接到县政府训令，令各乡村不许燃放鞭炮以防火烛，令各乡长副注意，将传单贴在公共处所，以便周知。其实这传知是二月十六日（即正月初三日）油印的，初五才到卢村。无论村民不听，即使村民想听从，燃放日期已经过了。官厅中工作往往如此无谓——效力虽然没有，却扰乱一次。会账中常有"付告示钱"，就是在县役或区役来送信时还须给他们一角钱。

这种差役底勒索在另一方面看得更清楚些。

昌平县以前分东南、西南、东北、西北、中五路，卢村就是东南路底一村。每路有一路头，五路又有总管，名"五路总头"。路头下有"碎催子"，即俗所谓"狗腿子"。此种"狗腿子"利害处在：县内有时要五十辆车差，他可以到各村说要八十辆，村人若有贿赂，他可少要。实在若要五十辆，交上了三十辆就可以了。卢村因红带子势力，以前不受任何车差，后来县底势力达到村内，狗腿子底势力也就随着来了。以前这种人在年下到各村来（名"辞岁"），各村就须给他们些钱。自从各路头改为特务警以来，势渐杀；自征收车差归区公所办理后，更衰了，但仍时到各村骚扰：每到各村谢大秋日，他们就到这村要些钱。卢村二十一年给了他们四元（账上写"付昌平特务警四元"）。二十二年又去二人，一骑驴，乡长说村中穷，他们也涎着脸附和着，但仍愿多少给些，乡长过了些日子给了他们二元。老道说给这种人两个钱，进城倒有个搁东西的地方，他们很愿代管。但另一村民说:"哼！我才不进城呢！谁愿意上那种地方去！"

人民就这样与政府隔阂，甚至恨它，但仍得给它金钱底维持，这里面存着一种矛盾。

图书在版编目(CIP)数据

社会工作导论:外一种:卢家村/蒋旨昂著.—北京:商务印书馆,2023
ISBN 978-7-100-22027-9

Ⅰ.①社… Ⅱ.①蒋… Ⅲ.①社会工作 Ⅳ.①C916.2

中国国家版本馆 CIP 数据核字(2023)第 030662 号

权利保留,侵权必究。

社会工作导论
(外一种:卢家村)
蒋旨昂 著

商务印书馆出版
(北京王府井大街36号 邮政编码100710)
商务印书馆发行
北京中科印刷有限公司印刷
ISBN 978-7-100-22027-9

2023年11月第1版　　开本 890×1230 1/32
2023年11月第1次印刷　　印张 10⅝
定价:59.00元